《中国青少年体育运动项目训练教学系列大纲》教法指导书

# 乒 乓 球

国家体育总局青少年体育司  
国家体育总局乒乓球羽毛球运动管理中心 编

人民体育出版社

# 编委会

**编审组**

组　　长：刘晓农

副组长：李振国　柳　屹　施之皓

委　　员：刘国梁　黄　飚　孔令辉　张晓蓬　吴焕群　刘丰德

**编写组**

组　　长：张晓蓬

副组长：赵　霞　刘国正　黄海城

秘　　书：薛旭龙

成　　员：唐建军（北京体育大学）

　　　　　张瑛秋（北京体育大学）

　　　　　王吉生（中国中学生体育协会）

　　　　　钟宇静（中国传媒大学）

　　　　　黄思英（浙江大学）

　　　　　兰　彤（沈阳体育学院）

　　　　　薛瑞坤（吉林大学）

　　　　　于　洋（北京体育大学）

　　　　　周健康（连云港体校）

　　　　　李永安（武汉体育学院）

　　　　　肖劲翔（北京体育大学）

　　　　　朱　珂（北京体育大学）

# 前 言

青少年后备人才培养，是我国乒乓球竞技运动长期处于世界领先地位的基石，是我国乒乓球运动持续发展的根本保证，也是《中国乒乓球运动第三次创业计划纲要》的重要任务。

编写本书的目的，就是让青少年运动员在科学方法的指导下，通过刻苦训练，提高竞技能力，在比赛中获胜，以持续保持我们的竞技优势。以此为出发点，本书以探索乒乓球竞技制胜规律开篇，再围绕制胜规律的诸要素介绍训练方法。

乒乓球运动训练从本质上说，是通过训练使运动员逐渐积累运动条件反射，形成一个一个的动力定型，而动力定型的形成是要通过不断重复刺激，使肌肉本体感受固化下来的结果。以巴甫洛夫高级神经活动学说为理论指导，本书强调了在训练中足够数量和强度的重复刺激对形成运动技能的重要性，从这个意义上说，本书更像是乒乓球竞技训练的一本操作指南。

在乒乓球竞技运动中，每个优秀运动员的技战术风格各具特色，但就其基本的技术方法，则差异不大，正所谓万变不离其宗，所以本书所介绍的技术方法，其名称力求符合科学的命名要求，其方法是以优秀运动员的技术方法为蓝本，根据人体的解剖、生理结构特点和运动学的基本规律改造形成的，供青少年运动员模仿练习。

在编写本书过程中，我们一直追求介绍经过实践检验，在实战中效用明显的方法，所以本书所选取的材料多是在各级运动队训练中总结出的第一手材料，而很多材料更是来自于国家乒乓球队近年来备战奥运会和世界大赛的封闭训练，很有参考借鉴价值。

本书适用于青少年乒乓球运动员，从事青少年训练的教练员，青少年运动员家长，大、中、小学从事乒乓球教学的教师，当然，对于想提高技战术水平的广大乒乓球爱好者也是一份非常有用的材料。

实践操作在竞技乒乓球运动训练中处于主导地位，我们希望，在各级各类训练单位从事乒乓球训练的朋友们，在使用本书过程中，将你们在实践中的切身体会和感受，毫不保留地随时告诉我们，以便我们不断充实和完善本书内容。

编写组<br>2018年4月

# 目 录

## 第一章 竞技乒乓球运动制胜规律 ················ 1

### 第一节 世界乒乓球竞技运动形势 ················ 1
### 第二节 竞技乒乓球运动制胜原理 ················ 2
　　一、竞技要素 ································ 2
　　二、制胜因素 ································ 3
　　三、打法风格 ································ 3
### 第三节 竞技乒乓球运动制胜理念 ················ 4
　　一、百花齐放，以我为主 ······················ 4
　　二、打造风格，三从一大 ······················ 4
　　三、技术创新，占据先机 ······················ 5

## 第二章 基本技术与基本步法 ······················ 6

### 第一节 基本技术 ································ 6
　　一、发球 ···································· 6
　　二、搓球 ···································· 14
　　三、推挡 ···································· 17
　　四、攻球 ···································· 18
　　五、拉球 ···································· 22
　　六、削球 ···································· 26
### 第二节 基本步法 ································ 28
　　一、单步 ···································· 28
　　二、并步 ···································· 29
　　三、跨步 ···································· 31
　　四、跳步 ···································· 32

五、交叉步……………………………………………………… 33

## 第三章　训练理论………………………………………………… 35

### 第一节　训练原理………………………………………………… 35
　　一、动力定型的条件反射过程是复杂的……………………… 35
　　二、动力定型的条件反射活动是彼此联锁的………………… 36
　　三、动力定型是靠大脑皮层的分析和综合机能实现的……… 36
　　四、动力定型之间的联系是紧密的…………………………… 37
　　五、动力定型要求的数量是庞大的…………………………… 38

### 第二节　训练原则………………………………………………… 38
　　一、特长突出与技术全面相结合……………………………… 38
　　二、多球训练与单球训练相结合……………………………… 39
　　三、诱导训练与模拟训练相结合……………………………… 40
　　四、正手爆发力训练与两面摆速训练相结合………………… 40
　　五、步法训练与手法训练相结合……………………………… 41
　　六、有序训练与无序训练相结合……………………………… 41

## 第四章　训练实践………………………………………………… 43

### 第一节　启蒙训练………………………………………………… 43
　　一、培养兴趣…………………………………………………… 43
　　二、基本站位、预备姿势和步法……………………………… 44
　　三、握拍………………………………………………………… 44
　　四、熟悉球性…………………………………………………… 45
　　五、入门技术…………………………………………………… 46

### 第二节　技术训练………………………………………………… 50
　　一、单个技术…………………………………………………… 51
　　二、结合技术…………………………………………………… 63

### 第三节　战术训练………………………………………………… 66
　　一、发球抢攻…………………………………………………… 66
　　二、接发球抢攻………………………………………………… 75
　　三、相持………………………………………………………… 86

## 目 录

### 第四节 步法训练 … 95
- 一、内容与方法 … 95
- 二、注意事项 … 98

### 第五节 比赛训练 … 100
- 一、意义及作用 … 100
- 二、分类 … 101
- 三、组织与实施 … 102
- 四、反馈与提高 … 108

### 第六节 多球训练 … 109
- 一、多球单练 … 109
- 二、供球练习 … 110
- 三、作用 … 114
- 四、注意事项 … 115

### 第七节 双打训练 … 115
- 一、技战术 … 116
- 二、移动方法 … 130
- 三、注意事项 … 132

### 第八节 身体训练 … 135
- 一、力量素质训练 … 135
- 二、速度、灵敏素质训练 … 139
- 三、耐力素质训练 … 141
- 四、拉伸训练 … 142
- 五、身体训练的注意事项 … 153

### 第九节 心理训练 … 154
- 一、通过系统训练打造"坚强的心" … 155
- 二、通过打赢比赛锻造"自信之心" … 158
- 三、通过团队氛围管理营造"四心" … 161

## 第五章 训练组织 … 167

### 第一节 训练计划 … 167
- 一、竞技形势分析 … 168
- 二、运动员竞技能力分析 … 169

三、训练目标的建立……………………………………172
　　四、训练阶段划分及主要任务…………………………176
　　五、训练方法和手段……………………………………179
　　六、训练负荷安排………………………………………181
　　七、训练监控……………………………………………184
　　八、恢复措施……………………………………………187
第二节　运动队组织…………………………………………193
　　一、运动队组织要成为"尖子"的孵化器……………193
　　二、运动队的系统训练和管理…………………………200
第三节　运动队参赛…………………………………………208
　　一、制订程序化参赛方案………………………………208
　　二、调兵遣将……………………………………………212
　　三、排兵布阵……………………………………………212
　　四、赛前动员和赛后小结………………………………216
　　五、赛期队伍管理注意事项……………………………218
第四节　教练员工作…………………………………………218
　　一、良好的职业道德……………………………………218
　　二、高度的敬业精神……………………………………219
　　三、优秀的人格魅力……………………………………220
　　四、系统的专业理论……………………………………220
　　五、高超的临场指挥艺术………………………………221
第五节　科研方法……………………………………………225
　　一、逻辑分析法…………………………………………225
　　二、文献资料法…………………………………………225
　　三、调查访问法…………………………………………225
　　四、三段指标评估法……………………………………227
　　五、实验法………………………………………………233

# 第一章 竞技乒乓球运动制胜规律

## 第一节 世界乒乓球竞技运动形势

世界竞技乒乓球运动发展到今天，从总体竞技实力来看，中国队占有优势，亚洲队伍的发展势头强于欧洲。中国队凭借着先进的打法、优越的训练体制、技战术不断创新的精神和良好的人才梯队建设，连续在最近三届奥运会上包揽金牌，确立了我们的竞技优势地位。

在男线上，以日本队和韩国队为代表的亚洲强队，具备东方人的智慧和悠久的乒乓历史，在人材培养上投资丰厚，近几年来涌现出了一批新秀，他们以赛代练，积累了较多的比赛经验，对我队主力时有胜绩，特别是日本队，近年来重视年轻队员培养，投资巨大，一批年轻队员冲击力十足，打法先进，在训练和技战术风格上较好地借鉴了中国队的成功经验，正在迅速成长，并已见成效，在2012年伦敦奥运会和2016年里约奥运会上均取得亚军，向我们发起了强有力的挑战。亚洲的新加坡队、中国香港队以我国前国手领衔，他们基本功扎实，长年征战国际比赛，经验丰富，具有很强的战斗力。他们对于中国选手的打法特点、战术思想比较了解，与我队交战时，心理无压，敢于释放，时有超长发挥，也偶有胜绩。

代表欧洲竞技实力的依然是德国队。德国人素有严谨认真、意志顽强、作风硬朗的特性。经过多年打造，目前阵容整齐，实力雄厚。近年来与我队交战，我队都拼尽全力，赢得艰难。波尔虽年过30岁，但他基本功扎实，天赋过人，比赛经验丰富，有着良好的职业素养，在奥运会、世锦赛与中国队比赛中都有胜绩，是我队多年来的头号对手。奥恰洛夫打法凶悍、追求执着，其位置、成绩已经超越前辈波尔。欧洲除了老牌劲旅奥地利、俄罗斯、比利时外，近年来英国队和法国队表现抢眼，他们队伍中的一批新秀逐渐成熟，打法较原来更加厚实，凶稳处理更加得当，攻防转换更加自如，加上中国队知名教练员的援助，未来将是欧洲的代表力量。

在女线上，目前世界乒坛格局没有发生根本性变化。里约奥运会，亚洲女队占据前四席的三席，仍然具有明显优势。日本队在伦敦奥运会上获得银牌，在里约奥运会获得铜牌。石川佳纯进入伦敦奥运会单打前四，福原爱进入里约奥运会前四，再加上新秀平野美宇、伊藤美诚等一批年轻优秀选手，日本队现在和今后一个时期内都将是我们最主要的对手。以冯天薇领军的新加坡队，经过两届奥运会磨炼，大赛经验丰富，心理素质和技术发挥均较稳定，还会对我们形成较大威胁。

老牌劲旅韩国队，素有顽强的战斗作风，善于团队作战，训练勤奋刻苦，待新人成熟后，仍然具备挑战我们的实力。随着本地年轻球员的崛起，中国香港队和中国台北队实力增强明显，进步迅速，屡有好成绩，显示出了非常强的竞技实力。

欧洲女队这几年整体处在下滑的趋势，但德国队异军突起，依靠原中国队运动员，获得里约奥运会团体银牌。罗马尼亚、克罗地亚、白俄罗斯等队伍还保持着一定的竞争实力。

分析当今国际乒坛的强队强手，我们可以看到，在新的竞技条件下，他们追求的是，积极主动，特长突出，技术相对全面，战术变化多样的技战术打法风格。这种风格具体化为，更加突出以力量为核心的击球质量，以攻打上旋球为核心的攻防转换，以接发球战术运用为核心的技术衔接，以发球抢攻上手手段和相持技术运用为核心的正反手均衡性，使打法有锋芒、有压力、有厚度、有竞争力。

# 第二节　竞技乒乓球运动制胜原理

## 一、竞技要素

在乒乓球比赛中，双方的制约是通过运动员用力量击球，使球产生速度、旋转、弧线、落点变化而实现的。运动员所击出的任何一板球，都包含着力量、速度、旋转、弧线、落点这五个物理要素，即球在撞击脱拍时，运动员发力击球，球离拍后，会带有一定的速度、一定的旋转，一条弧线和一个落点。这五个物理要素决定着一板球的时空特征和运行性状，决定着一板球的质量和制胜的份量，这从竞技制胜的目标分析，可以定义为竞技要素。一板球的胜负，既要比这五个竞技要素发挥的单一水平，更要比的是这五个竞技要素之间的组合水平。出手快、力量大、旋转强、弧线低、落点刁是运动员比赛中追求的境界。同时，这五个竞技要素，都可以严格地量化，发力攻球的球速，可达19~25米/秒，而击球间隙可在0.16~0.4秒之间，旋转最强的可达140~180转/秒，旋转方向可有8种至理论上的26种，旋转强度可以从最不转到最转，可以在一个宽泛的区间伸缩变化。

## 二、制胜因素

研究把握乒乓球竞技最高层面上的制胜规律，就是研究一分球、一局球、一场球的制胜因素。一分球的争夺，除依靠包含五个竞技要素的一板球的质量外，更依赖于充满了五个竞技要素的变化结合成的战术，这其中充满了斗智斗勇，充满了气势和胆略。针对决定胜负的种种影响因素，建立在竞技要素基础上，中国乒乓球队在长期争金夺银的实践中，把乒乓球制胜因素总结概括成"快、准、狠、变、转"。

制胜因素与竞技要素不同的是，制胜因素是属心理学范畴、战术范畴，是主观的感知，难以量化；而竞技要素属物理学范畴、技术学范畴，是客观存在，可以量化的。乒乓球制胜因素是在五个物理竞技要素的经验基础上抽象成的概念，是对事物的本质认识。这五个制胜因素的每一个字，都是一个相对的概念，都有丰富的内涵，都充满了技术与智慧的成分。

## 三、打法风格

由于运动员的技术、战术、运动和心智能力都是要通过击出球的时间和空间特征表现出来，将运动员相互制约时所击出的每一板球的时空特征，与运动员个人整体技战术相结合，就形成了各自拥有不同水准的"快、准、狠、变、转"，而将这些制胜因素根据运动员的个人气质、心智特点、精神风貌的不同而有所侧重地、长期稳定地结合，就形成了运动员各自不同能力的得分制胜的打法风格。

## 第三节　竞技乒乓球运动制胜理念

### 一、百花齐放，以我为主

这一理念指的是，对世界竞技乒乓球运动业已存在的各种打法，采取开放的政策，不人为地限制某种打法，而是百花齐放；但是，没有重点就没有政策，不是齐头并进，而要以我为主。在以我为主的基础上，又不固步自封，而是采诸家之长来发展自己。乒乓球界曾有一句口号，叫作"外国有的我们要有；外国没有的我们也要有"。吸纳世界乒坛的精华，包括欧洲乒坛当年刚刚兴起的横拍的由守转攻，以及后来逐渐发展起来的横拍弧圈球结合进攻，由单面拉到正、反手两面拉等。这项技术政策的落脚点是"走自己的路"，洋为中用。这是一项辩证的、全面的、完整的政策。既要百花齐放，又要以我为主；既要采诸家之长，又要走自己的路。对于这项政策的贯彻，不是采取自然主义的态度，不是放任自流，而是根据世界乒坛技术发展的趋势，为了落实好"以我为主，走自己的路"而适时地进行宏观调控，使各种先进打法都有一定比例。几十年来，中国乒乓球队都是这样做的，它的显著成效，就是中国的主花直拍快攻，在历史上建立了奇功。从1959年至1989年，在男子团体决赛中出场的42名主力队员中，直拍快攻占26名，占主力队员总数61.9%；在女子团体决赛出场的35名主力队员中，直拍快攻占19名，占主力队员总数的54.2%。显著成效的另一表现，是中国培植的外来名花，也都中国化了，也能形成主流打法，登顶夺冠。

### 二、打造风格，三从一大

乒乓球运动的性质，属于持拍隔网对抗的技能主导类项目，在乒乓球竞技的制胜系统中，技术因素占据着主导地位，这种地位是其他任何因素都难以替代的。在训练中紧扣乒乓球项目特点，始终抓住技术训练这一中心环节，就是抓住了"要害"。而技术训练这一中心环节，是以"从实战需要出发"的原则来组织实施的，一切训练要求、训练态度、训练措施，都要从难、从严，不怕艰苦。打多球一组结束时，脉搏可达192次/分，属大强度训练，回击左右方位的多球达45~50次/分，属高频率训练。运动员常处于"极限"负荷下苦练，反对骄、娇二气。但是这一切的中心，所谓"练到了没有"和"练够数了没有"，都是"从实战需要出发的"，都有一定的规律可循，都有一定的规格要求。这就是在训练指导思想上，把"特长突出，技术全面"列为核心。在总体上，这是全队的技术训练路线，在个体上，这是个人的技术规格要求。"从难、从严"要落实到"从实战需要出发"上，"从实战需要出发"要落实到科学大运动量训练上，科学大运动量训练要落实到每位运动员所深刻把握、熟练掌握的各具特色的各自打法上，而每位运动员各具特色的各自打法，又都要落实到"特长突出、技术全面，没有明显漏洞"上。

## 三、技术创新，占据先机

技术创新使中国乒乓球队具有旺盛的生命力，是中国乒乓球队长期探索竞技制胜规律获得的成果。近一个世纪以来，中国队的创新占总量的58.7%。国际乒坛的对抗，从第40届至第46届（1989年至2001年），即从中国男队跌入低谷，3届6年与男团世界冠军无缘之后，至1995年、2001年的第43届、46届上重新囊括7项冠军。这期间的竞争最为激烈，个人技术创新也最见成效：如法国的盖亭和比利时的塞弗横拍近中台凶狠型打法；瑞典瓦尔德内尔等人的类似直拍式的横拍左侧上、下旋发球，横拍撇搓式接发球；奥地利施拉格等人的横拍发右侧上、下旋发球等。与此同时，中国队也针锋相对，如孔令辉的横拍反手快"撕"；刘国梁的直拍横打；丁松的攻削结合；阎森、马琳的直拍反胶左推右攻加直拍横打；邓亚萍的横拍反胶与长胶结合的全攻型打法；王楠的具有中国传统快速特征的反手连续快拉技术。这些技术创新使中国乒乓球队在历史上的各个时期都取得了出奇制胜的效果，始终领先世界其他协会，准确地把握和运用了制胜规律。

# 第二章
# 基本技术与基本步法

## 第一节 基本技术

乒乓球单个技术主要包括：发球技术、搓球技术、推挡技术、攻球技术、拉球技术、削球技术。为叙述方便和清楚，本章对各项技术的描述与分析讲解均以右手持拍为例。

## 一、发球

### （一）正手下旋发球（图2-1）

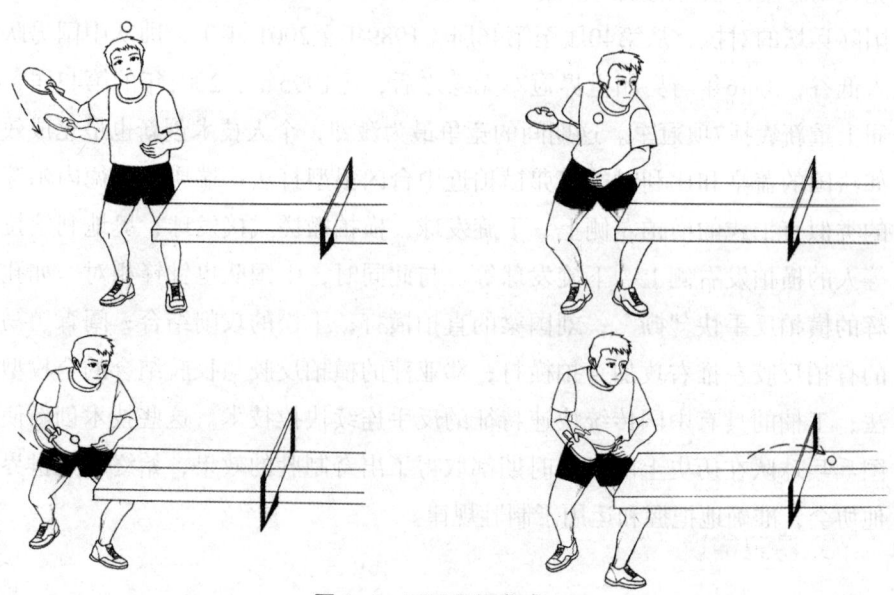

图2-1 正手下旋发球

### 1. 动作要领

站位：身体离球台约10厘米。

引拍：当球抛起时，持拍手向后上方引拍，拍面适当后仰，手腕、手臂适当放松，利于发力。

触球：当球下降到略高于球网时，持拍手迅速用力由后上向前下方挥拍，用球拍的左侧下端，加速摩擦球的中下部，并伴有前臂旋外动作。

还原：击球后手臂突然制动。

### 2. 注意事项

触球瞬间，拇指、食指和手腕用力；同时，注意合适的引拍距离。

### 3. 易犯错误

击球时，向前下方加速摩擦球不充分；在摩擦球瞬间，没有明显的手腕加力和前臂旋外动作；摩擦球的部位不正确，球拍后仰不够，没有摩擦球的中下部。

## （二）正手不转发球

### 1. 动作要领

站位：身体离球台约10厘米。

引拍：当球抛起时，持拍手向后上方引拍，拍面适当后仰，手腕、手臂适当放松，利于发力。

触球：当球下降到略高于球网时，持拍手迅速用力由右后上方向左前下方挥拍，触球时，挥拍做短促减速，球拍碰击球后中部。

还原：击球后手臂突然制动。

### 2. 注意事项

发不转球时，用球拍中部碰击球后中部。

### 3. 易犯错误

击球时，前臂没有旋外动作，动作结构与下旋发球区别明显，比赛中难以发挥应有的作用。

## （三）正手侧下旋发球（图2-2）

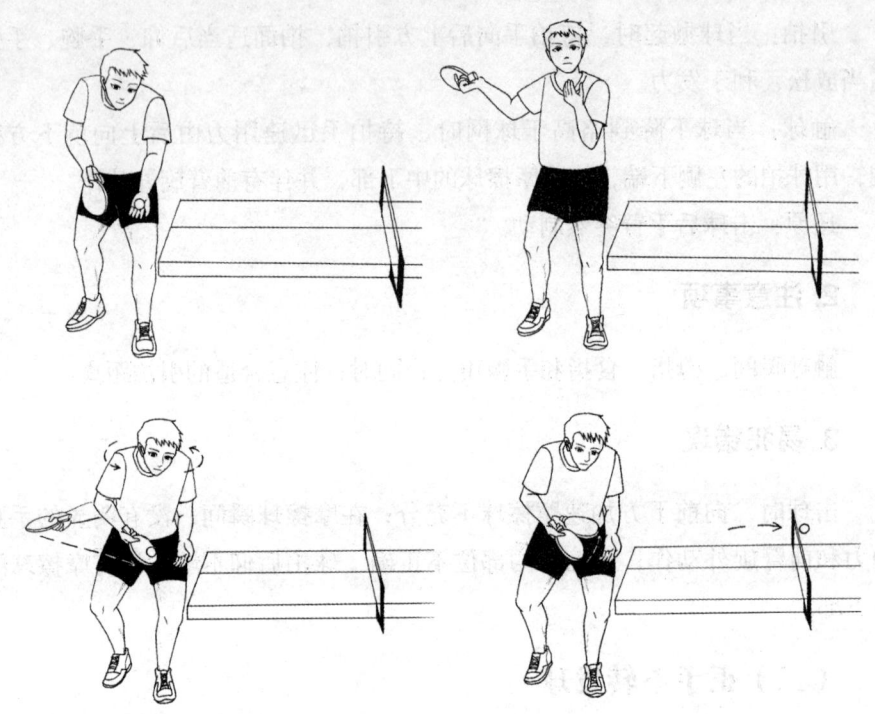

图2-2 正手侧下旋发球

### 1. 动作要领

站位：左脚在前，右脚在后，身体侧向球台。

引拍：当球抛起时，持拍手向身体后上方引拍，身体随之适当向后转动，球拍稍后仰。

触球：击球前持拍手腕应适当外展，球拍向前下方挥动，拍面稍后仰，用球拍的左侧下部摩擦球的中下部，此时身体转动，手臂、手腕以及手指发力。

还原：击球后球拍制动。

### 2. 注意事项

手腕外展内收动作要充分，击球后制动要及时。

### 3. 易犯错误

击球时，摩擦瞬间快速挥拍不够充分，手腕加力不明显，球拍触球的部位不准确。

## （四）正手侧上旋发球（图2-3）

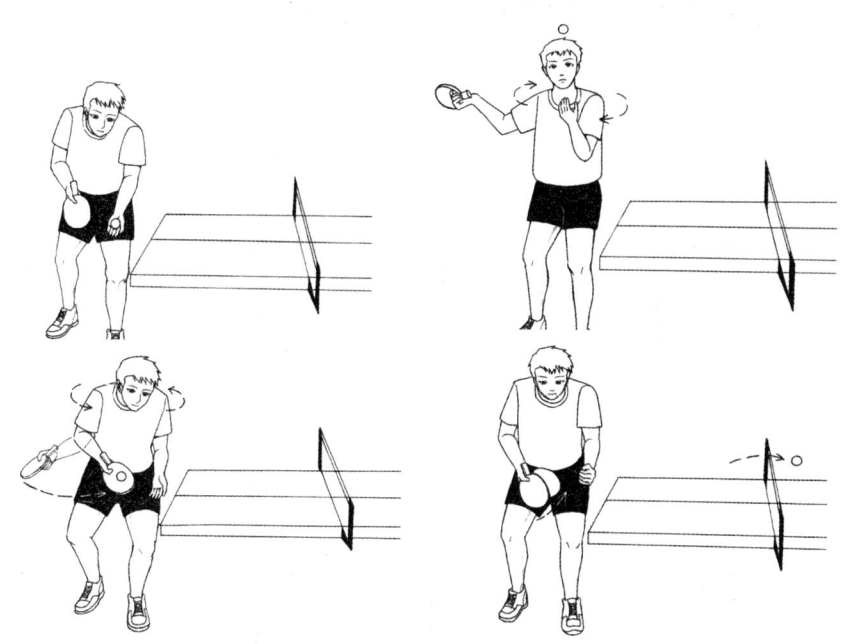

图 2-3　正手侧上旋发球

### 1. 动作要领

站位：左脚在前，右脚在后，身体侧向球台。

引拍：当持球手将球抛起时，持拍手向身体的后上方引拍，身体随之向后转动，球拍稍后仰。

触球：击球前，持拍手腕应适当外展，球拍向前下方挥动，挥拍过程中，拍面由后仰逐渐变成横立状，手腕向横侧方用力，用球拍左侧下端触球后中部，并做勾手腕动作，以加强上旋程度。

还原：击球后，手臂迅速制动。

## 2. 注意事项

球拍拍面略竖起，摩擦球后中部，前臂旋外。

## 3. 易犯错误

击球时，前臂没有旋外动作，发不出侧上旋球。

# （五）横拍反手侧下旋发球（图2-4）

图 2-4　横拍反手侧下旋发球

## 1. 动作要领

站位：两脚平行或右脚稍前。

引拍：抛球时，球拍向后引，身体同时向后转，球拍适当后仰，手腕内收。

触球：向身体右侧前下方挥拍，球拍拍面适当后仰，手臂加速外展，用球拍右侧底端摩擦球后中下部。

还原：击球后手臂制动。

## 2. 注意事项

击球点在身体的左侧前方,球拍向前下方挥拍。

## 3. 易犯错误

球拍后仰不够,摩擦不到球的后中下部,发不出侧下旋球。

## (六)横拍反手侧上旋发球(图2-5)

图 2-5　横拍反手侧上旋发球

## 1. 动作要领

站位:两脚平行或右脚稍前。

引拍:抛球时,向后引拍,身体同时向后转,球拍适当后仰,手腕内收。

触球:挥拍开始时拍面适当后仰,触球时球拍稍立起,手腕加速外展,摩擦球后中部。

还原:击球后手臂制动。

**2. 注意事项**

球拍向横侧上方挥动摩擦球。

**3. 易犯错误**

击球时,球拍没有适当竖起,前臂向右侧上方挥动。

## (七) 横拍正手下手右侧(逆旋)下旋发球

**1. 动作要领**

站位:左脚在前,右脚偏后,身体侧向球台。

引拍:将球抛起时,持拍手向身体的后上方引拍,肘关节适当提起,手腕内收,身体随之向后稍转动,球拍拍面稍后仰。

触球:球拍向外侧前下方挥动,拍面稍后仰,手腕外展,用球拍右侧下端摩擦球的后中下部。

还原:击球后手臂制动。

**2. 注意事项**

击球时,上臂内旋向外展,拍面放平。

**3. 易犯错误**

击球时,手腕内收和外展速度不够,球拍没有适当后仰,摩擦不到球的后中下部。

## (八) 横拍正手下手右侧(逆旋)上旋发球

**1. 动作要领**

站位:左脚在前,右脚偏后,身体侧向球台。

引拍:将球抛起时,持拍手向身体的后上方引拍,肘关节适当提起,手腕内收,身体随之向后稍转动,拍面适当放平。

触球:球拍向外侧挥动,触球瞬间拍面稍立起,手腕、前臂旋外,用球拍的左下部摩擦球的中部。

还原：击球后手臂制动。

### 2. 注意事项

触球时球拍要立起，摩擦球的中部；触球时，加速发力要集中。

### 3. 易犯错误

手腕加力不明显，身体用力方向不一致。摩擦球的部位不正确，球拍没有适当地立起，摩擦不到球的中部。

## （九）横拍正手上手右侧（勾子）上旋发球

### 1. 动作要领

站位：左脚在前，右脚稍后，身体略侧向球台。
引拍：将球抛起时，向右转体，向右后上方引拍，前臂旋外。
触球：球拍向外侧挥动，形成一个半弧形运动轨迹，球拍保持竖直，用球拍的左下部摩擦球的中部，手腕快速内收，发力击球。
还原：击球后手臂迅速停止动作。

### 2. 注意事项

触球时摩擦球中部，手腕内收。

### 3. 易犯错误

引拍时前臂没有旋内动作，击球时手腕内收速度不够快，与球形不成合力；击球后手臂顺势挥拍幅度过大，没有突然停止。

## （十）横拍正手上手右侧（勾子）下旋发球

### 1. 动作要领

站位：左脚在前，右脚稍后，身体略侧向球台。
引拍：将球抛起时，向右转体，向右后上方引拍，前臂旋外。

触球：球拍向外侧前下方挥动，形成一个半弧形运动轨迹，球拍适当放平，用球拍的左下部摩擦球的中下部，手腕快速内收，发力击球。

还原：击球后手臂迅速制动。

## 2. 注意事项

球拍适当后仰，触球时摩擦球中下部。

## 3. 易犯错误

找不准球拍接触球时的位置，使球容易触击到板边失误，或触击到球拍中部，发不出下旋球。

# 二、搓球

搓球是在近台还击下旋来球的基本技术。搓球技术主要包括：正手搓球、反手搓球、台内快搓短球（摆短）。

## （一）正手搓球

### 1. 动作要领

站位：判断来球，选好站位。

引拍：球拍向右后上方稍引，拍面稍后仰。

触球：手腕固定，前臂向左前下方挥动，用球拍的左下半部摩擦球的中下部。

还原：随势挥拍动作尽可能短。

### 2. 注意事项

在球的下降中后期击球。

### 3. 易犯错误

找不好击球时间或击球点，手腕不固定。

## （二）反手搓球（图2-6）

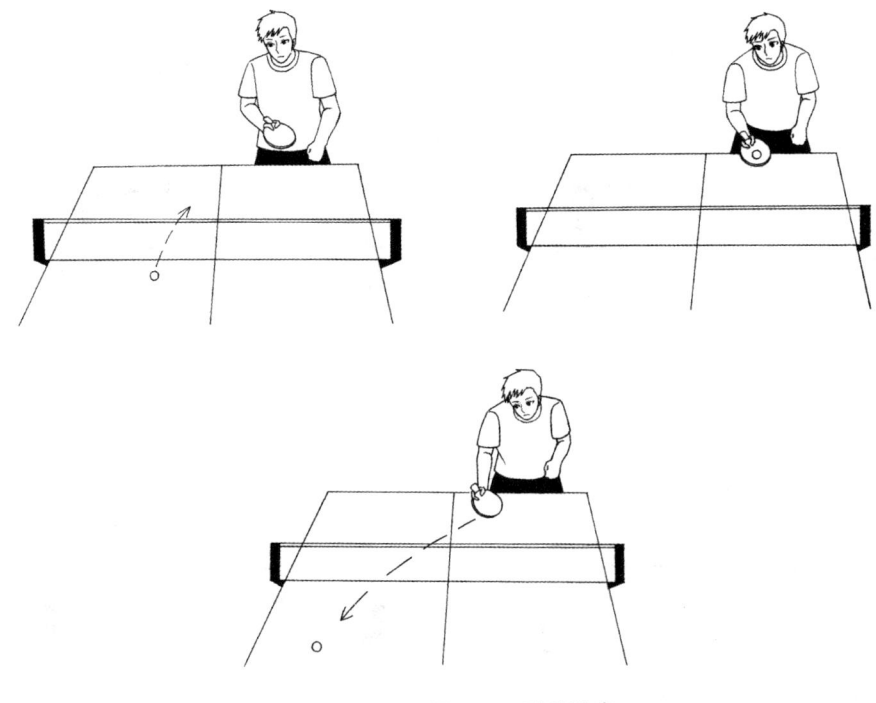

图 2-6　反手搓球

### 1. 动作要领

站位：判断来球，选好站位。

引拍：球拍稍后引至胸前，手腕放松，拍面后仰。

触球：球拍向右前下方挥动，击球时手腕固定，用球拍的右下部位击球中下部，手指抓紧球拍。

还原：随势动作尽可能缩短。

### 2. 注意事项

在球的下降期击球。

### 3. 易犯错误

使用手腕动作过多，击球时忽快忽慢，节奏不稳定。

## （三）正手台内快搓短球（摆短）（图2-7）

图2-7 正手台内快搓短球

### 1. 动作要领

站位：判断来球，右脚向前跨步，身体靠近球台。

引拍：球拍略后引，拍面稍后仰。

触球：球拍向右前下方挥动，在来球的上升期，用球拍的中下部摩擦球的中下部。触球时手腕固定。

还原：击球后，手臂制动。

### 2. 注意事项

在来球的上升期摩擦球的中下部。

## 3. 易犯错误

手腕使用过多,击球感觉的灵敏度下降。

# 三、推挡(图2-8)

图 2-8 推挡

## 1. 动作要领

站位:判断来球,左脚稍前。

引拍:以肩为轴,屈肘向后稍引拍,肘关节靠近胸腹外侧,球拍拍面稍前倾,拍头指向斜下方。

触球:球拍向前上方挥动,击球的中部。击球时,肘关节快速展开,以便于发力。

还原：随势挥拍距离要短。

### 2. 注意事项

肘关节靠近胸部高度，便于发力；手腕固定，食指压住拍肩，保证球拍拍面有适宜的前倾角度。

### 3. 易犯错误

手腕不固定，体会不到前臂旋外的感觉。

## 四、攻球

乒乓球攻球技术主要包括：正手攻球、反手攻球和台内攻（挑打）。

### （一）正手攻球（图2-9）

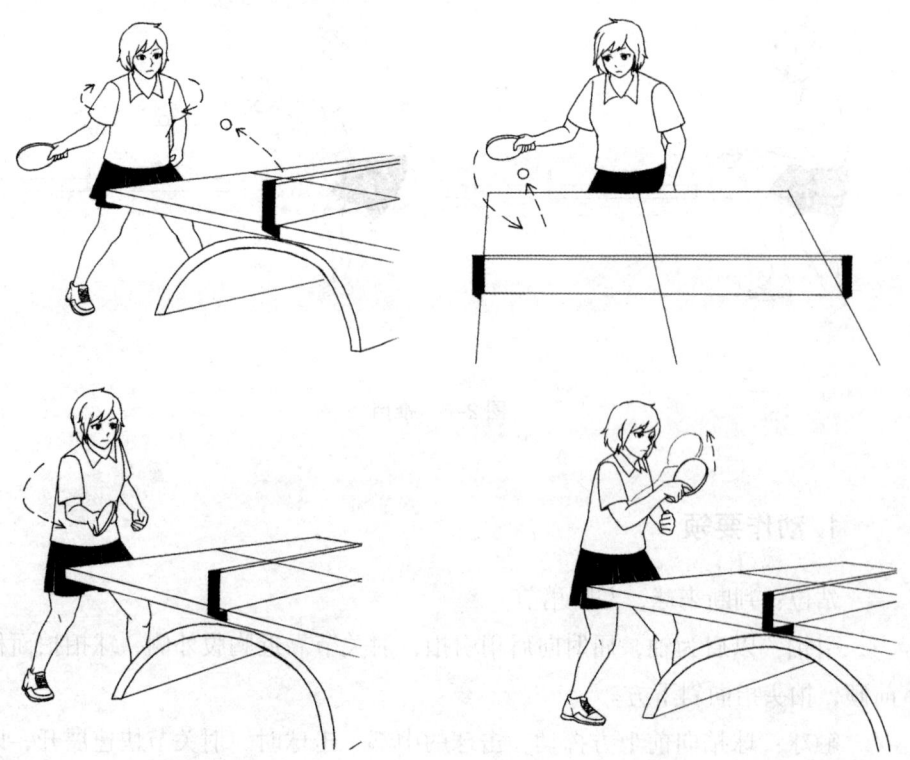

图 2-9　正手攻球

### 1. 动作要领

站位：判断来球，左脚稍前。

引拍：重心向右脚略转移，向后下方引拍，打开肘关节，球拍一般不低于球台，拍面略前倾。

触球：向前上方挥拍，收前臂，击球中上部，身体重心由右脚移至左脚。

还原：重心移至两脚中间。

### 2. 注意事项

击球点在身体的右侧前方。

### 3. 易犯错误

髋关节不固定，没有起到支撑作用；重心由右向左移动不充分，与手的用力方向不一致；拍面前倾过大，导致击打成分少，摩擦成分多。

## （二）直拍反手攻球

### 1. 动作要领

站位：判断来球，右脚稍前。

引拍：拍头略下垂，拇指压拍，中指无名指顶住底板，前臂后引至腹前，略含胸。

触球：以肘关节为轴，球拍向右前上方挥动，在来球的下降前期击球中部。

还原：控制随势挥拍幅度。

### 2. 注意事项

击球时，前臂外展伴有旋外，使球拍前倾角度变小。

### 3. 易犯错误

手腕不固定，击球准确性下降。

## （三）横拍反手攻球（拨）（图2-10）

图 2-10　横拍反手攻球

### 1. 动作要领

站位：判断来球，选好击球位置，两脚平行。
引拍：球拍向后下引至腹前，拍面略前倾。
触球：以肘关节为轴，向前上方挥拍，击球的中上部。
还原：随势挥拍距离不宜太长。

### 2. 注意事项

击球时，前臂外展伴有旋外。

### 3. 易犯错误

手腕动作过多，击球稳定性受影响。抬肘，影响击打力量。

## （四）正手台内攻球（正手挑打）

### 1. 动作要领

站位：使用单步，迈出右脚使身体向右前靠近球台。
引拍：手臂伸入台内，肘关节打开，拍面呈半横状，垂直于台面。
触球：手臂向前上方挥动，在来球的下降前期击球中部，触球时，快速收缩前臂。
还原：由于身体贴近球台，在挥拍击球后要注意快速退下来。

### 2. 注意事项

来球要过网时，将手伸入台内，不宜伸手过早。

### 3. 易犯错误

手腕不固定，无法收前臂。

## （五）横拍反手台内攻球（反手挑打）

### 1. 动作要领

站位：判断来球，右脚单步向前，伸入台下。
引拍：球拍稍向后下引，手腕与前臂保持自然角度，拍面略前倾。
触球：以肘关节为轴，向右前上方挥拍，前臂外展同时伴有旋外，手腕固定，击球中部。
还原：击球后制动。

### 2. 注意事项

手腕固定，收前臂发力。

### 3. 易犯错误

拍面过于前倾，无法触球后中部。

## （六）直拍反手反面台内攻球（反面挑打）

### 1. 动作要领

站位：判断来球，右脚单步向前，伸入台下。

引拍：球拍稍向后下引，拇指压拍肩，手腕内收，拍面略前倾。

触球：以肘关节为轴，前臂外展，手腕固定，球拍向前上方挥动，击球中上部。

还原：随势挥拍不宜过长，以利于还原。

### 2. 注意事项

击球后中部，收前臂发力。

### 3. 易犯错误

抬肘，拍头下垂，使前臂发力受影响；手腕动作过多，击球稳定性受影响。

## 五、拉球

拉球技术主要包括：正手拉球、横拍反手拉球、直拍反手反面拉球。

## （一）正手拉球（图2-11）

### 1. 动作要领

站位：判断来球，左脚稍前，右脚稍后，两脚与肩同宽，含胸，收腹，提肛。

引拍：球拍向后下方引拍，至膝髋之间（拉下旋时球拍位置略低、拉上旋时略高），重心移至右脚，肘关节打开，拍面与地面形成约80°夹角。

触球：球拍向前上方挥动，在蹬地同时，收前臂，在下降前期，摩擦球后中上部，击球点在身体侧方，击球瞬间，抓紧球拍。

还原：随势挥拍后，调整身体重心至两脚中间。

图 2-11 正手拉球

## 2. 注意事项

击球时,前臂内收,伴有旋内;击球后,重心平移至两脚之间。

## 3. 易犯错误

髋关节转动过大,没有起到对上体的支撑作用;身体重心过低,发不上力;手腕不固定,发力不集中,影响拉球准确性。

# (二)横拍反手拉球(图2-12)

## 1. 动作要领

站位:判断来球,两脚平行站立与肩同宽。

引拍：球拍向后下方引至腹部下方，拍面与地面夹角约80°，重心偏向左脚。

触球：前臂向右前上方挥动，击球点在腹前方，摩擦球后中上部，身体重心向右前上方移动至右脚。

还原：控制挥拍距离。

图2-12　横拍反手拉球

### 2. 注意事项

击球时，前臂外展，伴有旋外，产生扭动效果。

### 3. 易犯错误

引拍时，髋关节向左转动，击球点没有在腹前方；抬肘，前臂不能向前右上方挥动；拍面前倾过大，摩擦不到球的后中部。

## （三）直拍反手反面拉球（图2-13）

图 2-13　直拍反手反面拉球

### 1. 动作要领

站位：判断来球，两脚平行站立，收腹，含胸。

引拍：球拍向后下方引至腹部下方（拉下旋时球拍位置略低、拉上旋时略高），重心偏向左脚，球拍略前倾，持拍手放松，手腕保持自然状态。

触球：球拍向右前上方挥动，击球点在腹前方，触球时，身体重心向右前上方移动，前臂外展，摩擦球后中上部。

还原：控制挥拍距离。

### 2. 注意事项

球拍置于身体正下方，前臂外展，伴有旋外。

### 3. 易犯错误

引拍时,手腕内收过大,影响前臂发力;抬肘,前臂发力受影响。

## 六、削球

### (一)正手削球(图2-14)

图 2-14 正手削球

### 1. 动作要领

站位:判断来球,重心在两脚中间。

引拍:球拍向后上引拍至过肩,球拍横立,右脚向右后方单步移动,重心移至右脚。

触球：球拍向前下方挥动，在来球的下降期击球，击球位置在身体右侧方，摩擦球中下部，身体重心同时向左前方移动。

还原：球拍向前送出并还原。

## 2. 注意事项

身体重心由右后向左前方移动同时，调整球拍拍面和挥拍方向，控制击球的弧线与旋转。

## 3. 易犯错误

髋关节转动过多，失去对上体的支撑；身体重心过低，击球时间晚，导致削球弧线过高。

## （二）反手削球（图2-15）

图 2-15　反手削球

### 1. 动作要领

站位：判断来球，右脚稍前，重心放在两脚中间。

引拍：左脚向左后方单步移动，向左后上方引拍，球拍横立，引至肩上方，球拍稍后仰，身体重心移至左脚。

触球：身体重心由左后方向右前方移动，手臂向右前下方挥动，在腹部前方，下降前期，击球后中下部。

还原：控制挥拍距离。

### 2. 注意事项

身体重心移动同时，调整球拍拍面和挥拍方向来控制击球的弧线与旋转。

### 3. 易犯错误

重心过低，击球时间过晚；手腕不固定，击球旋转和弧线难以控制。

## 第二节 基本步法

乒乓球的基本步法有单步（图2-16）、并步（图2-17）、跨步（图2-18）、跳步（图2-19）和交叉步（图2-20）。

## 一、单步

### （一）技术特点

单步移动速度比较快，重心转换比较平稳，移动幅度比较小，在使用其他步法时，常用此种步法进行调整和衔接，是各种类型打法运动员运用得最广泛的步法之一。

第二章 基本技术与基本步法

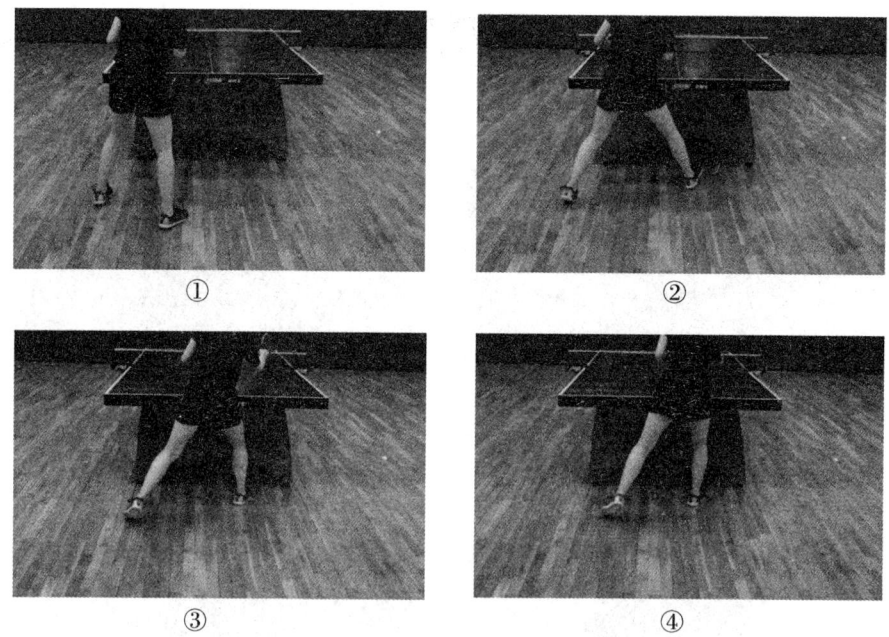

图 2-16 单步

## （二）移动要领

起动：以一脚前脚掌内侧用力蹬地，并以此脚掌为轴稍转动。

移动：另一只脚向左、右、前、后不同的方向移动。当移步完成时，身体重心也随之落在移动脚上，同时挥臂击球。

还原：当移步完成时，身体重心也随之落在移动脚上，同时挥拍击球，注意移动脚向蹬地脚还原。

## （三）移动技术关键点

移动时使身体重心向击球方向移动，击球后注意用移动脚的前脚掌内侧蹬地，使身体还原。

# 二、并步

## （一）技术特点

并步是持拍手对侧一脚先向持拍手一侧脚并拢，同时另一脚再跨出的步法。并步移动的幅度比单步大,比跳步小。由于并步移动时没有腾空动作,所以有利于保持身体重心的稳定。

图 2-17 并步

## (二)移动要领

起动:用来球方向的异侧脚前脚掌内侧蹬地。

移动:蹬地脚向另一脚并拢的同时,另一脚向来球的前、后、左、右不同方向跨出一步,身体重心不要起伏过大,在持拍手的同侧脚落地时,挥拍击球。

还原:在持拍手的同侧脚落地时,挥拍击球,击球后快速还原。

## (三)移动技术关键点

向击球方向移动时不宜跨得过大,击球后注意用移动脚的前脚掌内侧蹬地,使身体还原。

# 三、跨步

## （一）技术特点

跨步移动速度比较快，移动幅度比单步大。

图 2-18　跨步

## （二）移动要领

起动：用来球方向的异侧脚前脚掌内侧蹬地。

移动：另一脚向来球的前、后、左、右的不同方向跨出一大步，向来球方向移动时，另一只脚也迅速滑动半步跟过去，然后挥拍击球，身体重心不要起伏过大。

还原：在移动脚落地时，即可制动，击球后快速还原。

## （三）移动技术关键点

向击球方向移动时步子不宜跨得过大，另一只脚要及时跟进；击球后注意用移动脚的前脚掌内侧蹬地，使身体还原。

## 四、跳步

### （一）技术特点

跳步移动的幅度比单步、跨步都大。跳步移动时，常有短暂的腾空时间，这对于保持身体重心的稳定带来一定的影响，通常用膝、踝关节的缓冲来减少重心的起伏。

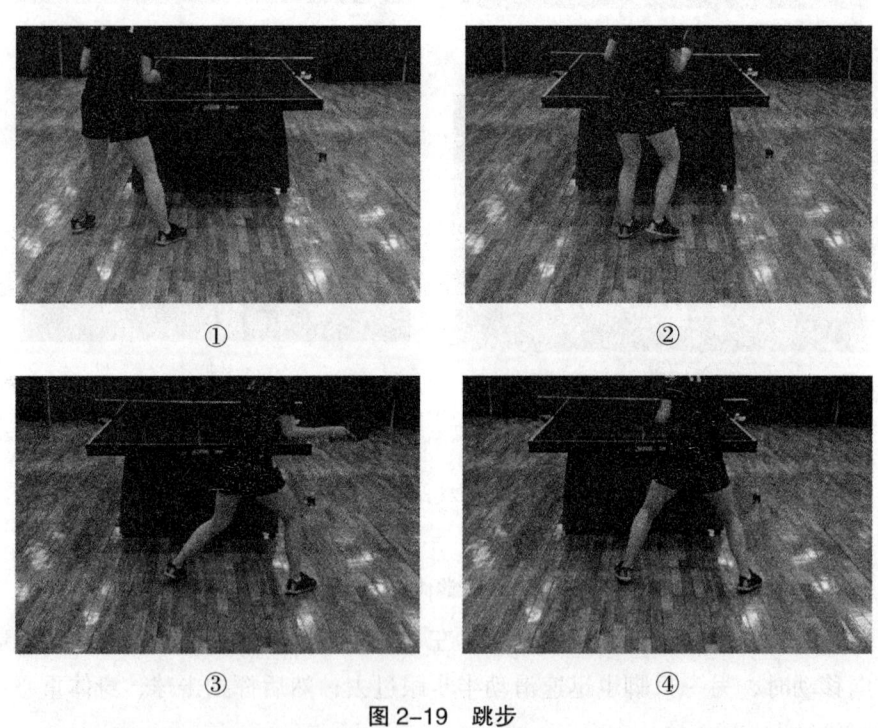

图 2-19　跳步

### （二）移动要领

起动：来球同侧方向的脚先向来球方向做一个小的单步移动，接着来球异侧方的脚掌内侧用力蹬地。

移动：两脚同时离地，向左、右、前、后不同的方向移动，蹬地用力的脚先落地。当移步完成时，身体重心也随之落在持拍手侧的脚上，同时挥拍击球。

还原：蹬地用力的脚先落地。当移步完成时，身体重心也随之落在持拍手侧的脚上，同时挥臂击球，击球后注意还原。

### （三）移动技术关键点

移动时要保持身体重心尽量平稳，击球时机是在持拍手同侧脚落地的同时进行。

## 五、交叉步

### （一）技术特点

交叉步移动的幅度比前几种都大，它主要是用来对付离身体较远的球。

①

②

③

④

图 2-20　交叉步

## （二）移动要领

起动：来球方向的同侧脚先向来球方向做一个小的单步移动，接着来球方向的异侧脚的前脚掌内侧蹬地，使身体重心向来球方向移动，并转为来球方向的同侧脚蹬地，同时身体向移动方向转动。

移动：来球方向异侧脚从另一脚的前面跨过，在落地时，挥拍击球。

还原：在来球方向的异侧脚交叉落地后，另一脚快速移动到外侧支撑进行制动。

## （三）移动技术关键点

做交叉步的时机要和击球时机结合好，击球后支撑脚的移动要迅速，使身体迅速还原。

# 第三章
# 训练理论

## 第一节　训练原理

一个专业的乒乓球运动员，每年的训练天数约为340天，基本上是天天练。每天训练大约5小时，在室内约6×12米的范围进行，全部用单手作业，作业量一天挥动球拍约5000板，其中上午约3000板，下午约2000板。

以上的作业量是由竞技乒乓球运动的方向性、复杂性、对抗性、随机性、精确性所决定的。运动员要适应这些特性，就要具有高水平的运动技能，而这种高水平的运动技能是一个复杂的、连锁的、数量庞大的动力定型形成过程。

根据巴甫洛夫的理论，乒乓球运动技能的形成，是后天获得的运动条件反射的结果。一种恒定不变的条件刺激，可以建立起一种相应的运动技能，因而，乒乓球运动技能形成的机制是运动条件反射。而要成为优秀的乒乓球运动员，对各项基本技术和战术必须能够运用自如，灵活多变，运动技能若达到这样高水平，运动员所形成的条件反射过程就并非运动初期时那样简单，而是要使条件反射逐步系统化。这种达到完全系统化的条件反射，即称为动力定型。

### 一、动力定型的条件反射过程是复杂的

在动力定型形成过程中，实际参加条件反射活动的中枢，不仅是视觉和运动中枢，还有听觉、位觉、语言及内脏等许多中枢参加。这样多的中枢共同活动，其形成条件反射的过程是极其复杂的。譬如通过视觉对于对方发球动作和来球作出判断，听觉对教练员的语言指导及对方球拍撞球声音作出分

析，位觉感知身体在空间移动时的方位，本体觉感受肌肉、关节的活动幅度和范围，以及击球瞬间的屏息引起的内脏器官的兴奋等。只有将各种刺激反复多次地给予强化，使这些参与活动的各个中枢能够按照严格的先后顺序和时间间隔产生兴奋和抑制，并且相互之间都建立起了暂时性神经联系，乒乓球运动的动力定型才能建立起来。

## 二、动力定型的条件反射活动是彼此联锁的

譬如，正手攻球这项基本技术，较完整的动作顺序是：准备姿势—步法移动—引拍—蹬地—挥拍击球—重心转换—动作还原。这是一连串单个动作的组合，每一单个动作即是一个条件反射活动，又是引起下一个动作发生的条件刺激，这些单个条件反射活动彼此联锁，形成了一个系统。如果其中某一条件反射活动受到干扰，则会使整个动力定型都被破坏。

## 三、动力定型是靠大脑皮层的分析和综合机能实现的

动力定型的形成都需要经过泛化、分化和自动化三个阶段，每一阶段的发展都是不断地修正错误动作、巩固正确动作的结果，而这一切都是依靠大脑皮层的分析和综合机能完成的。

人体各感受器及相应的中枢也有分析能力，如视觉对灯光、听觉对掌声的刺激十分敏感，而对其他形式的刺激则不敏感，这就是对外界刺激初步分析的表现，但这些分析是十分简单、粗糙的。乒乓球运动中的外界刺激是复杂多变的，如击球动作及来球性质的微细变化就是无穷的。而大脑皮层具有复杂、精细的分析能力，所以它能对刺激的性质、强度、频率及方位等做出准确的区分和辨别。更重要的是，它能对来自肌肉的本体感觉进行严格的分化，使正确的肌肉感觉得到强化，使错误的肌肉感觉因得不到强化而消退，运动员在此过程中便逐步形成了正确的动力定型。

大脑皮层还具有将各种刺激综合起来的能力。打乒乓球时，身体各感受器都可接受一定的刺激，并引起相应中枢的兴奋。如各器官各行其是，便会做出各式各样的反应，动力定型也就无法建立了，但大脑皮层可以将来自各感受器的刺激分析和综合，使所有器官在机能上连结起来而且只发生一种反

应，从而建立起正确的动力定型。

综上所述，乒乓球运动技能的形成是在简单运动条件反射基础上，经过反复多次的强化，建立了一个复杂的、连锁的、本体感受性的条件反射系统，形成了动力定型。从根本上来看，由于运动技能的形成实际上就是动力定型的结果，所以运动员的动力定型一旦达到了自动化程度，就标志着他的运动技能已经形成。

## 四、动力定型之间的联系是紧密的

将乒乓球运动的动力定型分门别类，运用不同的方法，会产生不同的结果。以乒乓球基本技术的分类为主要依据，其目的在于分析和研究乒乓球运动技能动力定型之间的相互区别和联系。

运动员对于一种恒定不变的条件刺激所形成的一种动力定型，称之为单个动力定型。单个动力定型之间有的是非常相似的，如肌肉发力的顺序和大小、整个动作的结构等。称相似的单个动力定型为同类动力定型。参照基本技术的类别，同类动力定型可分为攻球类、推挡类、拉攻类、搓球类、削球类及若干发球类（进一步划分，各类还可分为正手、反手等）乒乓界人士平时所说的击球动作的"细调"，指的就是同类动力定型内部的单个动力定型之间的相互转换。转换的能力愈强，这种同类动力定型的作用就愈大。

进行比赛时，一个球往往要进行几个、十几个乃至几十个回合，因而各种条件刺激是交替出现的，各同类动力定型也必然会以各种各样的排列组合形式出现。比如，发球后第三板抢攻，第五板拉冲，那么发球—抢攻—拉冲就是一种排列组合；又如，发球后—搓球控制—低球突击起板攻球；发球后—抢拉—连续拉冲等。可有无数种同类动力定型的排列组合形式。

由各同类动力定型所组成的一套动力定型，可称为成套动力定型。成套动力定型是同类动力定型之间相互转换能力强弱的一种表现。运动员成套动力定型建立得越多，其实战能力也就越强。各种成套动力定型的组合，就是一名运动员的整体动力定型。每名运动员整体动力定型所包含的成套动力定型的数量和种类都是不相同的，整体动力定型是运动员技术、战术水平高低的综合表现。

综上所述，乒乓球运动员动力定型分为单个动力定型、同类动力定型、成套动力定型和整体动力定型四种。它们之间的相互关系是：单个动力定型是动力定型的基本单位；在此基础上，由相似的单个动力定型组成同类动力定型；各同类动力定型依不同打法特点而排列组合，又形成了新的动力定型系统，这就是成套动力定型；成套动力定型的全部集合，就是一名运动员的整体动力定型。

## 五、动力定型要求的数量是庞大的

乒乓球运动中的条件刺激究竟有多少，一名运动员又必须相应地建立起多少种动力定型？目前尚没有准确答案。原因是，乒乓球运动中导致条件刺激发生改变的可变因素几乎是无限的，单就乒乓球运动中的五大要素（速度、力量、旋转、落点、弧线）来说，每一个要素就是一种可变因素，只要其中的一个要素发生变化，就将导致由这五大要素排列组合而成的球性发生改变，从而导致形成动力定型的条件刺激发生变化。由于这五大要素的某一种或某几种要素的强弱，因技战术的需要，而随机出现在一次次的组合中，经计算，这种组合约有1400万种，因而，每名运动员需要建立的动力定型，也就难计其数。

# 第二节　训练原则

在乒乓球竞技训练中，除要遵循教育学和一般训练学的区别对待、循序渐进、合理运动负荷、技术训练与身体训练、周期性等原则外，以下乒乓球竞技的专项性原则对提高竞技能力作用重大。

## 一、特长突出与技术全面相结合

特长一定要突出，特长是杀手锏，是第一位的，是得分率和使用率最高的技术，比如正手和发抢要过硬。中国队的历届世界冠军都是如此，如第35届世乒赛的葛新爱，第36届世乒赛的郭跃华、谢赛克、童玲，第37届世乒赛的蔡振华、曹燕华，第38届世乒赛的江嘉良、陈龙灿、陈新华以及20世纪90

年代的王涛、邓亚萍，21世纪的张怡宁、马龙等好手们。

李富荣指出，特长技术本身，也有个全面的问题。比如正手技术，如果你的特长是攻打中近台的弧圈球，那么你的侧身攻弧圈球以及正手攻中远台的球也要有相当功力，还不能偏废了攻打下旋球的基本功。又如发球技术，既有特长发球，又有辅助性发球，不能单打一。如以往许多选手的一律侧身高抛，配合性的发球不敢用；只会发近网短球，不会或不敢发既有速度力量又有落点变化的上旋长球。接发球也是如此，也有个特长与全面的关系问题，不能只会搓，不会挑。正手、反手的技术也不能只是"独角龙"。既要突出特长，又要顾及全面。

在训练安排中，在处理特长与全面的关系中，关键的一点是：不宜使两者之间的差距太大。差距是会有的，要突出第一位的特长，但它与第二位的全面技术之间的差距，不要形成特长与特短的关系，只宜形成第一、第二的关系。否则，因运动生理学上的"优势兴奋灶"而使特短处于抑制状况，不敢用，没信心。当年，青一色的高抛发球时，并不是当时的选手们完全不会别的发球，而是别的发球与特长发球在攻击性上差距太大而形成特短，因"优势兴奋灶"的原因而处于抑制状态，没信心用。这个观点的理论依据是：某一中枢受到刺激时，其兴奋水平提高，叫"优势兴奋灶"。它能综合由其他中枢扩散而来的兴奋，而邻近中枢抑制。此谓优势现象。"优势兴奋灶"出现后，其他中枢虽受刺激，但不出现原有之反应，而是"优势兴奋灶"加强，如已形成特短，则常会如此。

## 二、多球训练与单球训练相结合

多球训练在强度、密度、数量等方面，有利于形成特定的技能及特长，在训练步法及手感方面，有其独到的功效。多年来，各级运动队在这方面都受益颇多。但事物总有两面性，有利则有弊，"福兮祸所伏"，多球训练的不足之处在于：它只能"一板过"，只有刺激—反应，没有己方进攻后的反馈。等于"对打"中的分解动作，而不是完整练习。解决不了攻防转换的问题，只能形成一板技术的熟练程度，此点与比赛有些脱节。其机制是巴甫洛夫的经典条件反射。而比赛的实际更多的是操作条件反射的机制，即强调反馈，己方攻球之后对方的反馈，这种反馈带着己方攻球之后的"后作用"，如此控制与反控制，较为靠近比赛实际。因此，多球训练的供球，要提高目的性、仿真性，并与单球训练有机结合，使分解训练与完整训练互相促进。在比例安排上，不同阶段虽可有所侧重，但只宜占训练总量的1/3左右。

## 三、诱导训练与模拟训练相结合

诱导是指：由于兴奋而导致抑制过程的增强，为负诱导；由抑制而导致兴奋过程的增强，称正诱导。诱导还分为同时的与相继的。

诱导训练是指"强带弱，男帮女"，颇类似于周期性项目中的领跑训练。乒乓球项目中的诱导训练开展得较早。现在，其他球类及对抗性项目如女排、女篮、女子摔跤等也多采用。

诱导训练的功能是在早期、中期使训练对象缩短基本功训练的时间，尽快提高技术质量，成功的例子较多，早期的如蔡振华，近期的如邓亚萍等就是如此。蔡、邓在少年时代，都经历过带有领跑性质的由大人、强手陪打的诱导训练。

模拟训练是"弱陪强，假想敌"。

模拟训练实用于成熟期、高峰期的训练，模拟者一般难以超越"假想敌"。

模拟训练的功能是在重大赛事或国际赛事前一段时间，一般是2~3个月直至临赛前，使训练对象具备战胜特定对手的技能。其关键也是"模拟假想敌"的仿真程度。

模拟训练的具体作用有四点：一是使不能经常重现的"假想敌"，通过"模拟"而能在训练中多次出现，练为战；二是有利于队员适应和掌握战胜"假想敌"的特定技战术；三是有利于使特定的技战术能力迁移到比赛中去（97%的队员认为如此）；四是有利于培养队员良好的比赛心理（100%的队员认为如此），"模拟训练后再与实际对手比赛，心里比较踏实"，有利于实现心理定势，使技战术动力定型的适应性增强，有利于产生肯定的情感。

## 四、正手爆发力训练与两面摆速训练相结合

爆发力，在训练中的用语是发力短暂而集中，如爆冲。爆发力量主要

取决于最大力量和快速收缩的能力。在乒乓球训练中，要求运用全身力量，从蹬地、转腰、转体、肩胛带、上臂、前臂、手腕及手指，从力的发动及传递到手，不是单纯运用手臂（短球快球例外）。为了增加速度，要在撞击的瞬间，使球拍的运行处在最快的区段，为此，要讲究击球的预备姿势及打击速度。

爆发力与两面摆速，首先要解决好爆发力训练。常见的问题是，两面摆速较好的人爆发力不太理想，没有爆发力，也就没有特长的杀手锏。

## 五、步法训练与手法训练相结合

目前我们总的问题是步法不尽如人意，不如韩国及朝鲜运动员。此种情况有其历史原因：历史上就重视手法多，重视步法少；选才也多重视手法、手感；历史上较多的人打近台快攻，步法的矛盾不如其他打法那样突出；手法上没有严格的规范，导致步法上没有严格的要求，有的用手法迁就步法等。

矛盾的主要方面是在步法上。步法是科学训练的基础。击球的准确性、爆发力、相持能力与连续攻，以及贯彻积极主动、抢先上手，抢先发力的战术意图等，都依赖于步法。步法要从小练起，要结合实战要求进行训练。

## 六、有序训练与无序训练相结合

有序训练是指定点定线地按教练员要求的基本功训练，有序训练的行话叫作有规律的训练。这种训练，符合从简到繁、由易到难的教学训练原则，易于逐渐练好基本功。

无序训练符合比赛要求，刺激的出现没有规律。

在基础训练阶段，如何有效达到提高实战能力的目的？

科学实验的结果是：

有序—无序—有序—无序之安排，基本功上升快，比赛能力逐步上升。

无序—有序—无序—有序之安排，早期比赛成绩好，但上等级慢，基本功不扎实。

一些地区的"人才生产线"出了问题，除了其他原因之外，与急功近利的训练安排也许有些关系。但是,基础训练阶段的安排规律,只适合于基础阶段。对于国家队的尖子选手,则另有规律。国家队尖子选手,当然也有基本功的训练问题,但比赛任务已明显加大,"练为赛"的这一方面当然要重视,但练的目的带有很强的针对性。而世界乒坛形势的要求,是必须使尖子选手注重"以赛带练""赛练结合"的这另一个方面,以做到"适者生存"。这样,无序训练就比基础阶段大大地突出了。但是,这种无序中又有很强的针对性,而针对性的内容中,又包含着许多的有序性。

# 第四章 训练实践

## 第一节 启蒙训练

启蒙训练的主要内容是培养兴趣、选择及学习握拍法、初步确定打法类型、熟悉球性和学习最基本技术。

## 一、培养兴趣

### (一)方法

①组织少年儿童观看比赛视频和现场参观训练课。
②介绍本队近期比赛成绩及向上级运动队输送运动员的情况。
③介绍本队教练员的情况。
④讲述打乒乓球对身心发展的作用。
⑤讲述乒乓球比赛规则及场地、器材(球、球台、球网、球拍)。
⑥讲解乒乓球运动的游戏方法和发展趋势。
⑦讲解优秀运动员应具备的自身素质。

### (二)要求

①教练员对待运动员的态度要和蔼可亲,讲解时要语言生动、形象。
②示范动作要正确、美观,训练方法多样、因人而异。
③教练员对运动员要严格管理,加强思想教育,做到教球育人。

## 二、基本站位、预备姿势和步法

### （一）教学步骤

①讲解、示范动作要领。
②模仿练习。

### （二）练习方法

①做预备姿势向左、右转体的练习。
②单步、跳步、并步、跨步、交叉步分别向前后左右移动的练习。
③单步、跳步、并步、跨步、交叉步交替向前后左右移动的练习。
④几种步法相结合分别向前后左右移动的练习。
⑤几种步法相结合交替向前后左右移动的练习。
⑥看手势，听口令，变换步法、方向的移动练习。

### （三）练习要求

①身体各部位自然放松。
②步法移动时，反应快速，动作灵活为重点。

## 三、握拍

### （一）教学步骤

#### 1. 确定握拍手和握拍法

①根据少年儿童日常生活习惯，来确定用左手或右手握拍。
②根据少年儿童个人兴趣爱好，来确定直握还是横握球拍。

#### 2. 示范、讲解动作要领

#### 3. 握拍练习

## （二）练习方法

①手握球拍正或反面朝上，固定拍形的练习。
②手握球拍正或反面朝上，食指、拇指交替用力调整拍形的练习。
③手握球拍正或反面朝上，前臂做旋内、旋外动作，调整拍形的练习。
④手握球拍做活动肩、肘、腕各关节的屈伸练习。
⑤手握球拍做各个方向的走、跑、跳练习。

## （三）练习要求

①握拍的手形正确。
②握拍的松紧度、深浅度适当。

# 四、熟悉球性

## （一）持球、抛球练习

①持球手掌心向上，自然张开并静止于身前，将球置于掌心上的练习。
②在持球手保持静止的状态下，做左右转体的练习。
③持球手将球近乎垂直地向上抛起，至少16厘米以上，当球从最高点下降置身前时，用另一只手将球接住，反复练习。
④持球手将球近乎垂直地向上抛起，至少16厘米以上，当球从最高点下降置身前时，用抛球手将球接住，反复练习。

## （二）手握球拍，用球拍的正（反）面托球练习

①拇指和食指交替用力压拍，调整拍形，将球控制在拍面上的练习。
②前臂的旋内、旋外，调整拍形，将球控制在拍面上的练习。
③原地不动通过转体或手臂的前后左右移动，将球控制在拍面上的练习。
④原地不动通过上下移动，将球控制在拍面上的练习。
⑤做直线走或跑动中，将球控制在拍面上的练习。
⑥做曲线走或跑动中，将球控制在拍面上的练习。

## (三)手握球拍,用球拍正(反)面颠球练习

### 1. 练习内容

①用同等或变换力量连续向上颠球。
②球拍正反两面交替连续向上颠球。
③用球拍正反两面交替连续摩擦颠球。
④在向前后左右走、跑、跳、步法移动中进行上述1~3颠球。
⑤胯下或身后颠球。

### 2. 练习方法

①从持球手向上将球抛起开始,待球从最高点下落至适当位置时,持拍手用球拍将球向上颠起,待球再从最高点下落至适当位置,持拍手用球拍将球向上颠起,直至球落地为止。

②从持球手向上将球抛起开始,待球从最高点下落至适当位置时,持拍手用球拍将球向上颠起;待球再从最高点下落,从地面弹起未落地前,持拍手用球拍将球向上颠起,直至球在地面弹跳两次为止。

## (四)对墙击球练习

①不让球落地,用球拍正(反)面和正反两面交替连续对墙做正、反手挡球练习。
②先把球击到墙上,等球从墙弹至地面再弹起时进行搓、削球练习。
③先把球击到地上,等球从地面弹至墙面再弹回时做攻弧圈球练习。

# 五、入门技术

## (一)正、反手发平击球技术

### 1. 讲解、示范动作要领

①持球手持球、抛球和持拍手挥拍击球的规则相关条款。

②击球的弧线及第一落点与第二落点的关系。
③发球的线路和落点变化。

## 2. 徒手模仿练习

①持球手抛球动作的练习。
②先做抛球动作，再做挥拍动作的练习。

## 3. 体会击球感觉

①身体面对球台，做好发球的预备姿势，持球手和持拍手置身体的正或反手位，持球手按规则要求将球抛起，当球从最高点下降至适当高度时，用球拍的正面或反面击球。击球时，拍面朝上，击球的底部，将球向上击出。

②身体面对球台，做好发球的预备姿势，持球手和持拍手置身体的正或反手位，持球手按规则要求将球抛起，当球从最高点下降至适当高度时，用球拍的正面或反面击球。击球时，拍面稍后仰，击球的中下部，将球向前上方击出，使球落在本方台面上。

③身体面对球台，做好发球的预备姿势，持球手和持拍手置身体的正或反手位，持球手按规则要求将球抛起，当球从最高点下降至适当高度时，用球拍的正面或反面击球。击球时，拍面稍后仰，击球的中下部，将球向前上方击出，使球落在本方台面上，球弹起后，越过球网再落在对方的台面上。

## 4. 练习内容

①在中线位，正、反手发中路直线平击球。
②在正或反手位，正手发四条基本线路平击球。
③在反手位，反手发两条基本线路平击球。

## 5. 练习方法

①多球自练的形式进行。
②控制落点能力的练习。
将对方台面分成左、中、右按长短六个落点区域，练习者向固定落点发球。
③控制弧线能力的练习。
在球网上方距网纲5厘米或10厘米或15厘米，拉一条横线，练习者将球从

网纲与横线之间穿过。

## （二）正、反手挡球技术

**1. 讲解、示范动作要领**

**2. 模仿动作练习**

**3. 体会击球感觉**

（1）正手挡球

面对球台，做好预备姿势，引拍至正手位，当球从台面弹至高点期时，持拍手臂迎着来球向前上方挥动，用球拍击球；击球时，拍面垂直，击球的中部，将球向前击出，使球越过球网，落在对方台面上。

（2）反手挡球

面对球台，做好预备姿势，引拍至反手位，当球从台面弹至高点期时，持拍手臂迎着来球向前上方挥动，用球拍击球；击球时，拍面垂直，击球的中部，将球向前击出，使球越过球网，落在对方台面上。

**4. 练习内容**

（1）正手挡球

在四条基本线路上进行长短球相结合的单线练习。

（2）反手挡球

在反手位两条基本线路上进行长短球相结合的单线练习。

**5. 练习方法**

（1）喂球式多球练习

将若干个球装在一个盆里置于球台旁，喂球者从盆中取一个或几个球，每次将一个球击到对方的台面上，当练习者完成击球动作时，再将手中的另一个球击到对方的台面上。

（2）喂球式多球与单练结合的练习

三人为一组，用一张球台，一人喂球后，另外两人单球对练，待这个回合结束后，喂球者再喂球，继续对练。

（3）多球单练

将若干个球装在一个盆里置于球台旁，练习双方进行单球对练，待这个回合结束后，再从盆中取一个球，继续对练。

## （三）结合技术及步法训练

### 1. 练习内容

**（1）正手单面挡球练习**

①在单步前后、并步左右移动中，正手位半台两点单面挡长、短来球对正手位一点正手挡球。先有规律，后无规律。

②在单步前后、并步左右移动中，正手位半台两点单面挡长、短来球对反手位一点反手挡球。先有规律，后无规律。

③在单步前后、并步左右移动中，反手位半台两点单面挡长、短来球对反手位一点反手挡球。先有规律，后无规律。

④在单步前后、并步左右移动中，正手位2/3台两点单面挡长、短来球对反手位一点反手挡球。先有规律，后无规律。

⑤在单步前后、并步左右移动中，反手位2/3台两点单面挡长、短来球对反手位一点反手挡球。先有规律，后无规律。

⑥挡球绕台跑游戏：三名（以上）运动员，每个人打完一板球后，绕球台跑到球台的另一边，等着轮到自己再打一板球，打失误的人出局。

**（2）正、反手两面摆速挡球练习**

①在单步前后、并步左右移动中，2/3台两点两面摆速挡长、短来球对正手位一点正手挡球。先有规律，后无规律。

②在单步前后、并步左右移动中，2/3台两点两面摆速挡长、短来球对反手位一点反手挡球。先有规律，后无规律。

③在单步前后、并步左右移动中，2/3台两点两面摆速挡长、短来球对2/3台两点两面摆速挡长、短来球。先有规律，后无规律。

**（3）反手结合（侧身、上步）正手挡球练习**

①在跳步、并步左右移动中，2/3台反手结合侧身、上步正手挡长、短来球对反手位一点反手挡球。先有规律，后无规律。

②在跳步、并步左右移动中，2/3台反手结合侧身、上步正手挡长、短来

球对正手位一点正手挡球。先有规律，后无规律。

③在跳步、并步左右移动中，2/3台反手结合侧身、上步正手挡长、短来球对2/3台两点两面摆速挡球。先有规律，后无规律。

（4）综合练习

结合各种落点变化的平击发球和接发球后，进行以上内容的练习。

### 2. 练习方法

①喂球式多球练习。

②喂球式多球与单练结合的练习。

③多球单练。

### 3. 双方互换方式

①以练习时间为界进行互换，如15、10、5分钟互换。

②以击球板数为界进行互换，如50、100、200次互换。

③以回合为界进行互换，如5、10、20个回合互换。

④以一局比赛为界进行互换。

⑤在一个回合内，以一个技术组合为界进行互换，如一方完成一个单面挡或反手侧身上步组合后，另一方即进行同样或异样的组合。

### 4. 注意事项

①以提高调整弧线、控制落点能力为主。

②加强步法与手法之间的配合。

③加强平击发球与挡球之间的衔接。

④加强步法移动的灵活性。

⑤训练以中等运动量和小强度为主。

⑥练习难度先易后难，因人而异。

## 第二节　技术训练

乒乓球技术训练，是指采用各种有效的训练形式内容来培养乒乓球技术能力的过程。其核心是在技术练习中有效地表现和巩固击球的力量、速度、旋转、落点和弧线的肌肉感觉，使技术练习过程最大程度符合竞赛应用的需求。乒乓球技术训练的单元分类与组合形式繁多，包含了乒乓球中单一技术和组合技术两大类的训练内容。练习这两个类型的计划时，我们可以使用单球单练、多球训练和多球单练等不同的训练方法，通过不同形式的训练要求来帮助运动员加深技术感觉，将训练效率达到竞赛化质量。

# 一、单个技术

## （一）正手攻

### 1. 单线定点

（1）一推一攻

①主练在右半台正手位攻对方右半台斜线，直拍推挡方站右半台进行定点连续防守。

②主练在左半台侧身位攻对方左半台斜线，直拍推挡方站左半台进行定点连续防守。

（2）正手对攻

①双方同时站右半台正手位定点连续斜线对攻。

②双方同时站左半台侧身位定点连续斜线对攻。

③双方同时站中路位定点连续对攻。

④一方站右半台正手位定点连续攻对方左半台直线，另一方站左半台侧身位连续攻对方右半台直线。

【练习要求】

①双方对线路落点控制要稳定，保证完成技术动作的各环节合理、准确。

②单球单练可以多少回合为一组作要求，在保证技术动作规范合理的前提下完成组数指标。

③多球单练可加大击球的力量、加快击球速度、增加节奏上的组合变化。

## 2. 复线多点

### （1）两点移动攻

①陪练方站右半台正手定点连续攻对方斜线右半台两点位，主练方做正手两点连续移动攻。

②陪练方站左半台反手定点连续拨对方直线右半台两点位，主练方做正手两点连续移动攻。

③陪练方站左半台反手定点连续拨对方斜线左半台两点位，主练方站左半台做侧身位两点连续移动攻。

④陪练方站右半台正手定点连续攻对方直线左半台两点位，主练方站左半台做侧身位两点连续移动攻。

### （2）三点移动攻

①陪练方站左半台反手定点连续拨对方全台右、中、左三点，主练方站右半台开始击球，往左半台方向跑动，做全台有规律三点正手连续移动攻。

②陪练方站右半台正手定点连续攻对方全台右、中、左三点，主练方站右半台开始击球，往左半台方向跑动，做全台有规律三点正手连续移动攻。

### （3）三点扑右

①陪练方站左半台，定点反手依次对对方全台右、中、左三点连续拨，主练方站右半台正手位开始击球，往左半台方向移动，在正手位、中路和侧身位各击球一次，侧身位击球后直接用交叉步扑右半台正手位，再从正手位开始有规律地重复进行三点扑右攻。

②陪练方站左半台，定点反手依次对对方全台中、左、右、三点连续拨，主练方站中路位开始击球，往左半台方向移动，在侧身位击球后直接扑右半台正手位，再从中路位开始重复进行三点扑右攻。

### （4）半台移动攻

①陪练方站左半台，反手定点连续拨斜线左半台无规律不定点位，主练方站左半台做侧身位不定点连续移动攻。

②陪练方站左半台，反手定点连续拨直线右半台无规律不定点位，主练方站右半台做正手位不定点连续移动攻。

【练习要求】

①单线练习以巩固正手攻技术动作的动力定型为目标,在练习初期陪练方保持较轻力量和较匀速节奏进行回球,要为主练方提供稳定的击球位置和节奏,保证主练能够稳定击球动作和节奏。

②根据练习熟练程度逐渐加快击球速度和提高回球频率(注意左手打法的练习站位和击球线路与右手相反)。

③对有规律落点移动攻练习,陪练方的回球落点、频率与节奏要匀速准确,有利于主练方在跑动中稳定地完成技术动作。主练方要保证上下肢协调和正确连贯的击球动作去完成击球数量指标。多球训练中要强调体会重心交换与下肢的发力联动。

④对无规律落点移动攻练习,陪练方的回球落点变化要主动变化灵活,击球速度与力量要适中。主练方要高度集中注意力,准确判断陪练方的来球方向,做到眼、步法、手法三到位,掌握好预判和击球的节奏,以保证双方多回合有质量的训练。

## (二)反手攻

### 1. 单线定点

①双方站左半台反手位,同时进行斜线定点连续推挡或攻。

②双方站左半台反手位,同时进行斜线定点连续拉。

③主练方站左半台反手位,进行近台定点连续推挡或攻球,陪练方进行正手位或侧身位的定点正手攻。

④横拍主练方站左半台,反手连续快拨斜线或直线,在连续中进行反手发力攻。

⑤直拍主练方站左半台反手位,进行一板推挡一板反面攻交替练习,陪练方站左半台反手连续快拨。

### 2. 复线多点

①双方站左半台反手位,进行斜线半台不定点连续推挡或攻。

②主练方站左半台,反手位两点跑动连续推或反面攻,陪练方站左半台

反手定点连续推或攻。

③直拍主练方站左半台反手位，进行不定点连续推挡或反面攻，陪练方站左半台反手定点连续推或攻。

【练习要求】

①横拍打法的反手对练中，要主动地对击球速度节奏作出变化，提高在不同来球节奏中的击球命中率。

②直拍打法的反手对练中，要熟练掌握推挡和反面攻的转换手法，注意握拍手指的转换，做到两个动作交替使用熟练协调。

③推挡和反面攻的组合练习中，可以做推两板一板加力反面攻或一板轻一板重推挡加力反面攻的交替练习。

④在对陪练方侧身攻的反手练习中，主练方要带有比赛意识地进行攻防转换的时间与力量调节。

### （三）正、反手拉球

#### 1. 单线定点

①主练方站右半台，正手定点连续拉陪练方右半台正手位或陪练方直线左半台反手位。

②主练方站左半台，侧身定点连续拉陪练方左半台反手位或陪练方直线右半台正手位。

③全台五条线路的中远台定点同时对拉。

④主练方站左半台，反手定点连续拉斜线陪练方左半台反手位。

⑤主练方站左半台，反手定点连续拉直线陪练方右半台正手位。

【练习要求】

①单球单练中要以制造和保持弧线的多回合击球为主。

②多球单练中要以中等质量的多回合连续跑动拉为主，适时对拉球做加减力量和速度的组合。主练可以加一板下旋发抢或接发抢拉后连续拉。

③多球训练要加大击球力量和加快完成动作速度，降低摩擦弧线，体会前冲弧圈的感觉。多球的定点练习中，可以在发多球上进行旋转的组合与变

化，如一下旋一上旋、转不转等。

## 2. 复线多点

**（1）两点拉**

①陪练方站右半台正手防斜线，主练方站右半台正手两点移动连续拉。

②陪练方站左半台反手防斜线，主练方站左半台侧身两点移动连续拉。

③陪练方站左半台反手防直线，主练方站右半台正手两点移动连续拉。

④陪练方站右半台正手防直线，主练方站左半台侧身两点移动连续拉。

⑤陪练方站左半台反手防斜线，主练方站左半台反手两点移动连续拉。

**（2）三点拉**

①陪练方右半台正手位防全台右、中、左三点位，主练方站右半台开始正手位、中路和侧身位各击球一次，如此从右往左重复循环移动进行全台三点位连续拉。

②陪练方左半台反手位防全台右、中、左三点位，主练方站右半台开始正手位、中路和侧身位各击球一次，如此从右往左重复循环移动进行全台三点位连续拉。

③陪练方右半台正手位防主练方左半台中路、侧身两点、右半台正手位一点。主练方进行侧身拉两板、正手拉一板的练习。

④陪练方左半台反手位防主练方右半台中路、正手位两点、侧身位一板的连续拉练习。

**（3）半台不定点拉**

①陪练方右半台正手定点防主练方右半台斜线，主练方进行右半台正手不定点移动拉。

②陪练方左半台反手定点防主练方左半台斜线，主练方进行左半台侧身不定点移动拉。

③陪练方左半台反手定点防主练方左半台斜线，主练方进行左半台反手不定点移动拉。

**（4）全台不定点拉**

①双方右半台不定点移动对拉。

②双方左半台不定点移动对拉。

③一方左右半台任意一点对另一方2/3台或全台不定点移动对拉。

【练习要求】

①在有规律移动拉的单球练习中，陪练方的防守节奏要平稳、落点控制到位，主练方要做好连贯的、协调稳定的击球准备。

②在无规律移动拉练习中，主练方要高度集中注意力，准确判断陪练方的出手来球方向，做到判断、步法、手法三到位，以保证双方多回合有质量的训练。一般可先使用多球训练做稳定性练习，再转换多球单练做巩固练习。在多球练习中，发球方的给球落点位置要大，给球力量和速度要根据主练跑动还原的情况作出不同的要求；在单球练习中，陪练方的回球落点变化要灵活，击球力量要适中，以保证主练方能够多回合地连续练习。

## （四）搓球

### 1. 单线定点

①双方站左/右半台，同时做正手或反手的斜线对搓长球。
②双方站左/右半台，同时做正手或反手的直线对搓长球。
③双方站中路位正手或反手对搓长/短球。
④双方右半台定点对搓短球。
⑤双方左半台定点对搓短球。

### 2. 复线多点

（1）一点搓两点

①陪练站右半台正手位搓斜线长球到主练右半台两点。
②陪练站右半台正手位搓直线长球到主练左半台两点。
③陪练站左半台反手位定点搓斜线长球到主练左半台两点。
④陪练站左半台反手位定点搓直线长球到主练右半台两点。
⑤陪练站右半台正手位定点搓主练全台两大角一边一板长球。
⑥陪练站左半台反手位定点搓主练全台两大角一边一板长球。

（2）全台不定点搓

①双方全台不定点对搓长球。
②双方全台不定点对搓短球。

③双方全台不定点对搓组合长短球。

**【练习要求】**

①定点对搓要注意连续运用起动还原步法和重心的调整；注意对搓转、加转、不转的区别掌握。

②搓长球练习要搓到底线位，要求出球急、弧线长、下沉快。搓短球要搓到近网位，要求出球弧线平、球落台后要带停顿并下沉。

③多点位变线对搓中，双方要善于利用手腕手指调节，在要求多回合的同时，对球的落点、弧线长短、速度快慢、力量大小都要有战术组合变化的思想准备。

## （五）攻、拉机会球

### 1. 快/慢攻上旋高球

①主练方在右2/3台位正手快/慢攻打，另一方站右半台正手放上旋高球。
②主练方在左2/3位侧身快/慢攻打，另一方站左半台反手放上旋高球。
③主练方在左半台正手快/慢攻打，另一方全台一边一板放上旋高球。
④主练方全台快/慢攻打，另一方全台一边一板放上旋高球。
⑤一方全台快/慢攻打，另一方站全台放上旋高球。

### 2. 拉冲综合旋转球(与削球打法对练)

①主练方在右半台位正手两点跑位拉冲，另一方站右半台正手削半高球。
②主练方在左2/3位侧身拉冲，另一方站左半台反手削半高球。
③主练方全台不定点拉冲，另一方站全台削或放半高球。

**【练习要求】**

①在左、右半台上旋球的练习中，攻打方要先以中等力量进行练习，使防守方逐渐适应进攻方力量后，再加大攻打力量和质量，一般7~8板后可以进行绝杀板。

②在全台上旋球的练习中，攻打方要先以中间位落点为主进行不定点攻打，防守方逐渐适应进攻方力量和落点变化后，再进行大角度位置的攻打，

以保证多回合训练要求。

③在所有上旋球的攻打练习中,要对击球时间快慢做出灵活的组合,要清楚掌握"抢"击球上升前期的快攻和"等"击球下降后期的慢攻,两者的区别和使用时机。不但能够做到快、慢,还能够做到落点"长"和"短"的组合。

④削球打法选手作陪练方时,由陪练方削各种加转半高组合机会球,主练方进行定点和不定点的发力攻/拉。

⑤在多球训练中发球方可发各种旋转组合的半高球,按半台—2/3台—全台的定点或不定点来设定练习方的跑动范围。

## (六)削球

### 1. 正反手位稳削

①主练站正手位右半台两点削对方右半台定点拉。
②主练站正手位右半台不定点削对方右半台两点拉。
③主练站正手位右半台不定点削对方右半台不定点拉。
④主练站反手位左半台两点削对方左半台定点拉。
⑤主练站反手位左半台不定点削对方左半台两点拉。
⑥主练站反手位左半台不定点削对方左半台不定点拉。

### 2. 正反手削一拉一攻

①主练站正手位右半台定点削对方右半台定点一拉一攻。
②主练站正手位右半台两点削对方右半台两点一拉一攻。
③主练站正手位右半台不定点削对方右半台不定点无规律拉攻组合。
④主练站反手位左半台定点削对方右半台定点一拉一攻。
⑤主练站反手位左半台两点削对方右半台两点一拉一攻。
⑥主练站反手位左半台不定点削对方右半台不定点无规律拉攻组合。

### 3. 正反手搓削长短球

①主练站正手位右半台定点一搓一削,对方右半台定点一拉一搓。
②主练站正手位右半台两点一搓一削,对方右半台两点一拉一搓。

③主练站正手位右半台不定点搓削，对方右半台不定点无规律搓拉组合。

④主练站反手位左半台定点一搓一削，对方左半台定点一拉一搓。

⑤主练站反手位左半台两点一搓一削，对方左半台两点一拉一搓。

⑥主练站反手位左半台不定点搓削，对方左半台不定点无规律搓拉组合。

### 4. 正反手搓/削中抢攻

①陪练站右半台进行正手不定点摆短搓长，主练站右半台正手不定点搓/削2~3板后伺机抢攻。

②陪练站左半台进行反手不定点摆短搓长，主练站左半台反手不定点搓/削2~3板后伺机抢攻。

③陪练全台正反手不定点摆短搓长，主练站全台不定点搓/削2~3板后伺机抢攻。

### 5. 正反手削中反攻/拉

①陪练站右半台进行正手不定点连续拉，主练全台两大角一边一板削3~4板后反拉。

②陪练站左半台进行侧身不定点连续拉，主练全台两大角一边一板削3~4板后反拉。

③陪练全台不定点连续拉，主练反手削2板正手削一板后正手位反拉。

④陪练全台不定点连续拉，主练反手削2板正手削一板后侧身位反拉。

### 6. 正反手两面削后顶拉冲

①陪练站右半台正手拉主练方两大角一边一板后拉冲中路，主练两面削后顶中路拉冲。

②陪练站左半台侧身拉主练左半台不定点后拉冲直线，主练反手连续削后顶正手位拉冲。

③陪练站右半台正手拉主练右半台不定点后拉冲直线，主练正手连续削后顶反手位拉冲。

④陪练中间位不定点连续拉主练中路后拉冲两大角任意一点，主练中路连续削后顶两角拉冲。

**【练习要求】**

①正反手位的稳削训练中,主练方要对弧圈来球的旋转、弧线和落点作出准确判断。注意从对方挥拍用力的大小、挥拍方向和摩擦球时间的长短来考虑削球板形角度。陪练方的进攻质量尽量保持稳定,减少旋转力量变化,以增加练习的回合。

②在拉攻结合的训练中,主练方要注意区别削拉和攻的来球时间。削强弧圈时在下降中期比较好;接一般转和不太转的弧圈时,可以在下降前或高点期击球;陪练方要区别来球是一般弧圈球还是前冲弧圈球,从而保证弧圈进攻的命中率和力量调节的动作技巧。

③在搓削结合的训练中,主练方要掌握多种削球技术,如加转与不转的旋转差别,灵活掌握落点来练习。颗粒打法的运动员也可以运用搓削中有拱、挡、磕等变化的控制技术。

④在搓削中抢攻或反拉的训练中,主练方要将防守搓削技术与抢攻反拉灵活地结合起来。要准确预判陪练方的回球,并对削球落点、旋转和节奏有很好的组合计划,从而提高搓削的落点和旋转变化质量,降低对方回球质量,进而创造出进、反攻机会,更好地实施抢攻和反拉。

⑤在顶重板的防守训练中,陪练方要保证每板进攻的落点、旋转、力量和速度,可做连续拉冲或拉冲后摆短,以提高进攻的组合质量。主练方要准确预判重板的来球落点和熟练掌握前后步法的跑动,尤其注意对中路追身发力攻的防守要做到迅速让位和找准击球时间。

## (七)发球

### 1. 正反手低抛发球

①正手或反手发左半台转不转短球。
②正手或反手发右半台转不转短球。
③正手或反手发全台两大角一边一板底线加转急长球。
④正手或反手发左半台组合长短球。
⑤正手或反手发右半台组合长短球。

## 2. 正反手半高/高抛侧上下旋

①正手或反手发全台两大角侧上旋长球。
②正手或反手发中路侧下旋半出台球。
③正手或反手发左半台侧上旋组合长短球。
④正手或反手发右半台侧下旋组合长短球。

## 3. 正手发右侧旋

①发右半台正手位两点短球。
②发左半台反手位两点半出台球。
③发反手位半台不定点组合长短球。

## 【练习要求】

①提高多套路发球动作的稳定性和准确性，熟练掌握1~2套发球技术，突出一套有个人风格的精细发球组合，如以发好1~2套低抛为主，突出一套右侧旋发球组合。

②准确理解所练发球的旋转产生原理，清晰定位发球后的衔接技术套路。

③对发球线路落点的练习区域设置，可以从发短球—半出台—长球；发中间—左右半台—两大角；发追身或小三角这样的思路去要求。让运动员体会到发球力量由轻到重；发球落点区域由容易—困难—精细；发球旋转从不转—转—加转。这样循序渐进的练习要求有助于运动员清晰掌握技术变化的层次，为学习战术套路奠定基础。

④对发球质量可以从弧线、速度、旋转、隐蔽四方面去要求。首先要求出球弧线要低、要稳，保证命中率；其次是出球的速度要快，有突然性；在前两点的基础上再要求有旋转变化和组合；最后就是在前三点基础上能够做到技术动作隐蔽、有真假动作组合，干扰对手对球的判断。

## （八）接发球

### 1. 接侧旋/上旋类长球

①正手攻接右半台两点。

②侧身快拉左2/3台不定点。
③反手快拉、攻接左半台2/3台不定点。
④正、反手拉接全台一边一板。
⑤正、反手接全台不定点。

### 2. 接侧下旋类长球

①正、反手拉接全台一边一板。
②侧身拉冲接左2/3台不定点。
③反手搓/侧搓接左半台不定点。
④反手拉接左半台不定点。
⑤正、反手拉接全台不定点。

### 3. 接转不转短球

①正、反手台内攻接全台不定点。
②侧身台内攻接左2/3台不定点。
③正、反手搓短接全台不定点。
④正、反手搓长接全台不定点。
⑤侧身挑打左2/3台不定点。
⑥反手挑打左2/3台不定点。

### 4. 接侧上下旋半出台结合长球

①正手拉接中间位不定点。
②侧身拉接左2/3台不定点。
③反手台内侧拉接左2/3台不定点。
④反手台内攻接左2/3台不定点。
⑤反手侧搓接左2/3台不定点。

【练习要求】

①清晰理解发球旋转、落点形成的动作原理,并能作出准确预判。
②熟练掌握接上下旋球的主要几个技术,并能在判断准确的同时作出合理回球反应。

③对接发球的主要技术需要使用到的步法，能够果断并连贯地完成。
④对接发球后的衔接技术套路有预想和计划。

## 二、结合技术

### （一）同类型技术组合

**• 正手类台内攻、快拉、拉冲等进攻组合**

①主练方台内攻接左或右2/3台短球到陪练方反手后，侧身在左2/3台定点或不定点连续拉。

②主练方发左或右2/3台短球陪练方回搓，主练抢拉后做三点快拉转扑右拉冲。

③主练方侧身拉接左2/3台半出台球到陪练方反手，在接发球位开始做全台一边两板拉冲结合。

④主练方发右2/3台半出台球，陪练方回接后，主练方做半台不定点连续发力拉，到陪练方一边两板。

### （二）不同类型技术组合

**• 正反手两面进攻和相持攻防组合**

①陪练方发主练方左半台短球，主练方反手摆短后，反手在左2/3台不定点台内侧拉起，做反手快拉转侧身冲，后转双方正手对拉。

②陪练方发主练方左半台短球，主练方反手台内攻或侧拉起后，在接发球位开始做全台定点左推右攻或一反一正快拉。

③陪练方发主练方左半台长球，主练方反手侧拉起后，在接发球位开始做全台不定点正反两面快拉的摆速。

④陪练方发主练方左半台长球，主练方侧身抢拉后，陪练方反手防中转侧身反拉，双方正反手全台相持对拉。

【练习要求】

①同类型组合：在进入正手连续进攻技术单元之前，增加发球后和接发球所需的正手台内攻、快拉、拉等技术作为组合初始单元。要求能在发球后与接发球中，稳定准确地使用同类型不同动作技巧的技术单元，以保证后续的进攻技术衔接。

②在正手连续进攻技术单元中，要灵活合理地组合好弧圈球的轻拉、快拉、加转拉及前冲等技术，并能在不同落点跑动和对拉的连续中争抢进攻主动。

③不同类型组合：发球后与接发球的初始单元里，在正手的基础上增加反手的台内攻、侧拉等接发球和发球后的进攻手段。

④在两面相持和攻防转换技术单元中，交替运用正反手两面进攻中的快攻、快拉、对拉等技术。要求能在两面相持对抗中组织高质量进攻，并在防守中能突破进攻。

## （三）削球组合技术

### 1. 旋转组合

①主练站正手位右半台削对方右半台转与不转。
②主练站正手位右半台削对方右半台连续加转。
③主练站正手位削对方全台一边一板转与不转。
④主练站正手位削对方全台一边一板连续加转中变不转。
⑤主练站正手位削对方全台一边一板连续削不转中变加转。

### 2. 落点组合

①主练全台一边一板削对方全台不定点长球。
②主练全台一边一板削对方两大角一边一板长球。
③主练站正手位削对方全台一短一长。
④主练站反手位削对方全台两长一短或两短一长。

### 3. 多种防守组合

①主练全台定点或不定点一搓一削，陪练方全台不定点一摆短一拉冲。

②主练全台定点或不定点一搓一攻，陪练方全台不定点一搓长一快攻或快拉。

③主练全台定点或不定点一削一挡（磕），陪练方全台不定点一拉一攻。

④主练全台定点或不定点削中放高球，陪练方全台不定点拉中连续发力攻。

⑤主练全台定点或不定点削中反拉或反攻，陪练方全台不定点拉。

### 4. 多种抢攻组合

①主练右半台搓中正手抢拉，陪练方左半台反手摆短搓长后防守。

②主练左半台搓中反手或侧身抢拉后连续攻，陪练方左半台反手摆短搓长后防守。

③主练全台定点或不定点一搓一攻，陪练方全台不定点一搓一防。

④主练全台定点或不定点搓一长一短后抢攻，陪练方全台不定点搓中反拉。

⑤主练全台定点或不定点发接球抢攻。

## 【练习要求】

①在旋转组合中，要清楚区别制造不同旋转的技术要领，能稳定准确地完成对应的技术动作。同时善于把握变化旋转的节奏与时机，熟练操作隐蔽性强的动作，做到自己心中有数，对方难以区分判断。

②在落点组合中，要灵活并有技巧地运用击球的力量和速度，利用好每个来球之间的时间差，以扰乱对方的步法为主要目标，熟练稳定精准地控制好回球的落点。

③在多种防守组合中，要将防守技术中的削、放、挡、反攻反拉和颗粒打法中的拱、磕、撇、晃有机地结合起来。要做到命中率稳定变化有主有次，为自己被动中进攻创造机遇，而不能在变化中复杂贪多，扰乱自己的节奏。

④在多种抢攻组合中，要将搓中抢攻抢拉、削中抢拉、搓削结合进攻、发接球抢攻等四类单元组合作区分练习，要明确不同的单元组合相应的步法和技术变化技巧。

## 第三节  战术训练

在当今的乒乓球训练比赛中，对战术的要求主要表现在衔接和攻防转换上。因此，我们将战术训练分为：发球抢攻战术的训练（第一、三板的衔接和第一、三、五板的衔接）、接发球抢攻战术的训练（第二、四板的衔接和第二、四、六板的衔接）、相持战术的训练（第五、七板及以后的衔接和六、八板及以后的衔接）三部分，并将乒乓球各种技术与竞技要素（弧线、速度、旋转、落点、力量）相组合，来介绍说明各部分的具体训练方法与手段。

## 一、发球抢攻

### （一）掌握几套有效的高质量发球

#### 1. 发球的旋转配套

比如，反手或正手的侧上与反手或正手的侧下配套，转与不转配套，正手下蹲的侧上与侧下配套，正手顺向与逆向发球的配套等。配套的原则就是动作相似，而旋转不同。在这样的基础上，再去提高单个发球的质量，思路就完全对了。

#### 2. 发球落点的配套

对于左手运动员A来说，采用正手的高抛发侧上侧下，如果能把球发到运动员B（右手）正手的近网处（正手短球），球且能往外拐，那效果是很明显的，对方回接要么正手是搓或摆，要么是正手拉或攻，由于角度大，回球的路线已经被A封死，B回击的质量就不会是很高，A就可以轻而易举地上手。在这种情况下，对方就有可能适当地将站位向正手位一方挪，而这时A就可以改发高抛的侧下/侧上至B的反手底线，这一短一长、一上一下，就有可能赢得发抢的主动。再比如，反手发对方正手下旋短球配合发对方反手

（上、下即可）长球，或先发对方反手短球再发对方正手长球等。

发球落点的配套更多的是根据场上对手的技术状况来确定，主要是了解对方的移动、各种接发球技术的掌握程度、接发球的习惯与方法、回球的路线和落点等，有了这样的分析和了解，运动员就可以确定自己的发球采取什么样的落点为宜，既达到控制对方上手的目的，又能给自己的主动进攻创造机会。

### 3. 发球的速度配套

同样的旋转，同样的落点，球的速度快就会更有威胁，尤其是侧上侧下的长球更是如此。一般来说，发短球要出手快，发长球要使球速快，这样，就能从时间上控制对方抢先上手。比如，对方已经判断你的发球是反手位长球，准备侧身抢拉，但如果你的球速快，就会顶住对方，至少可以降低对方抢拉的质量。发球的速度，主要是指长球的速度，速度快，就会增加对方回击的难度。因此，建议运动员在练习发球的时候，一定要从速度因素上去加以考虑。

### 4. 发球训练的具体要求

①主要以提高发球落点的准确性为主，掌握斜、直线长球和两个小三角短球的发球技术，尤其要加强发左方小三角的质量，牵制和破坏接发球方第一点的击球时间，同时花样变化也应达到上述目的。

②发球训练结合采用比赛方式进行，增加发球的难度以及心理压力。

## （二）第一、三板的衔接

### 1.练习内容

#### （1）单一发球后的抢攻或抢拉

①单一发球后，对固定线路和固定回球方式的抢攻或抢拉。

A. 主练方发下旋短球至对方反手位，陪练方搓长至主练方反手底线，主练方侧身正手抢攻或抢拉。

B. 主练方发下旋短球至对方反手位，陪练方搓长至主练方正手底线，主练方正手抢攻或抢拉。

C. 主练方发下旋不转短球至对方反手位，陪练方摆短至主练方正手位，主练方正手伺机抢攻或抢拉（一般采用正手挑打）。

D. 主练方发下旋长球至对方反手位，陪练方采用中等力量反手拉至主练方反手位，主练方侧身正手抢攻或抢拉。

E. 主练方发下旋长球至对方反手位，陪练方采用中等力量反手拉至主练方正手位，主练方正手抢攻或抢拉。

F. 主练方发下旋短球至对方中间偏右，陪练方正手搓接至对方正手位，陪练方回球以半出台球和长球为主，配合摆短，主练方正手伺机抢攻或抢拉。

②单一发球后，对固定线路的抢攻或抢拉。

A. 主练方发近网中间偏右下旋短球，陪练方正手搓接或挑打至对方正手位，主练方正手伺机抢攻或抢拉。

B. 主练方发近网中间偏右下旋短球，陪练方正手搓接或挑打至对方反手位，主练方反手伺机抢攻或抢拉。

C. 主练方发中路侧下旋半出台球，陪练方正手拉球至主练方中路，主练方正手伺机抢攻或抢拉。

D. 主练方发近网中间偏左下旋短球，陪练方反手搓长或反手挑打至对方反手位，主练方侧身正手伺机抢攻或抢拉。

③单一发球后，对固定回球方式的抢攻或抢拉。

A. 主练方发反手位下旋底线长球，陪练方将球搓长至球台两大角，主练方正手/反手伺机抢攻或抢拉。

B. 主练方发反手位下旋底线长球，陪练方反手将球以中等力量拉起至球台两大角或中路追身，主练方正手/侧身伺机抢攻或抢拉。

C. 主练方发正手/中路下旋短球，陪练方正手摆短回接，主练方伺机正手/反手挑打。

D. 主练方发正手/中路下旋不转短球，陪练方正手挑打至主练方中路/正手/反手，主练方正手/反手伺机抢攻或抢拉。

④单一发球后，对非固定线路和非固定回球方式的抢攻或抢拉。

A. 主练方发逆旋转侧下旋球中间偏左近网短球，陪练方根据情况，采用多种方式，不固定线路和落点回接，主练方正手/反手/侧身正手伺机全台抢攻或抢拉。

B. 主练方发逆旋转侧下旋球中间偏右近网短球，陪练方根据情况，采用多种方式，不固定线路和落点回接，主练方正手/反手/侧身正手伺机全台抢攻或抢拉。

C. 主练方发正手近网侧上旋短球，陪练方正手挑打/搓接至对方正手位或反手位，主练方正手/反手/侧身正手伺机抢攻或抢拉。

D. 主练方发中路偏左侧下旋短球，陪练方根据情况，采用多种方式，不固定线路和落点回接，主练方正手/反手/侧身正手伺机全台抢攻或抢拉。

（2）配套发球后的抢攻或抢拉

配套发球指：发球的旋转配套、落点的配套、速度配套以及旋转、落点、速度三者之间的相互配套。

①配套发球后，对固定落点和固定回球方式的抢攻或抢拉。

A. 主练方发侧下旋正手小三角短球为主配合发侧下旋反手位底线长球，陪练方正手搓长至主练方正手大角度底线长球或反手搓长至主练方正手位，主练方正手抢攻或抢拉。

B. 主练方以发侧上或侧下旋反手近网短球为主，配合发侧下旋反手底线长球，陪练方将球搓接至主练方反手位底线，主练方反手/侧身正手伺机抢攻或抢拉。

C. 主练方发侧上、下旋至对方中间偏右近网处，配合发大角度长球，陪练方挑打或拉起至对方反手位，主练方反手/侧身正手伺机抢攻或抢拉。

D. 主练方发侧上、下旋至对方中间偏右近网处，配合发大角度长球，陪练将球挑打或拉起至对方正手位，主练方正手伺机抢攻或抢拉。

②配套发球后，对固定线路的抢攻或抢拉。

A. 主练方发侧上或侧下旋正手小三角短球，陪练方正手挑打或搓长至主练方反手位底线长球，主练方侧身正手/反手伺机抢攻或抢拉。

B. 主练方发侧上或侧下旋正手小三角短球，陪练方正手挑打或搓长至主练方正手位底线长球，主练方正手伺机抢攻或抢拉。

C. 主练方发侧上或侧下旋正手小三角短球，陪练方正手挑打或搓长至主练方中路，主练方正手伺机抢攻或抢拉。

D. 主练方发逆旋转侧下旋球中间偏右近网短球为主，配合发逆旋转两大角长球，陪练方台内拉或拉或搓至对方反手位，主练方反手伺机抢攻或抢拉。

E. 主练方发逆旋转侧下旋球中间偏右近网短球为主，配合发逆旋转两大角长球，陪练方台内拉或拉或搓至对方正手位，主练方正手伺机抢攻或抢拉。

③配套发球后，对固定回球方式的抢攻或抢拉。

A. 主练方发转与不转短球至对方正手或中路为主，配合发长球至对方反手，陪练方将球搓接至主练方全台，搓接以搓半出台和长球为主，配合摆短，主练方伺机抢攻或抢拉。

B. 主练方发中路近网短球或中路追身长球，陪练方正手/反手挑打或正手拉球至主练方全台，主练方伺机抢攻或抢拉。

C. 主练方发侧上与侧下旋短球至对方正手或中路为主，配合发侧上与侧下旋长球至对方反手位，陪练方正手挑打/反手拉球至对方反手位，主练方伺机侧身正手抢攻或抢拉。

D. 主练方发侧上与侧下旋短球至对方正手或中路为主，配合发侧上与侧下旋长球至对方反手位，陪练方正手挑打/反手拉球至对方中路或正手位，主练方伺机正手抢攻或抢拉。

④配套发球后，对非固定线路和非固定回球方式的抢攻或抢拉。

A. 主练方以发侧上或侧下旋正手小三角短球为主，配合发对方反手位底线急下旋长球，陪练方根据自己的打法特点、判断情况采用多种方式回接，线路和落点不限，主练方伺机抢攻或抢拉。

B. 主练方以发短球为主，陪练方进行长短配合的搓接，主练方伺机抢攻或抢拉。

C. 主练方以发侧上短球和两底线长球为主（长球可偏多些），陪练方在接发球时台内挑起，出台拉起，接发球要求中等力量，主练方进行上旋球的抢攻，熟练掌握在实践中发长球进行抢攻的能力。

### 2. 训练要求

#### （1）总体要求

①发球与自身的打法相吻合，每名运动员应精炼两套主要发球抢攻的战术，一套以旋转为主结合落点变化，另一套以速度为主结合落点变化，并在日常训练中定期、不定期进行检验和考核。

②扩大抢攻的范围和能力，不仅能抢攻对方的一般下旋和强下旋（半出台和出台），还能抢攻近网短球；不仅能抢攻下旋，还能抢攻上旋。

③发球抢攻继续贯彻掌握以花样变化和落点变化为主的配套进攻体系。重点加强发反手小三角为主，配合其他落点和花样发球抢攻的能力。继续强化和提高"前三板"主动进攻能力。

④遵从循序渐进的训练原则需先练抢攻斜线，再练抢攻直线；先练有序，后练无序。

#### （2）第一板发球质量的要求

主练方发球时要将旋转发足，落点变开，发球动作要有隐蔽性，争取达到如下效果：

①直接得分。

②造成对方回球质量不高，为进攻创造有利时机。

③有利于三五板的衔接，进入自己的相持战术套路。

#### （3）第三板抢攻质量的要求

抢攻或抢拉要大胆、果断，强化出手的突然性、角度要开、注重落点变化，尤其要突出中间球和直线球的进攻。特别要强化对两底线长球上手进攻能力和质量。对于对手有可能采取的各种回接办法，在发抢练习中都不能放过，而要一个球一个球地认真练习。

#### （4）意识和技术要求

还应注意培养与提高这样一种意识和技术，即发球后的第一板无法抢攻（对方接发球甚好）时，不应急于盲目抢攻，而应有战术意识地先控制一板（如对方反手不擅攻，则可控制其反手大角度一板强烈下旋，逼其必以搓回），然后争取下板再抢攻，这在比赛中很有实际意义。

## （三）第一、三、五板的衔接

第一、三、五板战术根据发球后的三、五板采取的不同技术组合，可分为以下几种子战术。

### 1. 发球后连续攻战术

它是发抢战术的主动延续，一旦发抢战术不能够造成得失分，就立即进入此战术。它是一、三、五板战术中最主动的战术。三五板衔接的技术组合主要有：正手连续攻、正手抢衔接反手攻、正手抢衔接侧身攻、反手连续攻、反手抢衔接正手攻、反手抢衔接侧身攻、侧身连续攻、侧身抢衔接正手攻、侧身抢衔接反手攻。其中反手连续攻、反手抢衔接侧身攻、正手抢衔接反手攻在比赛中使用率较高。

①主练方发中路偏左或反手位近网短球，陪练方反手回摆至主练方中路

或正手位，主练方正手挑打至陪练方反手位，陪练方反手防守至主练方正手位，主练方正手抢攻或抢拉至对方反手位或中路追身，以争取得分。

②主练方发中路偏左或反手位近网短球，陪练方反手搓长至主练方中路或正手位，主练方正手抢拉至陪练方反手位，陪练方反手防守至主练方正手位，主练方正手抢攻或抢拉至对方反手位或中路追身，以争取得分。

③主练方发中路偏左或反手位近网短球，陪练方反手搓长至主练方反手位，主练方侧身正手抢拉至陪练方反手位，陪练方反手防守至主练方正手位，主练方正手抢攻或抢拉至对方反手位或中路追身，以争取得分。

④主练方发中路偏左或反手位近网短球，陪练方反手搓长至主练方反手位，主练方侧身正手抢拉至陪练方反手位，陪练方反手防守至主练方反手位，主练方侧身正手/反手抢攻或抢拉至对方正手位/反手位/中路追身，以争取得分。

⑤主练方发中路偏左或反手位近网短球，陪练方反手搓长至主练方中路或正手位，主练方反手抢拉至陪练方反手位，陪练方反手防守至主练方正手位，主练方正手抢攻或抢拉至对方反手位或中路追身，以争取得分。

⑥主练方发中路偏左或反手位近网短球，陪练方反手搓长至主练方中路或正手位，主练方反手抢拉至陪练方反手位，陪练方反手防守至主练方反手位，主练方侧身抢攻或抢拉至对方反手位或中路追身，以争取得分。

⑦主练方发中路偏左或反手位近网短球，陪练方反手搓长至主练方中路或正手位，主练方正手抢拉至陪练方反手位，陪练方反手防守至主练方反手位，主练方侧身正手抢攻或抢拉至对方反手位或中路追身或正手位，以争取得分。

⑧主练方发中路偏左或反手位近网短球，陪练方反手挑打至主练方中路或正手位，主练方正手反拉至陪练方反手位，陪练方反手防守至主练方反手位，主练方侧身正手抢攻或抢拉至对方反手位或中路追身或正手位，以争取得分。

⑨主练方发反手位长球或反手位半出台球，陪练方反手拉球至主练方反手位，主练方反手反拉至陪练方正手位，陪练方正手防守至主练方反手位，主练方侧身正手抢攻或抢拉至对方反手位或中路追身或正手位，以争取得分。

需要注意的是正手抢衔接侧身攻这一组合的运用，应注意侧身的时机，不能勉强侧身进攻，以免陷入被动或造成空当。

## 2. 发控抢战术

发控抢战术的技术组合由第三板的控制技术衔接第五板的进攻技术组成。

①主练方发中路偏左或反手位近网短球，陪练方反手摆短至主练方中路或正手位，主练方正手回摆至陪练方反手位，陪练方反手再次回摆至主练方正手位，主练方正手挑打至对方反手位或中路追身，以争取得分。

②主练方发中路偏左或反手位近网短球，陪练方反手摆短至主练方中路或正手位，主练方正手搓长至陪练方反手位，陪练方反手拉球至主练方正手位，主练方正手反拉至对方正手位或反手位或中路追身，以争取得分。

③主练方发中路偏左或反手位近网短球，陪练方反手摆短至主练方中路或正手位，主练方正手回摆至陪练方反手位，陪练方反手再次回摆至主练方反手位，主练方反手挑打至对方反手位或中路追身，以争取得分。

④主练方发中路偏左或反手位近网短球，陪练方反手摆短至主练方中路或正手位，主练方正手回摆至陪练方反手位，陪练方反手搓长至主练方反手位，主练方侧身正手抢拉至对方正手位或反手位或中路追身，以争取得分。

⑤主练方发中路偏左或反手位近网短球，陪练方反手摆短至主练方中路或正手位，主练方正手搓长至陪练方反手位，陪练方反手拉球至主练方反手位，主练方侧身正手反拉至对方正手位或反手位或中路追身，以争取得分。

⑥主练方发中路偏左或反手位近网短球，陪练方反手摆短至主练方中路或正手位，主练方正手搓长至陪练方反手位，陪练方反手拉球至主练方反手位，主练方反手反拉至对方反手位或中路追身，以争取得分。

## 3. 发防抢战术

发防抢战术的技术组合由第三板的防守衔接第五板的进攻技术组成。

①主练方发中路半出台球，陪练方正手拉球至主练方反手位，主练方反手推/拨至陪练方反手位，陪练方反手快拉至主练方反手位，主练方侧身正手抢攻或抢拉至对方正手位或反手位或中路追身，以争取得分。

②主练方发中路半出台球，陪练方正手拉球至主练方反手位，主练方反手推/拨至陪练方反手位，陪练方反手快拉至主练方正手位，主练方正手反拉至对方正手位或反手位或中路追身，以争取得分。

③主练方发中路半出台球，陪练方正手拉球至主练方反手位，主练方反手推/拨至陪练方反手位，陪练方反手快拉至主练方反手位，主练方反手反拉

至对方正手位或反手位或中路追身，以争取得分。

④主练方发反手位长球，陪练方反手拉球至主练方反手位，主练方反手防至陪练方反手位，陪练方反手拉球至主练方反手位，主练方侧身正手反拉至对方正手位或反手位或中路追身，以争取得分。

### 4. 发抢防战术

是指发球抢攻第三板球质量不高，被对方反攻或反拉，第五板防守，主要是运用推、拨等技术。

①主练方发中路偏左或反手位近网短球，陪练方反手摆短至主练方中路或正手位，主练方正手挑打至陪练方正手位/中路，陪练方正手快拉至主练方反手位，主练方反手推/拨至对方反手位或中路追身，以争取得分。

②主练方发中路偏左或反手位近网短球，陪练方反手摆短至主练方中路或反手位，主练方反手挑打至陪练方正手位/中路，陪练方正手快拉至主练方反手位，主练方反手推/拨至对方反手位或中路追身，以争取得分。

③主练方发中路偏左或反手位近网短球，陪练方反手搓长至主练方反手位，主练方侧身正手抢拉至陪练方正手位/中路，陪练方正手反拉至主练方正手位，主练方正手防至对方反手位或中路追身，以争取得分。

④主练方发中路偏左或反手位近网短球，陪练方反手搓长至主练方反手位，主练方侧身正手抢拉至陪练方反手位，陪练方反手反拉至主练方反手位，主练方反手推/拨至对方反手位或中路追身，以争取得分。

### 5. 发球后控转防战术

①主练方发中路偏左或反手位近网短球，陪练方反手摆短至主练方中路或正手位，主练方正手回摆至陪练方正手位/中路，陪练方正手挑打至主练方反手位，主练方反手推/拨至对方反手位或中路追身，以限制对方进攻，或造成对方失误。

②主练方发中路偏左或反手位近网短球，陪练方反手摆短至主练方中路或正手位，主练方正手搓长至陪练方正手位/中路，陪练方正手拉球至主练方反手位，主练方反手推/拨至对方反手位或中路追身，以限制对方进攻，或造成对方失误。

### 6. 发球后连续防战术

①主练方发反手位长球,陪练方反手拉球至主练方反手位,主练方反手推/拨至陪练方反手位,陪练方侧身正手拉冲至主练方反手位,主练方反手推/拨至对方正手位,以限制对方进攻,或造成对方失误。

②主练方发反手位长球,陪练方反手拉球至主练方反手位,主练方反手推/拨至陪练方反手位,陪练方反手拉冲至主练方反手位,主练方反手推/拨至对方中路,以限制对方进攻,或造成对方失误。

### 7. 发球后连续控战术

①主练方发中路偏右或正手近网短球,陪练方正手摆短至主练方中路或正手位,主练方正手回摆至陪练方反手位,陪练方反手再次回摆至主练方正手位,主练方正手搓长/摆短至对方反手位,以采取主动防守,或限制对方进攻,为自己下一板抢攻创造条件。

②主练方发中路偏左或反手近网短球,陪练方摆短至主练方中路或反手位,主练方反手回摆至陪练方中路/反手位,陪练方反手再次回摆至主练方反手位,主练方反手搓长/摆短至对方反手位,以采取主动防守,或限制对方进攻,为自己下一板抢攻创造条件。

### 8. 第一、三、五板衔接战术的练习要求

发球抢攻练习同前,但规定发抢或对方回球落点,然后再进行相持战术的练习。为确保此练习的可行性,发球抢攻这一板力量不要过大。因为此练习的目的是解决发球抢攻与相持战术的结合,改变发球抢攻没得分就无计可施的局面。

## 二、接发球抢攻

### (一)第二板接发球战术的训练

专门的接发球练习,采用多球训练效果为佳,即陪练方发球,主练方接发球。

## 1. 第二板接发球抢攻或抢拉

### （1）对台内短球的抢攻或抢拉

①陪练方发主练方正手位下旋（转与不转）或侧上、侧下旋或逆旋转短球，主练方正手挑打至对方斜线正手位或直线反手位或中路追身。

②陪练方发主练方中路近网下旋（转与不转）或侧下旋短球，主练方反手挑打至对方斜线正手位或直线反手位或中路追身。

③陪练方发主练方中路近网侧上旋短球，主练方正手挑打至对方斜线正手位或直线反手位或中路追身。

④陪练方发主练方反手位下旋（转与不转）或侧上、侧下旋短球，主练方反手挑打至对方直线正手位或斜线反手位或中路追身。

⑤陪练方发主练方中路偏左近网下旋（转与不转）或侧上、侧下旋短球，主练方反手挑打至对方直线正手位或斜线反手位或中路追身。

### （2）对半出台球的抢攻或抢拉

①陪练方发主练方下旋（转与不转）或侧上、侧下旋或逆旋转中路半出台球，主练方正手抢攻或抢拉对方斜线正手位或直线反手位或中路追身。

②陪练方发主练方下旋（转与不转）或侧上、侧下旋或逆旋转反手位半出台球，主练方反手抢攻或抢拉对方直线正手位或斜线反手位或中路追身。

③陪练方发主练方下旋（转与不转）或侧上、侧下旋或逆旋转反手位半出台球，主练方侧身正手抢攻或抢拉对方斜线反手位或直线正手位或中路追身。

④陪练方发主练方下旋（转与不转）或侧上、侧下旋或逆旋转正手半出台球，主练方正手抢攻或抢拉对方斜线正手位或直线反手位或中路追身。

### （3）对长球的抢攻或抢拉

①陪练方发主练方下旋（转与不转）或侧上、侧下旋或逆旋转中路长球，主练方正手抢攻或抢拉对方斜线正手位或直线反手位或中路追身。

②陪练方发主练方下旋（转与不转）或侧上、侧下旋或逆旋转反手位长球，主练方反手抢攻或抢拉对方斜线反手位或直线正手位或中路追身。

③陪练方发主练方下旋（转与不转）或侧上、侧下旋或逆旋转反手位长球，主练方侧身正手抢攻或抢拉对方斜线反手位或直线正手位或中路追身。

④陪练方发主练方下旋（转与不转）或侧上、侧下旋或逆旋转正手位长

球，主练方正手抢攻或抢拉对方斜线正手位或直线反手位或中路追身。

⑤陪练方发主练方正手位上旋长球，主练方正手抢攻或抢拉对方斜线正手位或直线反手位或中路追身。

（4）对任意发球的抢攻或抢拉

①陪练方将旋转、落点、速度结合起来发任意球至1/2台，主练方根据来球情况，结合自身的打法特点，进行正、反手的抢攻或抢拉。

②陪练方将旋转、落点、速度结合起来发任意球至2/3台，主练方根据来球情况，结合自身的打法特点，进行正、反手的抢攻或抢拉。

③陪练方将旋转、落点、速度结合起来发任意球至全台，主练方根据来球情况，结合自身的打法特点，进行正、反手的抢攻或抢拉。

### 2. 第二板接发球控制的训练（主要是接台内短球）

①陪练方发主练方正手位下旋或侧下旋短球，主练方正手摆短或搓长至对方直线正手位或斜线反手位或中路追身。

②陪练方发主练方反手位下旋或侧下旋短球，主练方反手摆短或搓长至对方直线正手位或斜线反手位或中路追身。

### 3. 第二板接发球的综合训练

①陪练方将旋转、落点、速度结合起来发任意球至1/2台，主练方根据来球情况，结合自身的打法特点，较为合理地将球接回对方球台。

②陪练方将旋转、落点、速度结合起来发任意球至2/3台，主练方根据来球情况，结合自身的打法特点，较为合理地将球接回对方球台。

③陪练方将旋转、落点、速度结合起来发任意球至全台，主练方根据来球情况，结合自身的打法特点，较为合理地将球接回对方球台。

### 4. 第二板接发球战术的练习要求

①开始对单一的发球进行抢攻或抢拉，然后再逐步过渡到对各种旋转、不同落点、不同速度的发球的抢攻或抢拉。

②要在练习中明确对哪些发球采取何种进攻的手段和方式，并逐步熟练其中最主要的几种接发球抢攻战术。

③要根据自己的技术状况，突出重点，以落点的变化和控制为主，充分

运用自己进攻的技术优势，形成自己应有的接发抢技术和风格。

④进攻性打法采用以拉、攻、推（拨）的方法回接为主，结合摆短；防守型打法则以搓、摆短、削控制落点和旋转变化为主，结合抢攻或抢拉。

⑤专门进行第二板和第四板的衔接练习，并延伸到进入相持反攻或连续进攻的练习。

⑥接发球要力争积极主动，但还要准备在接得不好被对方进攻而造成被动局面时，提高接发球后第四、六板的防御能力。

⑦练接发球时，要求判断、手法和步法协调一致，切记位置站"死"练接发球。

⑧接发球抢攻在力量上是以中等力量上手，并不要求采用搏杀的方式，主要是通过落点的控制来压制对方的进攻，为第四板的攻防做好准备。

## （二）第二、四板衔接的战术训练

### 1. 第二板接发球控制后，第四板抢攻或抢拉（控攻战术）

即第二板球采用控制性技术，使对手无法进攻或进攻质量不高，第四板运用进攻性技术击球，形成主动得分或对手失误得分的战术。二、四板衔接的技术组合主要有：摆短后挑打、摆短后拉球、搓长后拉球。

①陪练方发主练方正手/中路下旋短球，主练方正手摆短至陪练方正手位，陪练方正手回摆至主练方正手/中路，主练方正手挑打至对方正手或反手或中路追身，以争取得分。

②陪练方发主练方反手/中路下旋短球，主练方反手摆短至陪练方反手位/中路，陪练方反手回摆至主练方正手/中路，主练方正手挑打至对方正手或反手或中路追身，以争取得分。

③陪练方发主练方反手/中路下旋短球，主练方反手摆短至陪练方反手位/中路，陪练方反手回摆至主练方反手/中路，主练方反手挑打至对方正手或反手或中路追身，以争取得分。

④陪练方发主练方正手/反手/中路下旋短球，主练方正手/反手摆短回接，陪练方搓长至主练方正手/反手/中路，主练方正手/反手/侧身正手抢攻或抢拉，至对方正手或反手或中路追身，以争取得分。

⑤陪练方发主练方正手位或反手位下旋短球，主练方正手或侧身正手搓

回接至陪练方反手位，陪练方反手拉球至主练方反手位或正手位，主练方侧身正手/反手/正手抢攻或抢拉，至对方正手或反手或中路追身，以争取得分。

⑥陪练方发主练方正手或反手上旋短球，主练方正手或侧身正手摆短回接至陪练方反手位，陪练方反手快拉至主练方反手位或正手位，主练方侧身正手/反手/正手抢攻或抢拉，至对方正手或反手或中路追身，以争取得分。

⑦陪练方发主练方正手位或中路下旋短球，主练方正手搓长至陪练方正手或中路长球，陪练方正手拉球至主练方正手/中路/反手（中等力量），主练方正手/反手/侧身反拉至对方正手或反手或中路追身，以争取得分。

⑧陪练方发主练方反手下旋短球，主练方反手搓长至陪练方反手位，陪练方反手拉球至主练方正手/中路/反手，主练方正手/反手/侧身反拉至对方正手或反手或中路追身，以争取得分。

## 2. 第二板接发球抢攻后，第四板抢攻或抢拉（连续攻战术）

即接发球抢攻没有造成得失分，第四板球继续运用进攻性技术强攻对手，目的是造成主动得分或对方失误的战术。它是二、四板战术中最具有攻击性的战术。衔接的组合技术主要有：挑打后反拉、拉完后反拉。

①陪练方发主练方正手侧旋短球或不转下旋短球，主练方正手挑打至陪练方正手位，陪练方正手拉冲（中等力量）至主练方正手位，主练方正手反攻或反拉至对方正手或反手或中路追身，以争取得分。

②陪练方发主练方正手侧旋短球或不转下旋短球，主练方正手挑打至陪练方正手位，陪练方正手拉冲（中等力量）至主练方反手位，主练方反手反攻或反拉至对方正手或反手或中路追身，以争取得分。

③陪练方发主练方正手侧旋短球或不转下旋短球，主练方正手挑打至陪练方正手位或中路，陪练方正手拉冲（中等力量）至主练方反手位，主练方侧身正手反攻或反拉至对方正手或反手或中路追身，以争取得分。

④陪练方发主练方正手侧旋短球或不转下旋短球，主练方正手挑打至陪练方反手位，陪练方反手快拉/攻至主练方反手位，主练方反手抢攻或抢拉至对方正手或反手或中路追身，以争取得分。

⑤陪练方发主练方正手侧旋短球或不转下旋短球，主练方正手挑打至陪练方反手位，陪练方反手快拉/攻至主练方反手位，主练方反手/正手侧身抢攻或抢拉至对方正手或反手或中路追身，以争取得分。

⑥陪练方发主练方中路侧旋短球或下旋短球，主练方反手挑打至陪练方正手位或中路，陪练方正手反拉至主练方正手位或中路，主练方正手抢攻或抢拉至对方正手或反手或中路追身，以争取得分。

⑦陪练方发主练方中路侧旋短球或下旋短球，主练方反手挑打至陪练方反手位，陪练方反手反拉或侧身正手反拉至主练方正手位或中路，主练方正手抢攻或抢拉至对方正手或反手或中路追身，以争取得分。

⑧陪练方发主练方中路侧旋短球或下旋短球，主练方反手挑打至陪练方反手位，陪练方反手快拉/攻或侧身正手反拉至主练方反手位，主练方反手抢攻或抢拉至对方正手或反手或中路追身，以争取得分。

⑨陪练方偷袭主练方正手长球，主练方正手拉球至陪练方反手位，陪练方反手快拉/攻至主练方反手位，主练方反手抢攻或抢拉至对方正手或反手或中路追身，以争取得分。

⑩陪练方偷袭主练方反手长球，主练方反手拉球至陪练方反手位，陪练方反手快拉/攻至主练方反手位，主练方反手/侧身正手抢攻或抢拉至对方正手或反手或中路追身，以争取得分。

⑪陪练方发主练方中路半出台球，主练方正手拉球至陪练方反手位，陪练方反手快拉/攻至主练方反手位，主练方反手或侧身正手抢攻或抢拉至对方正手或反手或中路追身，以争取得分。

⑫陪练方发主练方正手半出台球，主练方正手拉球至陪练方正手位，陪练方正手拉球至主练方反手位，主练方反手或侧身正手抢攻或抢拉至对方正手或反手或中路追身，以争取得分。

⑬陪练方发主练方正手半出台球，主练方正手拉球至陪练方反手位，陪练方反手拉/攻至主练方正手位或中路，主练方正手抢攻或抢拉至对方正手或反手或中路追身，以争取得分。

### 3. 第二板控制后，第四板控制（连续控战术）

即两板球均采用摆短、搓长、晃搓或撇搓等控制性技术，本身攻击性较差，目的是通过不同的线路和落点限制对手进攻，造成对手回球失误。衔接的技术组合主要有：摆短后回摆、摆短后搓长。

①陪练方发主练方正手或中路偏右下旋短球，主练方正手摆短至陪练方正手位，陪练方正手回摆至主练方中路或正手位，主练方再次回摆至陪练方

中路/正手位/反手位，以限制陪练方进攻或造成陪练方失误。

②陪练方发主练方正手或中路下旋短球，主练方正手摆短至陪练方反手位，陪练方反手回摆至主练方中路/正手位/反手位，主练方正手/反手再次回摆至陪练方中路/正手位/反手位，以限制陪练方进攻或造成陪练方失误。

③陪练方发主练方反手或中路下旋短球，主练方反手摆短至陪练方反手位/中路，陪练方反手回摆至主练方中路/正手位/反手位，主练方正手/反手再次回摆至陪练方中路/正手位/反手位，以限制陪练方进攻或造成陪练方失误。

④陪练方发主练方反手或中路下旋短球，主练方反手摆短至陪练方正手位/中路，陪练方正手回摆至主练方中路/正手位/反手位，主练方正手/反手再次回摆至陪练方中路/正手位/反手位，以限制陪练方进攻或造成陪练方失误。

⑤陪练方发主练方正手或中路下旋短球，主练方正手摆短至陪练方正手位，陪练方正手回摆至主练方中路或正手位，主练方正手搓长至陪练方中路/正手位/反手位，以限制陪练方进行高质量的进攻或造成陪练方失误。

⑥陪练方发主练方正手或中路下旋短球，主练方正手摆短至陪练方反手位，陪练方反手回摆至主练方中路/正手位/反手位，主练方正手/反手搓长至陪练方中路/正手位/反手位，以限制陪练方进行高质量的进攻或造成陪练方失误。

⑦陪练方发主练方反手或中路下旋短球，主练方反手摆短至陪练方反手位/中路，陪练方反手回摆至主练方中路/正手位/反手位，主练方正手/反手搓长至陪练方中路/正手位/反手位，以限制陪练方进行高质量的进攻或造成陪练方失误。

⑧陪练方发主练方反手或中路下旋短球，主练方反手摆短至陪练方正手位/中路，陪练方正手回摆至主练方中路/正手位/反手位，主练方正手/反手搓长至陪练方中路/正手位/反手位，以限制陪练方进行高质量的进攻或造成陪练方失误。

### 4. 第二板控制后，第四板防守（控防战术）

第一板球采用摆短、搓长、晃搓或撇搓等控制性技术，被对方反攻或反拉，第四板通过推、拨等进行防守，目的是通过不同的线路和落点限制对手连续进攻，造成对手回球失误。衔接的技术组合主要有：摆短后防守、搓长后防守。

①陪练方发主练方反手或中路下旋短球，主练方反手摆短至陪练方正手位/中路，陪练方正手挑打至主练方中路，主练方正手防至对方反手位/中路，以限制陪练方连续进攻或造成陪练方失误。

②陪练方发主练方反手或中路下旋短球，主练方反手搓长至陪练方正手位/中路，陪练方正手拉球至主练方中路，主练方正手防至对方反手位/中路，以限制陪练方连续进攻或造成陪练方失误。

③陪练方发主练方正手或中路下旋短球，主练方正手摆短至陪练方正手位/中路，陪练方正手挑打至主练方中路，主练方正手防至对方反手位/中路，以限制陪练方连续进攻或造成陪练方失误。

④陪练方发主练方正手或中路下旋短球，主练方正手搓长至陪练方正手位/中路，陪练方正手拉球至主练方中路，主练方正手防至对方反手位/中路，以限制陪练方连续进攻或造成陪练方失误。

⑤陪练方发主练方正手或中路下旋短球，主练方正手摆短至陪练方反手位/中路，陪练方反手挑打至主练方中路，主练方正手防至对方反手位/中路，以限制陪练方连续进攻或造成陪练方失误。

⑥陪练方发主练方正手或中路下旋短球，主练方正手搓长至陪练方反手位，陪练方反手拉球或侧身正手拉球至主练方反手位，主练方反手防至对方反手位/中路/正手位，以限制陪练方连续进攻或造成陪练方失误。

⑦陪练方发主练方正手或中路下旋短球，主练方正手摆短至陪练方反手位/中路，陪练方反手挑打至主练方反手位/正手位，主练方反手或正手拨/挡至对方反手位/中路，以限制陪练方连续进攻或造成陪练方失误。

⑧陪练方发主练方反手或中路下旋短球，主练方反手搓长至陪练方反手位，陪练方反手拉球或侧身正手拉球至主练方正手/中路，主练方正手防至对方反手位/中路，以限制陪练方连续进攻或造成陪练方失误。

### 5.第二板抢攻后，第四板防守（攻防战术）

接发球直接抢攻后，没有直接造成得失分，而被对手反攻或控制，第四板采用防守性技术回球反控制对手，通过线路的变化使对手回球失误。它是二、四板战术中使用率最高的战术。衔接的技术组合主要有：挑打后防守、拉球后防守。

①陪练方发主练方正手或中路下旋短球，主练方反手挑打至陪练方正手位/中路，陪练方正手反拉至主练方中路/正手，主练方正手防至对方反手位/中路，以限制陪练方连续进攻或造成对方回球失误。

②陪练方发主练方正手或中路侧上或不转下旋短球，主练方正手挑打至陪练方正手位/中路，陪练方正手反拉至主练方中路/正手，主练方正手防至对方反手位/中路，以限制陪练方连续进攻或造成对方回球失误。

③陪练方发主练方反手或中路下旋短球，主练方反手挑打至陪练方反手位，陪练方反手反拉至主练方中路/正手，主练方正手防至对方反手位/中路，以限制陪练方连续进攻或造成对方回球失误。

④陪练方发主练方反手或中路下旋短球，主练方反手挑打至陪练方反手位，陪练方反手反拉至主练方反手位，主练方反手推/拨至对方反手位/中路，以限制陪练方连续进攻或造成对方回球失误。

⑤陪练方发主练方反手下旋长球，主练方反手拉球至陪练方反手位，陪练方反手反拉或侧身正手反拉至主练方反手位，主练方反手推/拨至对方反手位/中路/正手位，以限制陪练方连续进攻或造成对方回球失误。

⑥陪练方偷袭主练方正手侧上/侧下旋长球，主练方正手拉球至陪练方反手位，陪练方反手反拉/反攻至主练方正手位，主练方正手推/拨至对方反手位/中路/正手位，以限制陪练方连续进攻或造成对方回球失误。

⑦陪练方偷袭主练方正手侧上/侧下旋长球，主练方正手拉球至陪练方正手位，陪练方正手反拉至主练方正手位，主练方正手推/拨至对方反手位/中路/正手位，以限制陪练方连续进攻或造成对方回球失误。

### 6. 第二、四板衔接的战术训练要求

①运动员将根据自己特长，习惯确立在关键时的看家技术手段，尤其在摆短和控制上要力求稳定，在衔接上要紧凑、合理。

②首先利用多球训练掌握要领，培养能力和打下基础；之后再通过单球训练，加强判断、移动和调节的内容，方法以先定点后综合为宜。

③采用半冲半吊接右方和中路的逆旋转、侧上和不转半出台球，中等力量锁住直线。当来球不出台时，以搓和晃推直线和对方中间为主，形成衔接。

④以摆短为主，让对方回摆或搓长，进行下一板衔接。

⑤台内有机会时就挑打，没机会就摆一下、搓长一下，目的还是为了下

一板球。

⑥可以通过给对方长球来获得主动防守的机会。在给对方长球的时候尽量注意落点、旋转、力量、速度的变化，以减弱对手进攻的质量。

## （三）第二、四、六板的衔接

### 1. 四、六板的强衔接

它是接发球连续攻战术的延续，一旦接发球连续攻战术不能构成得失分，就立即进入此战术。它是二、四、六板战术中最主动的战术。其技术组合主要有：反手拉接侧身拉、连续反手拉、连续正手拉。

①陪练方发主练方正手侧旋短球或不转下旋短球，主练方正手挑打至陪练方正手位，陪练方正手拉冲（中等力量）至主练方正手位，主练方正手反拉至对方正手位，陪练方再次正手拉球至主练方反手位，主练方侧身正手拉冲至对方反手或中路追身，以争取得分。

②陪练方发主练方正手侧旋短球或不转下旋短球，主练方正手挑打至陪练方正手位，陪练方正手拉冲（中等力量）至主练方反手位，主练方反手反拉/反攻至陪练方反手位，陪练方侧身正手拉球至主练方正手位，主练方正手拉冲至对方正手位或中路追身，以争取得分。

③陪练方发主练方正手侧旋短球或不转下旋短球，主练方正手挑打至陪练方反手位，陪练方反手快拉至主练方反手位，主练方反手反拉/反攻至陪练方反手位，陪练方反手再次快拉至主练方反手位，主练方反手再次快拉或至对方反手位或中路追身，以争取得分。

④陪练方发主练方中路侧旋短球或下旋短球，主练方反手挑打至陪练方反手位，陪练方反手快拉或侧身正手反拉（中等力量）至主练方反手位，主练方反手反拉/反攻至陪练方反手位，陪练方再次反手快拉至主练方反手位，主练方侧身正手反拉至对方反手位或中路追身，以争取得分。

### 2. 四、六板的一般衔接

它是接发球连续控、控防战术和抢防战术的延续。指的是如果接发球后由第四板的控制、防守转到第六板的进攻，第六板运用进攻性技术力求攻击得分的战术。其技术组合主要有：推/拨衔接侧身拉、推/拨衔接正手拉、摆短衔接正手拉。

①陪练方发主练方正手或中路偏右下旋短球，主练方正手摆短至陪练方正手位，陪练方正手回摆至主练方中路或正手位，主练方再次回摆至陪练方中路/正手位，陪练方再次正手搓长至主练方正手位，主练方正手抢拉或抢冲至对方中路或反手位，以争取得分。

②陪练方发主练方正手或中路下旋短球，主练方正手摆短至陪练方反手位，陪练方反手回摆至主练方中路或反手位，主练方反手再次回摆至陪练方中路/反手位，陪练方反手搓长至主练方反手位，陪练方反手抢拉至对方中路或反手位，以争取得分。

③陪练方发主练方反手下旋长球，主练方反手拉球至陪练方反手位，陪练方反手反拉或侧身正手反拉至主练方反手位，主练方反手推/拨至对方反手位，陪练方反手推/拨至主练方反手位，主练方侧身正手抢攻或抢拉至陪练方正手位/中路/反手位，以争取得分。

④陪练方发主练方中路半出台球，主练方正手拉球至陪练方反手位，陪练方反手反拉或侧身正手反拉至主练方反手位，主练方反手推/拨至对方反手位，陪练方反手推/拨至主练方正手位，主练方正手抢攻或抢拉至陪练方中路/反手位，以争取得分。

### 3. 四、六板的被动衔接

它是接发球控抢战术和连续控战术的延续。是指在这两种战术没有出现得失分的情况下，在第六板使用控制性技术击球后出现得失分的战术。其技术组合主要有：连续推/拨、反手拉衔接推/拨、摆短衔接推/拨。

①陪练方发主练方反手或中路下旋短球，主练方反手搓长至陪练方反手位，陪练方反手拉球或侧身正手拉球至主练方反手位，主练方反手推/拨至陪练方反手位/中路，陪练方反手再次抢拉至主练方反手位，主练方也再次反推/拨至对方反手位或中路，以限制对方连续进攻或造成对方失误。

②陪练方发主练方正手位或反手位下旋短球，主练方正手或侧身正手搓回接至陪练方反手位，陪练方反手拉球至主练方反手位，主练方反手反拉至对方反手位或中路追身，陪练方反手推/拨至主练方反手位，主练方再次反推/拨至对方中路追身，以限制对方连续进攻或造成对方失误。

③陪练方发主练方反手或中路下旋短球，主练方反手摆短至陪练方正手

位/中路，陪练方正手回摆至主练方中路，主练方再次正手回摆至陪练方反手位，陪练方反手挑打至主练方反手位，主练方反手推/拨至对方中路追身，以限制对方连续进攻或造成对方失误。

④陪练方发主练方正手或中路偏右下旋短球，主练方正手摆短至陪练方正手位，陪练方正手回摆至主练方反手位，主练方侧身正手搓至陪练方反手位，陪练方反手拉球至主练方反手位，主练方反手推/拨至对方中路追身或反手位，以限制陪练方进攻或造成陪练方失误。

⑤陪练方发主练方正手或中路偏右下旋短球，主练方正手摆短至陪练方正手位，陪练方正手回摆至主练方反手位，主练方侧身正手搓直线至陪练方正手位，陪练方正手拉球至主练方正手位，主练方正手快拉至对方正手位/中路/反手位，以限制陪练方进攻或造成陪练方失误。

### 4. 第二、四、六板衔接战术的练习要求

①提高接侧上、不转、逆旋转发球的挑、推、拉主动上手能力以及四、六板衔接一体化的质量。

②主练方接发球以摆短配合搓长为主，注意加强摆短的质量和落点变化，提高控制、反控制主动争抢的能力。

③如果说第二与第四板的衔接充分体现了主动防守意识的话，那么，第六与第八板的衔接靠的就是第六板打线路变化起的作用。可见主动防守意识在比赛中，尤其是接发球抢攻第二板控制球中起到非常重要的作用，为第四板创造有利条件。

## 三、相持

相持球技术是建立在多个单项技术基础之上形成的，所以在训练中，要注意多个技术动作之间结合的训练，不断提高技术衔接能力，包括正反手的攻球、拉球、攻防之间的转换等。找出影响技术衔接能力的关键因素，进行强化练习，并且要有自己的优势特点。例如，在相持过程中，如果正手是优势，力量大，命中率高，便要尽可能将此技术运用到实战中，利用自己的优势来得分，而击球的时间和移动的准确性是正手的关键环节。因此要重点加强这两方面的练习。

相持段重点应突出正手连续进攻能力和杀伤力。加强正手反拉和中远台对拉以及转拉直线的能力。防止正反手进攻技术过于均衡化的现象出现，正手进攻的跑动能力以及侧身强攻能力必须进一步提高和强化。另外，相持段加强反手主动变直线保全台的组合能力也不能忽视。

乒乓球的战术一般是由两种以上的单项技术结合运用而构成，故每一种结合技术都可以作为一种单项战术来运用。如推攻战术中的左推右攻、推挡侧身攻等。因此，各种组合技术的练习方法都可用于战术练习，只不过在将这些方法用于战术练习的时候，要力求符合有关战术的要求。

## （一）对攻战术的训练内容及要求

### 1. 训练内容一

以全台连续正手不定点拉、打练习内容为主，提高正手连续进攻的能力。注意把手法和步法练习紧密地结合起来，提高快速反应、快速移动和快速动作的能力。

**练习方法示例1**：正手不定点拉冲/攻练习

从上旋或下旋转成上旋开始练习，可两名运动员同时练，也可一方主练，另一方陪练。在正手对拉/攻相持中，要多注意轻重力量及正手大角或中路追身或反手大角等落点的变化。在一方陪练时，可进行一点对多点的练习，也可采用一般性的防守，主练方寻找合适的机会，进行全力拉冲/攻，以争取得分。

先可缩小范围，在正手位1/2台、反手位1/2台多进行不定点的正手拉冲/攻练习，然后过渡到全台。此外，可采用多球或多球单练（方法可参见下文"练习方法示例2"）的方式进行练习。

也可将正手挑打、正手快拉、正手快攻、正手拉冲、正手反拉等连续进攻性技术综合起来进行相应的练习。

**练习方法示例2**：提高近台反拉对方从下旋拉起的加转弧圈球及其后的中远台相持球能力的训练

多球单练：运动员C供短下旋不定点球至A全台，A正手搓长至对方B正手位，使双方正手形成→拉加转→反拉加转→正手相持对拉的局面，三人没有主次之分，A、B、C必须轮换着一个供多球，另外两个打单球，直至球死再接着

表 4-1　过弧圈关的练习内容

| 步骤 | 人员：<br>C 供球，A 主练，B 陪练 | 内容 |
|---|---|---|
| 1 | C 运动员 | 供不定点短下旋球至 A 运动员全台 |
| 2 | A 运动员 | 正手搓长斜线（与第四板形成主动防守的局面） |
| 3 | B 运动员 | 正手拉起斜线 |
| 4 | A 运动员 | 近台反拉对方从下旋拉起的加转弧圈球（斜线）/ 直线 |
| 5 | B 运动员 | 近台对拉 / 反手回斜线 |
| 6 | A 运动员 | 中台对拉 / 反手中台拉斜线 |
| 7 | B 运动员 | 中台对拉 / 侧身正手中台对拉斜线 |
| 8 | A 运动员 | 中远台对拉 / 侧身正手中远台对拉斜线 |
| 9 | B 运动员 | 中远台对拉 / 侧身位正手中远台对拉斜线 |
| 10 | A 运动员 | 中远台对拉 / 侧身位正手中远台拉直线（直至球死） |

下一回合的练习。这个训练内容实质是过弧圈关的练习（表4-1）。

这是个综合能力的训练，通过此训练可以熟练掌握搓长、拉加转、反拉对方从下旋拉起的加转弧圈球及提高正手近、中、远台相持能力。这个训练的重点在A运动员反拉对方从下旋拉起的加转弧圈球，练好这项技术，能够很好地提高连续对拉能力。

### 2. 训练内容二

以左右半台正、反手不同进攻性技术衔接练习为主，提高两面进攻与相持技术。摆速中相持技术是由两边不同进攻性技术或进攻与积极的防守技术组合而成的。练习的重点是技术的转换与衔接，比如在正手连续进攻后接反手的推、拨、攻、拉等技术，或反手连续攻防技术后，接正手拉、攻等技术。关键是正、反两面不同技术交替的时候，选择和使用的手段要合理，要具有连贯、稳健和准确的特点。要注意在两边摆速练习的时候，养成打左想右、打右想左的意识，根据自己的技术功底，合理地分配力量，同时要能保持身体重心的稳定性。

**练习方法示例1：** 反手拉加转弧圈球结合正手快攻结合反手快攻（两直对两斜）

A向B反手位发下旋长球，或双方在相互控制中，一方用反手弧圈球技术抢先上手，然后双方都用正手快攻结合反手攻，且一面一下，A无论是正手快攻还是反手快攻都打直线，B无论是正手快攻还是反手快攻都打斜线，反手不能直拍横打的运动员必须侧身抢拉，同时可要求其他运动员根据来球的情况侧身抢拉，待技术熟练后可进行不定点练习。

该项练习可也采用多球或多球单练的方式进行。

**练习方法示例2**："同线回接"+"逢直变斜"

以反手位练习为例，规定发球只发斜线，A发球后，B必须"同线回接"直至A反手变直线，B必须"逢直变斜"以便让A转正手打斜线，双方形成正手相持。A通过这样的练习就能达到强化该内容的目的。正手位同理（略），双方要交换角色。

此练习可培养运动员反手斜线相持变直线就要有保正手的意识。正手斜线相持同理。

此项练习可也采用多球或多球单练的方式进行。

### 3. 训练内容三

侧身位半台正、反手不同进攻性技术转换练习为主，增强侧身位进攻的威胁性。侧身位进攻能力是一个球手主动进攻意识强不强、正手技术好不好的具体体现，因此在摆速练习中应当有所侧重，尤其是男球手。要突出"前三板"的优势，如果没有较好的侧身抢技术是无法实现的。在摆速练习中，同样也要突出反手相持中伺机侧身用正手抢攻的内容，如果能这样，你就能从防守中或相持中力争主动，占得先机，获得更多的正手进攻的机会。

**练习方法示例1**：压对方反手，伺机侧身攻（推/拨/拉结合侧身攻）

从上旋或下旋转成上旋开始，进行反手相持的练习，在反手对拉或对攻相持中，要多注意不断变换反手推/拨/拉的轻重力量及压反手大角或中路追身等的落点变化，当取得侧身攻的机会时，应将位置让够，发力进攻，争取得分。注意压对方反手准备侧身前，应主动制造机会，或突然加力一板、或攻压一板中路、或攻压一板大角度，尽量避免盲目侧身。

此练习可两名运动员同时练，谁有机会谁侧身抢；也可一方主练，另一方陪练。在有陪练训练时，为了加大主练方的击球难度，要求陪练方回球有1/2是反手拉，1/2是反手推/拨或反手攻，或侧身正手攻拉。此外，可采用多球或多球单练的方式进行练习。

**练习方法示例2**：反手中台拉弧圈球结合侧身正手中台拉弧圈球结合侧身正手抢冲

A运动员站在正手位、中路用正手拉弧圈或站在反手位用反手拉弧圈球技术向B运动员反手位击球，B用反手拉弧圈球和侧身正手拉弧圈技术轮流回击。在A回球质量下降时，B向前迈一步用正手拉冲。可根据双方运动员的情况进行训练，B可以反手攻一板、侧身用正手攻一板或两三板，可以自反手相持出现机会时，B侧身发力连续攻，A可以在发现B有侧身迹象时突然变正手，还可以改成双方一起练习。

### 4. 训练内容四

侧身位至正手大范围移动进攻后接反手进攻技术或中路正手进攻技术（交叉步的运用——推侧扑），实现两面摆速的过渡或完成攻防转换。该项练习难度较大，难度不仅表现在由侧身位向正手位大范围的移动，更表现在正手完成击球动作后，要能回接对方还击到反手位的球或者是中路再次采用正手进攻技术。在处理这种球的时候，难点是正手移动进攻技术完成后身体重心的控制与调整，如果做不到这一点，再回反手位还击对方来球是比较困难的。而完成重心的控制与调整，关键是正手击球后身体的重心要适度下降，持拍手一侧的腿蹬伸要有力，同侧腰部要随手臂的挥动方向而运动，同时要将重心由右脚迅速交换到左脚。如果这一动作不能到位，那么，回接反手球就会因为重心的失控而无法完成。如果能反手稳定地回接来球，击球后就会回复到一个两面相持的适宜位置，危机就会得到有效的化解。

**练习方法示例1**：反手快攻结合正手快攻结合正手位发力攻（推侧扑）（或反手拉前冲弧圈球结合侧身正手拉前冲弧圈球结合正手位发力拉冲）

A运动员站在正手位、中路用正手快攻或站在反手位用反手攻（推挡）向B运动员反手位击球，B运动员用反手快攻技术回击，并寻找机会侧身正手抢攻，当B侧身抢攻后，A主动变正手，B用交叉步等步法及时到位，正手发力进攻。

练习时，B运动员有时可以有意识地减少侧身攻的威力，便于对方攻打自己的正手。自己着重练习扑正手时将球打到对方的左大角，以使对方难以攻击自己的反手空当。有时在扑正手时还可以有意攻击对方的右侧，以便让对方袭击自己的反手空当，以提高自己由右返左运用反手攻球或推挡的能力。B还可要求A在发现B有侧身迹象时突然变正手，或发现其扑正手的移动较早时，回击反手。

**练习方法示例2**：反手快攻结合正手快攻结合正手位发力攻（推侧扑）

（或反手拉前冲弧圈球结合侧身正手拉前冲弧圈球结合正手位发力拉冲）

双方运动员站在反手位对攻，A运动员侧身用正手进攻对方反手位，B运动员反手攻对方正手位，A运动员扑反手用正手攻对方正手位，B运动员移动到正手用正手攻对方中路，A运动员用正手攻回球至对方反手位，然后再按照此套路循环进行。

**练习方法示例3**：推侧扑（多球练习，从下旋起），如表4-2、表4-3所示。

表4-2 侧身进攻后被调正手位，由被动变主动

| 步骤 | 人员：A供球，B打球 | 内容 |
|---|---|---|
| 1 | A运动员 | 正手半台不定点下旋短球 |
| 2 | B运动员 | 正手摆短直线 |
| 3 | A运动员 | 反手位下旋长球 |
| 4 | B运动员 | 侧身下降期拉高吊弧圈 |
| 5 | A运动员 | 正手位大角上旋球 |
| 6 | B运动员 | 交叉扑右打正手（上升期）拉、打中路/斜线/直线 |
| 7 | A运动员 | 中路/斜线/反手上旋球 |
| 8 | B运动员 | 正手攻对方正手位大角/正手拉冲直线/侧身正手拉冲斜线（中台） |
| 9 | A运动员 | 正手位/反手位/反手位上旋球 |
| 10 | B运动员 | 正手拉冲直线/反手拉中路/侧身正手拉冲直线 |

表4-3 侧身进攻后被调正手位，由主动变被动

| 步骤 | 人员：A供球，B打球 | 内容 |
|---|---|---|
| 1 | A运动员 | 正手半台不定点下旋短球 |
| 2 | B运动员 | 正手摆短直线 |
| 3 | A运动员 | 反手位下旋长球 |
| 4 | B运动员 | 侧身拉冲直线 |
| 5 | A运动员 | 正手位大角上旋球 |
| 6 | B运动员 | 交叉扑右打正手（下降期）拉冲/打中路/斜线/直线 |
| 7 | A运动员 | 中路/斜线/反手上旋球 |
| 8 | B运动员 | 正手攻对方正手位大角/正手拉冲直线/反手位反手拉斜线（中台） |
| 9 | A运动员 | 正手位/反手位/反手位上旋球 |
| 10 | B运动员 | 正手拉冲直线/侧身正手拉中路/侧身正手拉冲直斜线 |

### 5. 注意事项

要练好上述四项内容，还要注意处理好以下几个关系：

①难与易的关系。先从容易的开始练起。容易的标准有两条：首先是移动的范围不大，其次是先掌握同侧的技术。

②处理好轻与重的关系。力量由轻到重，在不熟练的情况下不要讲究发力，就是在熟练的情况下，也要多进行中等以上力量的练习，不要只想到发力。

③由近到远的关系。摆速的练习一般是在中台，练习时可以结合下旋起球，由近转入中台的练习，相持练习时，如果对方的速度和力量比较大，可以适当后退，形成连续拉或攻的时候，可以在远台对峙，但首先还是要把中台的两面摆速技术掌握好，再逐步地扩大范围，中台的相持往往是获得有效进攻机会的最重要的一环。

④处理好有规律和无规律的关系。实战需要的是不定点的摆速技术，因此，在练习时不能老是打一些定点定线的有规律的内容，要逐步增加练习的难度，使有规律的练习向无规律的练习过渡，也就是使自己的练习内容逐步由练习性技术转变成实战的技术。

## （二）拉攻战术的训练内容及要求

### 1. 反手拉结合正手拉

练习反手拉结合正手拉时，由左向右交换或由右向左移位要力求快速并及时到位，避免漏拉。

### 2. 拉球结合发力攻

拉弧圈球和攻球，两者的动作差别较大，训练时必须反复体会两者之间不同的动作要领，使之熟练衔接。

拉、攻要紧密结合进行练习，即使技术达到较高水平时，也不能忽视这一结合技术的训练，而单纯去提高拉球的质量。

### 3. 侧身拉结合扑正手

练习时不但要在侧身拉后比较主动的情况下能扑正手，同时也要求在侧身拉后比较被动的情况下能扑正手。

### 4. 反手拉结合侧身拉

练习反手拉结合侧身拉时，关键在于反手拉弧圈球必须具有较大的冲力，或者拉球的角度较大，才能为侧身拉创造条件。

练习侧身拉时，必须注意移位要及时、迅速，才能充分发挥侧身正手拉的威力。

### 5. 练习方法示例

**练习方法示例1**：反手拉结合正手拉

A运动员站在正手位、中路用正手削球或站在反手位用反手削球向B运动员正手位和反手位轮流击球，B用正手拉弧圈球和反手拉弧圈球技术轮流回击，可由定点练习过渡到不定点练习。

**练习方法示例2**：正手拉弧圈结合反手拉弧圈结合摆短

A运动员站在正手位、中路用正手削球或站在反手位用反手削球向B运动员正手位和反手位轮流击球，B用正手拉弧圈和反手拉弧圈球技术轮流回击，并根据来球情况或对方运动员的站位情况摆短，以调动对方，为自己进攻创造机会。

## （三）搓攻战术练习内容及要求

①搓攻对方不同落点。

A. 搓不同落点进行突击。如搓两角、搓同线长短、搓异线长短、搓追身等伺机进攻。

B. 搓转与不转结合落点变化后进攻。如：快搓转与不转球结合落点变化伺机进攻；快、慢搓结合，利用节奏和旋转变化，伺机进攻；下旋搓球结合侧旋搓球，伺机进攻。

C. 搓拉结合落实变化伺机进攻。如先搓后拉或先拉后搓，以打乱对方前后步法为主，使其回球质量不高，为自己进攻制造机会。

②比赛中大多数是从台内下旋球开始转入其他技术、战术较量的，因而要在比赛中取得主动，首先要从突破下旋球开始。

③在比赛中由于相互用摆短来控制对方，又经常会形成对搓的局面，所以掌握挑打台内球进攻技术和搓攻技术十分重要。

④熟练与提高拉球技术；大力加强攻打下旋短球的基本功训练；加强搓攻能力。

## （四）削中反攻战术练习内容及要求

### 1. 正反手削加转球

①正反手削加转球的摆速和步法移动要快而准确，以利于加大削球的旋转。
②注意上臂带动前臂，发力要集中，以增大削球的力量。

### 2. 正反手削不转球

①动作外形应与削加转尽量相似。
②落点要长，弧线要低。

### 3. 正反手削转与不转结合控制落点

①削转与不转的手法要力求相似，并尽量压低弧线。
②作为单个战术训练，除旋转变化要灵活运用外，应有控制落点的意识，不然旋转变化虽大，但经常打不到对方弱点位置上，也就难有反攻的机会。

### 4. 中路削球

①要能灵活地向左、右让位，用正、反手削接，同时回球控制落点的意识要强。
②遇到对方突然打来的大角度球，要全力以赴去削接，即使已无法及时跑到位，也要做出移动的动作。

### 5. 削球结合反攻

①结合实战的要求，在各种技术、战术训练中，抓住一切有利时机练习反攻。由于削和攻是两项截然不同的技术，还必须有专门的练习时间，才能打下扎实的削中反攻的技术基础。
②一定要在削球的基础上结合练习反攻技术，如果忽视削球，一味追求多攻，在比赛时削和攻的结合运用就容易混乱。
③要练习正、反手都能反攻对方的搓球、拉球和推挡/拨球，不仅要练近台反攻，也要练一定的中远台反攻，只有掌握了比较全面的反攻技术，比赛

中才能有威胁。

④作为战术训练，反攻不要求板数多，而是要求不攻则已，一攻就要置对方于"死"地。反攻时，要特别注意抓准时机，选好位置，以提高成功率。

### 6. 练习方法示例

**练习方法示例1：搓球结合削转与不转球结合抢攻或抢拉**

双方运动员对搓中，A运动员发力攻或拉冲向B运动员正手位，B用正手削球回接，并注意回球旋转的变化，当A回球质量稍差，或需要打乱对方节奏时，B可以抢攻或抢拉。可单线、1/2台、2/3台，技术熟练后，攻球运动员可通过加大拉球的旋转、力量、抢攻的突然性等增加削球运动员的练习难度，而落点为追身球的难度更大。

**练习方法示例2：正手削球结合反手削球结合反攻或反拉结合摆短/搓长**

A运动员站在正手位、中路、侧身位用正手拉弧圈球或站在反手位用反手拉弧圈球向B运动员正手位和反手位轮流击球，并根据来球和对方运动员的情况拉冲、拉吊结合，B用正手削球和反手削球技术轮流回击。当A拉球质量稍差，或需要打乱对方节奏时，B可以抢攻或抢拉。A拉球时，来球弧线较低，质量较高，可以根据情况摆短或搓长，但来球质量较差时，可上台反攻或反拉。可由定点练习向不定点练习转化。

# 第四节　步法训练

步法是乒乓球击球环节中的一个重要组成部分。乒乓球运动员只有拥有良好的步法，才能够在击球时跑动到位，并确保重心稳定，从而充分发挥自身的能力使回球具有较高的质量。

## 一、内容与方法

### （一）单一步法训练

#### 1. 单步

①练习者向侧前上方单步接近网短球。

②练习者横向单步接正、反手位长球。
③练习者向侧后方单步接追身球。

### 2. 跨步

①持拍手同侧脚平行跨出，用正手回击正手位的来球。
②持拍手同侧脚向后跨出，用正手回击正手位的底线长球。
③持拍手异侧脚向侧前跨出，用正手侧身回击反手位的来球。
④持拍手异侧脚向侧前跨出，用反手回击反手位的近网短球。
⑤持拍手异侧脚平行跨出，用反手回击反手位的出台球。
⑥持拍手异侧脚向后跨出，用反手回击反手位的底线长球。

### 3. 跳步

①向正手方向平行跳出，用正手回击正手位的来球。
②向正手侧后方向跳出，用正手回击正手位的底线长球。
③向反手位侧前方向跳出，用正手侧身回击反手位的来球。
④向反手位方向平行跳出，用反手回击反手位的来球。
⑤向反手位侧后方向跳出，用反手回击反手位的底线长球。

### 4. 并步

①向正手方向平行并步移动，用正手回击正手位的来球。
②向正手侧后方向并步移动，用正手回击正手位的底线长球。
③向反手位侧前方向并步移动，用正手侧身回击反手位的来球。
④向反手位方向平行并步移动，用反手回击反手位的来球。
⑤向反手位侧后方向并步移动，用反手回击反手位的底线长球。

### 5. 交叉步

①向正手方向平行进行交叉步移动，用正手回击正手位的来球。
②向正手侧后方向进行交叉步移动，用正手回击正手位的底线长球。
③向反手位侧前方向进行交叉步移动，用正手侧身回击反手位的来球。
④向反手位方向平行进行交叉步移动，用反手回击反手位的来球。
⑤向反手位侧后方向进行交叉步移动，用反手回击反手位的底线长球。

## （二）复式步法训练

### 1. 与单步衔接的复式步法

①练习者向侧前上方单步接近网短球还原后用单步侧身正手击球。
②练习者横向单步接正手位长球还原后用跳步侧身正手击球。
③练习者横向单步接反手位长球还原后并步到正手位击球。
④练习者向侧后方单步接追身球还原后交叉步到正手位击球。

### 2. 与跨步衔接的复式步法

①持拍手同侧脚跨步正手击球还原后并步回反手位击球。
②持拍手异侧脚向侧前跨出，用正手侧身回击反手位的来球还原后接交叉步到正手位击球。
③持拍手异侧脚向侧前跨出，用反手回击反手位的近网短球还原后向持拍手同侧侧后方并步正手击球。
④持拍手异侧脚平行跨出，用反手回击反手位的出台球还原后接单步侧身正手击球。
⑤持拍手异侧脚向后跨出，用反手回击反手位的底线长球还原后接交叉步到正手位正手击球。

### 3. 与跳步衔接的复式步法

①向正手方向跳步，用正手回击正手位的来球接并步回反手位击球。
②向反手位侧前方向跳步，用正手侧身回击反手位的来球接交叉步到正手位击球。
③向反手位平行方向跳步，用反手回击反手位的来球后向正手位跨步正手击球。
④向反手位侧后方向跳步，用反手回击反手位的底线长球后交叉步到正手位击球。

### 4. 与并步衔接的复式步法

①向正手平行方向并步移动，用正手回击正手位的来球后并步回反手位

反手击球。

②向正手侧后方向并步移动，用正手回击正手位的底线长球后向反手位侧前方跨步回击近网短球。

③向反手位侧前方向并步移动，用正手侧身回击反手位的来球接交叉步到正手位击球。

④向反手位平行方向并步移动，用反手回击反手位的来球接单步侧身正手击球。

⑤向反手位侧后方向并步移动，用反手回击反手位的底线长球接交叉步到正手位正手击球。

### 5. 与交叉步衔接的复式步法

①向正手平行方向进行交叉步移动，用正手回击正手位的来球还原后并步回反手位反手击球。

②向正手侧后方向进行交叉步移动，用正手回击正手位的底线长球还原后反交叉回反手位反手击球。

③向反手位侧前方向进行交叉步移动，用正手侧身回击反手位的来球接交叉步到正手位正手击球。

④向反手位方向平行进行交叉步移动，用反手回击反手位的来球还原后接并步到正手位正手击球。

⑤向反手位侧后方向进行交叉步移动，用反手回击反手位的底线长球后向正手位侧前方跨步接正手短球。

## 二、注意事项

步法训练时应注意实用性和有效性，不仅要结合比赛的实际需要提出训练步法的要求，而且还要结合自己打法的特点提出训练的重点，做出安排和提出要求，以求实用和有效。

### （一）髋是腿、腰、手协调配合的核心环节

步法与手法既是一个击球动作的两个不同的用力组成部分，又是一个在击球过程中将击球用力及时作用于来球的整体配合系统，因此腿、腰、手

的协调配合非常重要。根据对人体用力顺序的认识，下肢蹬地推动髋关节带动四肢。击球时不仅需要利用髋与蹬地配合的动作带动移腿和引拍手臂的方向，而且需要利用髋与蹬地配合的动作推动迎前挥拍击球。因此髋是腿、腰、手三者协调用力的核心环节。

## （二）在重心支点上完成击球瞬间的用力

步法移动的目的是为了有效地击球，因此必须注意移动中下肢对击球用力的作用。例如，右手持拍的正手攻球瞬间，一般应该以右脚作为支点，蹬地顶髋完成击球瞬间的用力；侧身攻斜线虽然可以使身体向左让位移动，但是完成瞬间用力的支点仍然在右腿蹬地至右侧髋关节处；侧身攻直线时，完成瞬间用力支点也应该放在右脚。

## （三）调整位置，舒服击球

步法移动基本到位后，应该注意膝关节的适当弯曲和髋关节的移动，调整重心到更加合适的击球位置，使上肢能协调发力击球。虽然说击球前应该使身体重心保持在两脚之间灵活移动，但是在这个范围内必须随时调整重心的位置，使自己做出更加舒服的击球动作。

## （四）防止失去重心

步法移动中应该尽量避免失去重心，所谓失去重心是指因步法移动中重心移动过头，使身体失去平衡或很难还原连续击球。应该注意在步法移动过程中，头部的位置尽量不要超过脚尖的位置，使身体重心保持在两脚蹬地可以控制的范围内。

## （五）树立步法移动的意识

### 1. 提前意识

在对手击球出手后，能够迅速作出预判，为步法的移动提前做好准备。

### 2. 找点意识

在对来球球性做出判断以后，能够采用合理的步法移动到位并结合相应的手法找准击球点。

### 3. 第二动意识

当使用第一个步法无法找准击球点时，能够及时采用第二个步法微调身体位置找准击球点。

### 4. 连续意识

根据对方的击球球性的变化，能够连续不间断地使用各种步法结合手法回接对方的击球。

乒乓球的落点变化很多，因此必须通过不断的训练，以达到既能熟练掌握各种步法的运用方法，又能根据不同落点的来球灵活地综合运用各种步法。这就要求在步法训练中始终注视对方的击球动作，特别要学会用眼睛盯住对方球拍触球时的动作，只有这样才能做到当来球还处在对方台面上空时，就已经判断清楚来球的方向和落点，从而有较多的时间移动步法，从容地进行回击。

## 第五节　比赛训练

### 一、意义及作用

比赛训练有助于运动员全面综合地提高专项比赛所需要的技术、战术、心理、体能、运动智能等各种竞技能力，能够检验运动员技战术综合能力的整体水平，增加运动员比赛能力和经验，反馈比赛中暴露出的技战术等综合能力的不足和问题，使下一步的训练更有针对性和有效性。

乒乓球属于技能主导类隔网对抗性项目，技术水平和战术能力是训练的核心，体能和比赛能力则是比赛成绩的保障，需要丰富的临场经验，运动员的成绩除了受到自身竞技能力水平的影响外，还受到许多其他外部因素的影响，例如比赛的时间、地点安排，对手水平情况，观众及赛场气氛等。比赛训练能够很好地为运动员增加比赛的经验，为运动员在比赛场上从容的发挥奠定基础。

比赛训练能够反馈训练中的问题。运动员训练中的实际技战术水平只有通过比赛才能反映出来，并在比赛当中暴露出训练过程中存在的各种问题，通过比赛来达到促进训练的效果。乒乓球是手上感觉非常细微的运动，得失分往往也就在几秒钟内，运动员技战术的水平决定了比赛的能力，有的运动员在训练中有很高的水平，但是到了赛场却感觉打不出来，通过比赛反映出来的问题回到训练当中再去改进，从而促进运动员水平的增长。

比赛训练能够强化运动员比赛的心理素质，培养比赛的意志品质。乒乓球比赛从一局比赛改革至11分以后，比赛的偶然性大大增加，比分胶着的情况时有发生，比赛中技战术运用效果不好，比分拉不开容易焦急，比分差距太大容易放松斗志。通过比赛，锻炼运动员在场上敢拼敢打，胶着时不慌乱、落后时不放弃、领先时不大意的意志品质，让运动员重视每一分球的重要性。

## 二、分类

### （一）教学性比赛训练

教学性比赛训练是指在训练条件下，根据教学的规律或原理、专项比赛的基本规则或部分原则，进行专项练习的训练方法。多用于运动队内部队员之间的对抗性教学比赛，不同运动队队员之间的邀请性教学比赛等。

### （二）检查性比赛训练

检查性比赛训练是指在模拟或真实的比赛条件下，严格按照比赛规则，对赛前训练过程的训练质量进行检验的训练方法。检查性比赛训练方法适用范围很广，包括专项运动成绩、主要影响因素、运动负荷能力、运动技术质量及训练水平检查性比赛等。

### （三）模拟性比赛训练

模拟性比赛训练是指在训练的条件下，模拟真实比赛的环境和对手，并严格按照比赛规则进行比赛的训练方法。模拟性比赛训练方法在技能主导类对抗性运动项群中经常被采用。如技术动作的模拟比赛、运动战术的模拟比赛和比赛环境模拟比赛等，以从实战出发，有针对性地培养运动员的实战能力。

### （四）适应性比赛训练

适应性比赛训练是指在真实比赛条件下，力求尽快适应重大比赛环境的训练方法。该方法与模拟性比赛训练方法的不同之处在于，适应性比赛训练在正式比赛的环境下进行，而模拟性比赛训练是在人为模拟比赛环境下进行。

## 三、组织与实施

### （一）球性练习比赛

#### 1. 托球/颠球比赛

①初级练习者立于原地，将球置于拍面，通过及时调节拍面使球保持不掉落，或保持颠球状态，可用正手执拍进行，也可用反手执拍进行，采用时间或数量进行比赛。

②练习者分为两组或多组，在规定的路程托/颠球快走或跑步，以时间短者为胜。

③对于有一定基础的练习者，可采用一边托/颠球，一边进行其他动作练习，如一手托/颠球，同时进行左右或前后的一边一下脚步移动或跨步，或者前后左右四个方向移动练习，完成规定数量用时少者为优，教练可结合练习者能力和训练实际需要灵活进行。

④练习者托/颠球，绕球台进行顺时或逆时针方向快走或跑，在规定的时间内跑圈数多者为胜，此方法也可用于分组绕杆跑，即在规定的时间内向前跑后绕杆返回，也可采用接力形式进行，效果更好。

⑤采用球板两面一边两下或一下比赛，对于能力较好的练习者，可采用在球拍的两面一面一下接板边一下的练习，即拍面正手一下，反手一下，接板边一下的方式，以提高手感和盯球能力。

⑥还可以尝试用球拍握柄的底面（拍头垂直地面，握柄向上）进行托球数量练习，其难度较大。

## 2. 对墙/相互击球比赛

①持拍对墙连续击球，或对墙击球后待球落台（或地面）弹起后连续击球，或两人或多人相互击球。

②单人计数或两三人进行比赛计数，持拍对墙击球，待球落地弹起后连续击球，或持拍对墙连续击球，以单次数量最多者为胜。

③两人或多人一组，轮流进行对墙或相互击球，以数量多者为胜。

④适当增加训练和比赛难度，划定不同距离的标志线，进行长、短球结合比赛，比赛方法可按上述方法进行。

⑤设定标志区域，相同击球时间，记录击球落点在标志区的数量，数量多者为胜。

⑥三人或多人单组进行比赛，按照教练员的指令随时更换球的传递方向，三次机会，以持续时间较长一组为胜。

## （二）单项技术比赛

### 1. 发球比赛

①按照教练员或训练要求，发出指定不同旋转、落点或线路的球，注意体现发球质量及合法性。

②将球台划分为六或九等份，并标上相应数字，按照教练员的要求，一人或多人进行，发出正手或反手的上旋、下旋或侧旋发球，按照计数进行比赛，以最终得分多者为胜。

③教练员可将一张A4纸置于台面的不同位置，要求队员按照指定旋转发球，使发球落于纸上。

④一人或多人进行发球比赛，按照教练要求，将球发至指定区域得1分，否则不得分，先得11分者为胜。

### 2. 搓球/摆短比赛

①发下旋球开始，先进行正手或反手的单线搓控比赛练习，长短结合，搓摆转与不转结合。

②发下旋球开始，运用正手/反手搓球技术，或摆短控制技术，连续搓摆斜

线或直线，或连续搓控全台不定点，以搓摆数量多或者搓控时间长者为胜。

③采用一局或多局的形式，从下旋球发球开始，设定不同的搓球线路等难度标准，采用11分制，先得11分者为胜。

### 3. 攻球/拉球比赛

①一对一正手攻/拉（反手攻/拉、侧身攻/拉）斜线（直线），三次机会，不计时间，以单次最高数量多者为胜。

②在上述比赛的基础上，根据练习者水平，按照正手两点攻/拉、正手三点攻/拉、反手两点攻/拉的方法进行比赛。

③在①的基础上，根据练习者的水平，按照正手（反手、侧身）攻两点、三点依次增加比赛难度。

④采用一局或多局的形式，从上旋球发球开始，设定不同的技术难度标准，采用11分制，先得11分者为胜。

### 4. 对拉比赛

①单组或多组进行计数比赛，发上/下旋球开始，运用正手/反手拉弧圈球技术，双方运用正手/反手对拉技术，以连续数量多者为胜。

②单组或多组进行计数比赛，连续进行单线或全台移动对拉弧圈，以连续数量多者为胜。

③采用一局或多局的形式，从下旋球发球开始，两人第一板拉球均不允许发力，形成全台对拉，全台对拉中如使用反手拉球可得2分，先得11分者为胜。

### 5. 反手对攻比赛

①从上/下旋球开始形成反手对攻，两板后开始加力，发力与加转相结合，注意对方发力或加转时本方的借力或减力的运用，形成多板回合的相持。

②对方发正手短球后上步拉或挑打，还原至左半台后形成反手相持，加力与加转相结合，提高反手上旋球的多板对抗能力。

## （三）结合技术比赛

### 1. 发抢比赛

①抢下旋：发下旋球后对方以摆短为主，结合搓长，可根据练习者能力回摆/搓长至球台指定区域，能力强者可回摆/搓长全台不定点，本方积极拉或挑打，争取形成优势相持进而最终得分。

②抢上旋：以发下旋球为主，适当结合长球，对方接下旋时采用拉或挑打技术，根据练习者情况至指定区域或全台，发长上旋球后直接进攻，练习者通过步法移动直接抢攻上旋球，要注意动作幅度不宜过大，加强回球质量和线路落点意识，争取形成局部优势压制。

③失误罚分：采用一局或多局的形式，从下旋球发球开始，接发球方通过搓控等技术配合发球方进行抢攻，第三板抢攻失误算丢2分，如形成相持对抗，抢攻者赢球得1分，先得11分者为胜。

### 2. 接抢比赛

①抢下旋：对方发下旋球后直接拉或挑打抢攻为主，或结合摆一板后抢攻，可根据练习者能力进行，能力强者要求直接抢攻，注意抢攻的技术运用和线路调动，结合旋转方面的变化，争取直接得分或形成优势相持。

②抢上旋：对方以发侧上旋为主，结合近网不转及长球，本方直接拉或挑打，根据练习者情况至指定区域或全台，接长球时直接抢攻上旋球，加强回球质量和威胁性，注意提高接抢多手段的组合运用。

③失误罚分：采用一局或多局的形式，抢攻失分对方可得2分，从下旋球发球开始，接发球方直接抢攻或最多控制一板后抢攻，发球方用搓控技术配合接发球方进行抢攻，形成相持对抗，先得11分者为胜。

### 3. 搓攻比赛

①从下旋球发球开始，形成稳定搓控，快搓对方反/正手大角或不同落点，伺机抢攻，抢攻后形成连续攻。

②从下旋球发球开始，稳定搓控后，搓对方近网短球结合全台长球，衔接后续抢攻形成连续攻，争取抢得优势进而得分。

③从下旋球发球开始,形成稳定搓控,搓加转或不转长球后,伺机抢攻或反拉形成连续对攻,加强抢攻质量和威胁性,争取主动得分。

### 4. 摆速比赛

①从上/下旋球发球开始,主练方攻/拉起来后攻对方反手一点,陪练方一边一个或一边两个快速回球,或按照教练指定的正反手击球数量进行。

②采用一局或多局的形式,从下旋球发球开始,主练方拉起来后两面攻斜线/直线,陪练方两面攻直线/斜线。

③采用一局或多局的形式,从下旋球发球开始,主练方拉起来后形成全台不定点摆速,或双方都进行全台不定点摆速。

### 5. 削中反攻比赛

①单人或多人计数比赛,削球手在连续削球中,陪练方配合进行搓控,由削球手伺机抢攻,然后继续转入削球,记录削中转攻的次数,次数多者为胜。

②采用一局或多局的形式,发底线长球进入拉削相持后,由削球手通过削至指定落点或线路的球,陪练方进行搓控回球,由削球手进行抢攻,争取得分。

③采用一局或多局的形式,发底线长球后陪练方配合由拉球转入搓控,由削球手伺机抢攻,然后继续削攻转换或连续进攻。

### 6. 相持比赛

①相持变线:发上/下旋球后由对方攻、拉、挑打后形成反手相持。变直线,从而调动对手,后退半步伺机进行反拉或连续进攻,如果形成全台相持要加强回球合理性和质量。

②相持侧身:发上/下旋球后由对方攻、拉、挑打后形成反手相持,相持中主动加一板质量压制对方反手,形成局部优势并迅速侧身进行正手抢攻,注意抢攻的威胁性和线路落点的配合。

## （四）实战性比赛

### 1. 循环赛和淘汰赛

①邀请赛或交流赛中，按照轮转法等，使每一位参赛者都会与其他参赛者进行至少一场的比赛，两支队伍为了锻炼球队，经常采用循环赛进行比赛。

②淘汰赛是指两两相遇，输一场即被淘汰。

循环赛和淘汰赛在各种比赛中被经常使用。

### 2. 积分赛

由原始分开始，通过比赛的胜负获得比赛设定的积分，累计积分进行排名或分级。一般此类方法适用于较多成员组成的运动队。国际乒联对运动员也实行积分排名。

### 3. 升降级比赛

①队内比赛，每一场比赛结束后，第一台赢者不动，其他队员采用赢者向上（第一台方向）、输者后退的方法进行对手交换，然后继续进行下一场比赛。

②在原积分的基础上将全体队员进行级别划分，通过单场或多场比赛后，按照一定的规则将每个级别的前几名或后几名，升入或降入下一个级别。

### 4. 关键球比赛

①队员从8:8、9:9或10:10开始比赛，先得11分者为胜，可安排五局三胜或更多。

②将队员分成不同小组，依次出战，每一局从10:10开打，胜者坐庄，负者按顺序由小组下一位队员轮流出战，每胜一人得1分，先胜11分的组获胜，可根据时间安排为三盘两胜，为保证公平，连胜3场（或根据小组人数决定）者按小组顺序由下一位队员出战。

③采用三局两胜制，第一局0:0开始打满11分，第二局从6:6开始，如打平第三局则从10:10开始，加强练习者心理和关键球能力的提高。

④逢4见9：两名队员0:0开赛，先到4分者就直接视为到9分，即4:3时比分即变为9:3，待另一名队员再得一分即变为9:9，本赛制不仅促使运动员打好开局，同时更要求处理好尾局。

⑤要分比赛：比赛中，教练员根据两名运动员的实力在赛前制定可要分数，实力弱者可以根据每一局的情况在落后时增添相应的分数，使比赛双方实力更接近，竞争更加激烈。如可要分数为3分，第一局7:8落后时，可要1分，将比分增添为8:8，继续比赛，第二局7:8落后时，可要2分，将比分增添为9:8，继续比赛。

## 四、反馈与提高

### （一）反馈的途径

#### 1. 达标测验法

根据不同比赛训练的内容，按照初级、中级、高级三个级别，参照"训练教学大纲"上相应的评价标准，根据队员的技术动作运用情况给定分数。达标测验法主要用于球性练习比赛、单项技术比赛和结合技术比赛的反馈。

#### 2. 三段评估法

此种方法是从运动员的整体比赛表现出发，将比赛中乒乓球技战术的运用分为发抢段、接抢段和相持段，并制定了各段得分率和使用率的评价标准，我们一般运用三段评估法对运动员的比赛技战术使用效果进行评价和反馈。

### （二）提高的方法

根据比赛测评的反馈结果，找到比赛中出现的不足和问题，采取针对性的训练。需要注意的是，在青少年不同的技术等级中，出现问题或错误的集中点不同，相应的提高办法也略有不同。

在单项技术比赛环节出现的问题，一般集中在技术动作不规范，动作模式不稳定，比赛中容易因紧张等因素造成动作变形或不协调。解决的方法是，首先应放慢学习进度，切勿盲目求快，扎实的基本功可以为下一步的训练奠定良好的基础。其次，积极主动思考自身的技术特点，发现问题和寻找不足，然后向教练员或其他成绩优异的队友寻求指导和帮助。最后，不断尝试，反复训练。

在结合技术比赛环节出现的问题，一般表现在脚步不到位、衔接转换后重心过高、对来球旋转判断不清晰、击球时机把握不准以及发力过大等方面。解决的方法是：首先，在教练员的指导下发现自身技术问题的关键所在；其次运用多球训练等手段强化自身的漏洞环节，对自身提出严格要求，避免不良习惯的养成；最后在单球对练中强化自身的跑动意识，提高改正后技术动作运用的合理性，并形成良好的优化控制意识，从而尽快提高综合能力。

在实战性比赛环节出现的问题，大部分表现在心理问题和技术出现漏洞两方面，其中技战术方面主要表现在接发球技术不好、相持对抗失分较多和发抢使用率、得分率较低等方面。因此，要学会积极正确地运用自我心理暗示，尤其是在关键球、决胜局领先或落后的情况下，正确的心理暗示对比赛的帮助非常大。技战术方面的问题，首先要运用三段评估法等对比赛进行评价，发现比赛中暴露出的技战术问题，并且反复观看比赛录像，加强对技战术使用的正确理解，要发现自身技术使用的不足，更要发现自身战术运用的不足，同时在教练员的帮助下积极改正技术缺陷环节，在科研教练的帮助下制定新的应对战术套路，增加参赛次数，从而积累大赛经验，从技术使用、战术应对和心理承受等各方面都得到较大提升，从而在综合能力方面上升到新的高度。

## 第六节　多球训练

训练时使用多个乒乓球进行练习的多球训练是根据乒乓球运动的项目特点，经过几代人的创新和发展成为乒乓球训练中的一种有效的辅助练习方法。针对不同训练水平和打法类型的运动员，都可采用不同形式和内容的多球练习。多球训练集不同旋转、力量、速度、落点、弧线以及不同技战术组合等手段，连续不断地供球，加大训练的负荷量和强度，加强乒乓球技术、战术、体能等能力的训练，以提高运动员整体竞技能力。

### 一、多球单练

练习者在球台旁放一筐多球，每个球都依据教练员布置的训练内容做单球练习，不必每次击球失误后捡球，从筐中取球继续练习，直到把所有的球全部用完再捡球。此种练习方法完全与单球练习相同，但将捡球时间集中，可以有效地提高练习的密度和强度，增强对机体的刺激，有利于尽快地掌握技术动作和战术方法，有利于更好地纠正技术动作，从而能加快运动员竞技能力的提高。同时这种练习方法对运动员的体能要求较高，由于省略了每个回合后的捡球时间，不利于身体能量代谢的恢复。

## 二、供球练习

他人供球的练习，可以两人一组，也可以三人一组进行练习。两人一组练习时，一人供球，一人练习，供球人可以利用供球旋转、落点、速度、节奏的变化以及球与球之间这些质量要素的变化，进行各种单个技术、结合技术、战术训练的练习。这种练习方法可以依据练习者的实际水平和练习的目的，通过对供球者和练习者提出不同的要求，达到简化练习或加大练习难度的目的。且这种练习由于减少了捡球的环节，在一定程度上增加了练习的密度和强度，有利于练习者掌握、巩固技术动作和纠正错误技术动作，有利于提高心血管系统的功能。三人一组的练习相对较难，主要是针对两人多球练习不易达到较好的练习效果时采用，例如，一方运动员发下旋长球，另一方运动员拉加转弧圈球，练习者练习各种回接加转弧圈球的方法等。这种练习虽同样具有两人多球练习的优缺点，但比两人的多球练习又与实战接近了一步。

此外，随着科学技术的发展，多球练习时也可采用发球机供球的练习，其好处在于机械供球可以准确地把握供球的旋转、落点和球速等，且在同队水平较低时，可以较好地保证供球的质量，特别是在没有削球或弧圈球打法的球队中保证运动员能够较好地适应这些打法。

### （一）单一技术训练

#### 1. 正（反）手攻（拉、搓、削）

①练习者自己抛球，在所练习技术要求的击球点击球，完成动作。

②供球方托球至主练方正（反）手位或中路长球固定落点，主练方运用所练技术将球打到对方斜、直线。

③供球方供上（下）旋球至主练方正（反）手位或中路长球固定落点，

主练方运用所练技术将球打到对方斜、直线。

④供球方供上（下）旋球至主练方反手长球固定落点，主练方运用侧身技术将球打到对方斜、直线。

⑤供球方供上（下）旋球至主练方正（反）手位或中路两个或两个以上长球有规律固定落点，主练方运用所练技术在移动中将球打到对方斜、直线。

⑥供球方供上（下）旋球至主练方正（反）手位或中路两个或两个以上长球无规律落点，主练方运用所练技术在移动中将球打到对方斜、直线。

⑦供球方供下旋球至陪练方正（反）手位或中路短球固定落点，陪练方运用搓长等技术将球打到主练方正（反）手位或中路长球固定落点，主练方运用所练技术将球打到对方斜、直线。

⑧供球方供下旋球至陪练方正（反）手位或中路短球固定落点，陪练方运用搓长等技术将球打到主练方正（反）手位或中路两个或两个以上长球有规律固定（无规律）落点，主练方运用所练技术将球打到对方斜、直线。

### 2. 正（反）手摆短、搓长，正手挑打，反手挑打

①练习者自己抛球，在所练习技术要求的击球点击球，完成动作。

②供球方供下旋球至主练方正（反）手位或中路短球固定落点，主练方运用所练技术将球打到对方斜、直线。

③供球方供下旋球至主练方正（反）手位或中路两个或两个以上短球有规律固定落点，主练方运用所练技术在移动中将球打到对方斜、直线。

④供球方供下旋球至主练方正（反）手位或中路两个或两个以上短球无规律落点，主练方运用所练技术在移动中将球打到对方斜、直线。

### 3. 正（反）手拉球、削球

①供球方供上（下）旋球至陪练方正（反）手位或中路长球固定落点，陪练方运用拉球技术将球打到主练方正（反）手位或中路长球固定落点，主练方运用所练技术将球打到对方斜、直线。

②供球方供上（下）旋球至陪练方正（反）手位或中路短球固定落点，陪练方运用挑打技术将球打到主练方正（反）手位或中路长球固定落点，主练方运用所练技术将球打到对方斜、直线。

③供球方供上（下）旋球至陪练方正（反）手位或中路长球固定落点，陪练方运用拉球技术将球打到主练方正（反）手位或中路两个或两个以上长球有规律固定（无规律）落点，主练方运用所练技术将球打到对方斜、直线。

④供球方供上（下）旋球至陪练方正（反）手位或中路短球固定落点，陪练方运用挑打技术将球打到主练方正（反）手位或中路两个或两个以上长球有规律固定（无规律）落点，主练方运用所练技术将球打到对方斜、直线。

## （二）结合技术、战术训练

### 1. 同一落点不同旋转（两球一组）

①供球方两个球一组供上（下）旋球至主练方正（反）手位或中路长球固定落点，主练方运用攻（拉、搓、削）等不同技术将球打到对方斜、直线。

②供球方两个球一组供上（下）旋球至主练方反手位或中路长球固定落点，主练方先运用反手攻（拉、搓、削）等不同技术将球打到对方斜、直线，再运用攻（拉）等侧身技术将球打到对方斜、直线。

③供球方先供上（下）旋球至陪练方正（反）手位或中路长球固定落点，陪练方运用拉球、攻球等技术将球打到主练方正（反）手位或中路长球固定落点，主练方运用拉球、攻球、削球等技术将球打到对方斜、直线；供球方再供上旋球至主练方同一落点，主练方运用攻（拉、削）等不同技术将球打到对方斜、直线。

④供球方供上（下）旋球至陪练方正（反）手位或中路短球固定落点，陪练方运用挑打技术将球打到主练方正（反）手位或中路长球固定落点，主练方运用拉球、攻球、削球等技术将球打到对方斜、直线；供球方再供上旋球至主练方同一落点，主练方运用攻（拉、削）等不同技术将球打到对方斜、直线。

⑤供球方先供上（下）旋球至陪练方正（反）手位或中路长球固定落点，陪练方运用拉球、攻球技术将球打到主练方反手位或中路长球固定落点，主练方运用拉球、攻球、削球等技术将球打到对方斜、直线；供球方再供上旋球至主练方同一落点，主练方运用侧身攻（拉）等不同技术将球打到对方斜、直线。

⑥供球方供上（下）旋球至陪练方正（反）手位或中路短球固定落点，陪练方运用挑打技术将球打到主练方反手位或中路长球固定落点，主练方运用拉

球、攻球、削球等技术将球打到对方斜、直线；供球方再供上旋球至主练方同一落点，主练方运用侧身攻（拉）等不同技术将球打到对方斜、直线。

## 2. 不同落点同一或不同旋转（两球一组）

①供球方先供上（下）旋球至主练方正（反）手位或中路长球固定（无规律）落点，主练方运用攻（拉、搓、削）等不同技术将球打到对方斜、直线；供球方再供上旋球至主练方不同长球落点，主练方运用攻（拉、搓、削）等不同技术将球打到对方斜、直线。

②供球方先供上（下）旋球至主练方正手位或中路长球固定（无规律）落点，主练方运用攻（拉、搓、削）等不同技术将球打到对方斜、直线；供球方再供上旋球至主练方不同长球落点，主练方运用侧身攻（拉、搓、削）等不同技术将球打到对方斜、直线。

③供球方先供不转或下旋球至主练方正（反）手位或中路短球固定（无规律）落点，主练方运用正（反）手摆短、搓长、正手挑打、反手挑打等不同技术将球打到对方斜、直线；供球方再供上旋（主练方挑打后）、上旋或下旋（主练方搓长或摆短后）球至主练方固定长球落点，主练方运用攻（拉、搓、削）等不同技术将球打到对方斜、直线。

④供球方先供不转或下旋球至主练方正（反）手位或中路短球固定（无规律）落点，主练方运用正（反）手摆短、搓长或正手挑打、反手挑打等不同技术将球打到对方斜、直线；供球方再供上旋（主练方挑打后）、上旋或下旋（主练方搓长或摆短后）球至主练方反手位或中路长球落点，主练方运用侧身攻（拉、搓、削）等不同技术将球打到对方斜、直线。

⑤供球方先供上（下）旋球至陪练方正（反）手位或中路长球固定落点，陪练方运用拉球、攻球等技术将球打到主练方正（反）手位或中路长球固定（无规律）落点，主练方运用拉球、攻球、削球等技术将球打到对方斜、直线；供球方再供上旋球至主练方不同落点，主练方运用攻（拉、削）等不同技术将球打到对方斜、直线。

⑥供球方先供上（下）旋球至陪练方正（反）手位或中路长球固定落点，陪练方运用拉球、攻球等技术将球打到主练方正手位或中路长球固定（无规律）落点，主练方运用拉球、攻球、削球等技术将球打到对方斜、直线；供球方再供上旋球至主练方反手位或中路不同落点，主练方运用侧身攻（拉、削）等不同技术将球打到对方斜、直线。

⑦供球方供不转或下旋球至陪练方正（反）手位或中路短球固定落点，陪练方运用挑打等技术将球打到主练方正手位或中路长球固定（无规律）落点，主练方运用拉球、攻球、削球等技术将球打到对方斜、直线；供球方再供上旋球至主练方不同落点，主练方运用攻（拉、削）等不同技术将球打到对方斜、直线。

⑧供球方供不转或下旋球至陪练方正手位或中路短球固定落点，陪练方运用挑打技术将球打到主练方正（反）手位或中路长球固定（无规律）落点，主练方运用拉球、攻球、削球等技术将球打到对方斜、直线；供球方再供上旋球至主练方反手位或中路不同落点，主练方运用侧身攻（拉、削）等不同技术将球打到对方斜、直线。

⑨供球方先供上（下）旋球至陪练方正（反）手位或中路长球固定落点，陪练方运用拉球、攻球等技术将球打到主练方正（反）手位或中路长球固定（无规律）落点，主练方运用拉球、攻球、削球等技术将球打到对方斜、直线；供球方再供不转短球至主练方不同落点，主练方运用攻（拉）等不同技术将球打到对方斜、直线。

⑩供球方先供上（下）旋球至陪练方正（反）手位或中路长球固定落点，陪练方运用拉球、攻球等技术将球打到主练方正手位或中路长球固定（无规律）落点，主练方运用拉球、攻球、削球等技术将球打到对方斜、直线；供球方再供不转短球至主练方反手位或中路不同落点，主练方运用攻（拉）等不同技术将球打到对方斜、直线。

### 3. 不同落点同一或不同旋转（三球一组）

在不同落点同一或不同旋转（两球一组）训练方法的基础上，可以增加至三球一组，组成更多的落点和旋转变化，从而使运动员能够合理地、娴熟地运用技术之间的衔接的同时，完成重心转换和步法移动的训练。

## 三、作用

①多球训练有效地减少了捡球的时间，增加了练习的密度和强度，可以较好地提高运动员的意志品质及身体素质。

②多球训练可以依据运动员的实际情况和练习的目的，有效地降低或增

加练习的难度，有利于运动员掌握和巩固技术动作并纠正错误技术动作，培养战术意识。

③多球练习还可以弥补运动队中打法不全面、技术水平不够高而带来的一系列问题。

④多球训练可以有效地提高心血管系统的功能，且测试具有专业特点。例如，使用计算机、心率发射仪及接受仪。测试受试者2分钟三点攻，全部用正手还击→休息2分钟→2分钟推挡侧身扑正手→休息2分钟→2分钟正手短下旋球→反手位长球→正手位长球→休息5分钟。供球速度为每分钟约70个球。用心率仪记录受试者在运动和休息过程中的心率。记录每50个多球（前两盆球数为50整，第三盆球到时间为止记录其球数）的命中率、步法移动到位情况、击球的质量等，并按照机能指数=负荷持续时间（秒）/运动后第30秒、1分钟、2分钟、3分钟后10秒钟的脉搏数×6，计算其机能指数。

## 四、注意事项

①多球练习与单球练习有一定的区别，特别是在球与球的衔接、供球时拍触球动作等方面区别较大，因此，多球练习的比例不应过大，特别是在赛前练习阶段。

②多球练习刺激的变化较小，反复练习容易降低运动员有机体的兴奋性，形成机械性的重复练习，反而不易达到良好的练习效果，因此，教练员在多球练习时应注意根据运动员的实际情况和练习的目的提出适当的要求，以防止运动员在练习时不动脑子、机械地重复练习，并在运动员疲劳时，鼓励运动员坚持练习。

③多球练习时供球的密度、供球的难度都应与练习者的情况相适应，密度过大过小、难度过高过低不仅不会达到练习的效果，还会在一定程度上影响运动员的训练效果和训练情绪。因此，在练习时供球者一定要时刻注意联系运动员的回球情况，随时调整自己供球的难度和密度，以达到最佳的练习效果。

## 第七节 双打训练

双打在乒乓球运动中占有重要地位。在正式比赛的7个项目中，双打占据男子双打、女子双打、男女混合双打三项。双打需要两人合作，共同进行比赛，是一个十分活跃而且饶有趣味的竞赛项目。顺应双打的发展趋势，提高双打的训练水平，培养既能单打又能双打的全能人才，也是当今乒坛的重要关切之一。

# 一、技战术

双打的技战术训练方法虽然源于单打，却也有其自身的竞赛特点和临场特点，需要我们去探索和创新。

## （一）双打发球训练方法

乒乓球台的台面中间的"中线"，把球台分为左右两个半区。球台的右半区是双打各方的发球区。发球必须从本方的发球区发入对方的发球区，否则就判"失分"。

双打发球和接发球的次序是：甲$_1$发球，乙$_1$接发球；乙$_1$发球，甲$_2$接发球；甲$_2$发球，乙$_2$接发球；乙$_2$发球，甲$_1$接发球；甲$_1$发球，乙$_1$接发球……这样周而复始，一直进行到底。以后每一局，先发球的一方可以任意确定谁发球，然后按上一局相反的次序确定谁先接发球。

双打设定"发球区"，增加了发球的难度。从双打训练竞赛的角度来看，双打发球的最佳落点区有5个：右方近网，中路近网，右方底线，中路底线，中路中区（图4-1）。

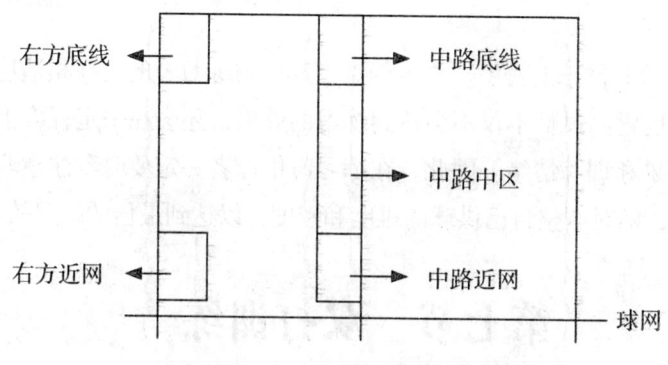

图4-1　双打发球最佳落点区

## 1. 训练内容

**（1）单一发球发至对方固定落点区的训练**

①依次用正手发右侧上旋急球、反手发急球、正手发左侧上（下）旋球、反手发右侧上（下）旋球、反手发急下旋球、侧身正手高抛发左侧上（下）旋球、下蹲式发正手右侧上（下）旋球、下蹲式发正手左侧上（下）旋球，分别发至对方的右方底线、中路底线和中路中区。

②依次用正手发下旋加转球与不转球、反手发下旋转和不转球、侧身高抛发正手左侧上（下）旋球、下蹲式发正手右侧上（下）旋球，分别发至对方的右方近网和中路近网。

**（2）配套发球的训练**

①旋转配套的发球训练：正手发下旋加转球与不转球的配套训练；正手发左侧上旋球与下旋球的配套训练；反手发右侧上旋球与下旋球的配套训练；下蹲式发正手右侧上旋球与下旋球的配套训练。

②落点配套的发球训练：发右方近网短球与发右方底线、中路底线长球的配套训练；发中路近网短球与发右方底线、中路底线长球的配套训练。

③速度配套的发球训练：正手发右侧上旋急球与正手发下旋加转球或不转球的配套训练；反手发急下旋球与反手发下旋加转球或不转球的配套训练。

④旋转、落点、速度三者之间的相互配套的发球训练：正手发右侧上旋急球至对方的右方底线或中路底线，配合发正手下旋加转球或不转球至对方的右方近网和中路近网；反手发急下旋球至对方的右方底线或中路底线，配合发反手加转球或不转球至对方的右方近网和中路近网。

## 2. 训练要求

①在学习和掌握发球技术的过程中，一定要严格按照规则要求去训练，从开始就养成良好的习惯。

②在发球技术全面的基础上要"精"，发球要配套，要善变，要有隐蔽性，要发足旋转，要落点精准，争取达到直接得分或造成对方回接质量不高，有利于同伴抢攻的效果。

③认真检测发球质量。即根据发球越网后在对方台面上弹跳的次数，甚至能往回跳来检测下旋球的质量；根据发球越网后跳至对方台面往侧面拐弯的程

度来检测侧旋球的质量；根据发底线长球的落点精准度来检测发长球的质量。

④在双打发球中，要强调发球后的迅速还原和及时让位，强调与同伴的密切配合。

## （二）双打发球抢攻（第三板）训练方法

### 1. 训练内容

（1）发近网短球后的第三板抢攻或抢拉（以两右手配对为例）

①主练方1号队员发加转下旋球至对方"右方近网"，陪练方1号队员搓球回接至主练方右1/2台近网或台中，主练方2号队员正手抢攻或抢拉。

②主练方1号队员发加转下旋球至对方"中路近网"，陪练方1号队员搓球回接至主练方右1/2台近网或台中，主练方2号队员正手抢攻或抢拉。

③主练方1号队员发加转下旋球至对方"右方近网"，陪练方1号队员搓球回接至主练方左1/2台近网或台中，主练方2号队员侧身正手或反手抢攻或抢拉。

④主练方1号队员发加转下旋球至对方"中路近网"，陪练方1号队员搓球回接至主练方左1/2台近网或台中，主练方2号队员侧身正手或反手抢攻或抢拉。

⑤主练方1号队员发不转球至对方"右方近网"，陪练方1号队员挑打回接至主练方右1/2台底线或台中，主练方2号队员正手抢攻或抢拉。

⑥主练方1号队员发不转球至对方"中路近网"，陪练方1号队员挑打回接至主练方右1/2台底线或台中，主练方2号队员正手抢攻或抢拉。

⑦主练方1号队员发不转球至对方"右方近网"，陪练方1号队员挑打回接至主练方左1/2台底线或台中，主练方2号队员侧身正手或反手抢攻或抢拉。

⑧主练方1号队员发不转球至对方"中路近网"，陪练方1号队员挑打回接至主练方左1/2台底线或台中，主练方2号队员侧身正手或反手抢攻或抢拉。

⑨主练方1号队员发左侧下旋球至对方"右方近网"，陪练方1号队员搓球回接至主练方右1/2台近网或台中，主练方2号队员正手抢攻或抢拉。

⑩主练方1号队员发左侧下旋球至对方"中路近网"，陪练方1号队员搓球接至主练方右1/2台近网或台中，主练方2号队员正手抢攻或抢拉。

⑪主练方1号队员发左侧下旋球至对方"右方近网"，陪练方1号队员搓

球回接至主练方左1/2台近网或台中，主练方2号队员侧身正手或反手抢攻或抢拉。

⑫主练方1号队员发左侧下旋球至对方"中路近网"，陪练方1号队员搓球回接至主练方左1/2台近网或台中，主练方2号队员侧身正手或反手抢攻或抢拉。

⑬主练方1号队员发左侧上旋球至对方"右方近网"，陪练方1号队员挑打回接至主练方右1/2台，主练方2号队员正手抢攻或抢拉。

⑭主练方1号队员发左侧上旋球至对方"中路近网"，陪练方1号队员挑打回接至主练方右1/2台，主练方2号队员正手抢攻或抢拉。

⑮主练方1号队员发左侧上旋球至对方"右方近网"，陪练方1号队员挑打回接至主练方1/2台，主练方2号队员侧身正手或反手抢攻或抢拉。

⑯主练方1号队员发左侧上旋球至对方"中路近网"，陪练方1号队员挑打回接至主练方左1/2台，主练方2号队员侧身正手或反手抢攻或抢拉。

（2）发底线长球后的第三板抢攻或抢拉（以一左手一右手配对为例）

①主练方左手队员侧身正手高抛发左侧上旋球至对方"右方底线"，陪练方1号队员以中等力量拉攻至主练方右1/2台，主练方右手队员抢攻或抢拉。

②主练方左手队员侧身正手高抛发右侧上旋球至对方"中路底线"，陪练方1号队员以中等力量拉攻至主练方右1/2台，主练方右手队员抢攻或抢拉。

③主练方左手队员侧身正手高抛发右侧上旋球至对方"右方底线"，陪练方1号队员以中等力量拉攻至主练方左1/2台，主练方右手队员侧身正手或反手抢攻或抢拉。

④主练方左手队员侧身正手高抛发右侧上旋球至对方"中路底线"，陪练方1号队员以中等力量拉攻至主练方左1/2台，主练方右手队员侧身正手或反手抢攻或抢拉。

⑤主练方左手队员侧身正手高抛发右侧下旋球至对方"右方底线"，陪练方1号队员以中等力量拉攻至主练方右1/2台，主练方右手队员抢攻或抢拉。

⑥主练方左手队员侧身正手高抛发右侧下旋球至对方"中路底线"，陪练方1号队员以中等力量拉攻至主练方右1/2台，主练方右手队员抢攻或抢拉。

⑦主练方左手队员侧身正手高抛发右侧下旋球至对方"右方底线"，陪练方1号队员以中等力量拉攻至主练方左1/2台，主练方右手队员侧身正手或反手抢攻或抢拉。

⑧主练方左手队员侧身正手高抛发右侧下旋球至对方"中路底线",陪练方1号队员以中等力量拉攻至主练方左1/2台,主练方右手队员侧身正手或反手抢攻或抢拉。

⑨主练方右手队员反手发右侧上旋球至对方"右方底线",陪练方1号队员以中等力量快攻至主练方右1/2台,主练方左手队员侧身正手或反手抢攻或抢拉。

⑩主练方右手队员反手发右侧上旋球至对方"中路底线",陪练方1号队员以中等力量快攻至主练方右1/2台,主练方左手队员侧身正手或反手抢攻或抢拉。

⑪主练方右手队员反手发右侧上旋球至对方"右方底线",陪练方1号队员以中等力量快攻至主练方左1/2台,主练方左手队员正手抢攻或抢拉。

⑫主练方右手队员反手发右侧上旋球至对方"中路底线",陪练方1号队员以中等力量快攻至主练方左1/2台,主练方左手队员正手抢攻或抢拉。

⑬主练方右手队员反手发右侧下旋球至对方"右方底线",陪练方1号队员以中等力量拉攻至主练方右1/2台,主练方左手队员侧身正手或反手抢攻或抢拉。

⑭主练方右手队员反手发右侧下旋球至对方"中路底线",陪练方1号队员以中等力量拉攻至主练方右1/2台,主练方左手队员侧身正手或反手抢攻或抢拉。

⑮主练方右手队员反手发右侧下旋球至对方"右方底线",陪练方1号队员以中等力量拉攻至主练方左1/2台,主练方左手队员正手抢攻或抢拉。

⑯主练方右手队员反手发右侧下旋球至对方"中路底线",陪练方1号队员以中等力量拉攻至主练方左1/2台,主练方左手队员正手抢攻或抢拉。

**(3)发中路中区追身球后的第三板抢攻或抢拉(以两右手配对为例)**

①主练方1号队员反手发急下旋球至对方"中路中区",陪练方1号队员以中等力量快拉或快拨至主练方右1/2台,主练方2号队员正手抢攻或抢拉。

②主练方1号队员反手发急下旋球至对方"中路中区",陪练方1号队员以中等力量快拉或快拨至主练方左1/2台,主练方2号队员侧身正手或反手抢攻或抢拉。

③主练方1号队员下蹲式发正手右侧上旋球至对方"中路中区",陪练方1号队员以中等力量快攻或快拨至主练方右1/2台,主练方2号队员正手抢攻或

抢拉。

④主练方1号队员下蹲式发正手右侧上旋球至对方"中路中区",陪练方1号队员以中等力量快攻或快拨至主练方左1/2台,主练方2号队员侧身正手或反手抢攻或抢拉。

### 2. 训练要求

①双打队员只有对同伴的发球质量、发球动机、发球效果了如指掌,才能掌握对方接发球的回球规律,包括旋转、落点和节奏,才能提高第三板抢攻的使用率和得分率。

②从发近网短球、底线长球到中路追身球,陪练主练双方均要逐一认真地反复练习,并将第一板发球与第三板抢攻之间的衔接作为重点。借鉴当今世界双打高手的通用战术套路,在发球抢攻战术中,要多发短而转的球,偶尔配合发底线长球或中路追身球。发球抢攻要盯住对方的"远点"或"盲点",追求命中率。

③设置专门性的发球抢攻教学比赛,用统计学的方法对发球和发球抢攻进行检测,并不断总结,扬长避短,提高战术意识,集结得分手段,形成自己的打法套路,提升默契度和竞争力。

## (三)双打接发球训练方法

### 1. 训练内容

**(1)接固定落点区单一发球的训练**

①陪练方正手发右侧上旋急球,依次发至对方右方底线、中路底线,主练方用正手快拉、快攻回接。

②陪练方正手发下旋加转球与不转球,依次发至对方右方近网、中路近网,主练方用挑打、搓回接。

③陪练方反手发右侧上旋球与下旋球,依次发至对方右方底线、中路底线、右方近网、中路近网、中路中区,主练方用推拨、快攻、削球接底线长球,用挑打、搓、摆短回接近网短球。

**(2)接固定落点区配套发球的训练**

①陪练方发侧下旋短球至对方右方近网,发侧上旋长球至对方右方底

线，主练方用挑打、搓长、摆短接近网短球，用推、攻接底线长球。

②陪练方发转与不转球至对方中路近网或右方近网，主练方用搓、拉回接。

③陪练方发中路近网短球或中路中区追身长球，主练方用挑打、拉攻回接。

（3）接非固定落点区发球的训练

①陪练方发侧上或侧下旋短球至对方近网处，配合发急下旋或右侧上旋急球至对方底线处，主练方根据自己的打法特点，结合同伴的打法特点，采用多种方式回接。

②陪练方发短球配合发长球，主练方用搓、挑打接短球，用拉攻、快攻接长球。

### 2. 训练要求

①规则规定，双打接发球必须在球台本方右1/2的位置上进行。因此双打的接发球比单打容易。但鉴于目前发球技术的强势，接发球想以强攻直接得分也是比较困难的。所以学好快攻、拉、挑打、搓长、摆短等接台内球技术成了训练要求的首选。

②在接发球训练中，首先要选择正确的站位，然后仔细地观察好对方的发球动作，作出正确的判断并迅速地决定回击方法。采用不同的接发球方法应掌握好拍面角度、拍面方向、击球时间、击球部位、摩擦用力方向以及发力的主要部位等要素，确保接发球的稳定性和主动性。

③以快攻或弧圈为主的主练方，如接近网短球，应以挑打为主，配以搓长、摆短或其他方法回接；如接底线长球，应以攻、拉为主，配以快攻、快拨等其他方法回接；如接中路追身球，则以侧身攻、拉接为主，配以搓接等方法回接。

以削球为主的主练方接发球可以稳一些，不必攻得过急或过狠，以免失误。重点应放在多接侧上旋、急下旋的长球上，短球为辅。虽然较多地运用削球和搓球回接，但有时也要用进攻的方法去回接，借以扰乱对方，争取主动。

还应该根据个人的某些特长和缺点，进行针对性训练，以扬长避短，提高接发球技术水平。

## （四）双打接发球抢攻（第四板）训练方法

### 1. 训练内容

**（1）接近网发球后的第四板抢攻或抢拉（以两右手配对为例）**

①陪练方1号队员正手发加转下旋球至对方"右方近网"，主练方1号队员搓球回接至对方左1/2台近网或台中，陪练方2号队员"摆短"至对方右1/2台，主练方2号队员抢攻或抢拉。

②陪练方1号队员正手发加转下旋球至对方"右方近网"，主练方1号队员搓球回接至对方右1/2近网或台中，陪练方2号队员"摆短"至对方左1/2台，主练方2号队员侧身正手或反手抢攻或抢拉。

③陪练方1号队员正手发加转下旋球至对方"右方近网"，主练方1号队员搓球回接至对方左1/2台近网或台中，陪练方2号队员"搓长"至对方右1/2台，主练方2号队员抢攻或抢拉。

④陪练方1号队员正手发加转下旋球至对方"右方近网"，主练方1号队员搓球回接至对方右1/2台近网或台中，陪练方2号队员"搓长"至对方左1/2台，主练方2号队员侧身正手或反手抢攻或抢拉。

⑤陪练方1号队员正手发加转下旋球至对方"中路近网"，主练方1号队员搓球接至对方左1/2台近网或台中，陪练方2号队员"摆短"至对方右1/2台，主练方2号队员抢攻或抢拉。

⑥陪练方1号队员正手发加转下旋球至对方"中路近网"，主练方1号队员搓球回接至对方右1/2台近网或台中，陪练方2号队员"摆短"至对方左1/2台，主练方2号队员侧身正手或反手抢攻或抢拉。

⑦陪练方1号队员正手发加转下旋球至对方"中路近网"，主练方1号队员搓球回接至对方左1/2台近网或台中，陪练方2号队员"搓长"至对方右1/2台，主练方2号队员抢攻或抢拉。

⑧陪练方1号队员正手发加转下旋球至对方"中路近网"，主练方1号队员搓球回接至对方右1/2台近网或台中，陪练方2号队员"搓长"至对方左1/2台，主练方2号队员侧身正手或反手抢攻或抢拉。

⑨陪练方1号队员正手发左侧下旋球至对方"右方近网"，主练方1号队员挑打回接至对方右1/2台，陪练方2号队员以中等力量快攻或拉攻至对方右

1/2台，主练方2号队员发力抢攻或拉攻。

⑩陪练方1号队员正手发左侧下旋球至对方"右方近网"，主练方1号队员挑打回接至对方左1/2台，陪练方2号队员以中等力量快攻或拉攻至对方左1/2台，主练方2号队员发力侧身或反手抢攻或拉攻。

⑪陪练方1号队员正手发左侧下旋球至对方"中路近网"，主练方1号队员挑打回接至对方右1/2台，陪练方2号队员以中等力量快攻或拉攻至对方右1/2台，主练方2号队员发力抢攻或抢拉。

⑫陪练方1号队员正手发左侧下旋球至对方"中路近网"，主练方1号队员挑打回接至对方左1/2台，陪练方2号队员以中等力量快攻或拉攻至对方左1/2台，主练方2号队员发力抢攻或抢拉。

（2）接底线发球后的第四板抢攻或抢拉（以一左手一右手配对为例）

①陪练方1号队员发左侧上旋球至对方"右方底线"，主练方左手队员正手快攻或快带至对方右1/2台，陪练方2号队员以中等以上力量快攻或快拉至对方右1/2台，主练方右手队员正手发力抢攻或抢拉。

②陪练方1号队员发左侧下旋球至对方"右方底线"，主练方左手队员正手拉攻至对方左1/2台，陪练方2号队员以中等力量快攻或快拉至对方左1/2台，主练方右手队员侧身正手或反手发力抢攻或抢拉。

③陪练方1号队员发左侧上旋球至对方"中路底线"，主练方左手队员正手快攻或快带至对方右1/2台，陪练方2号队员以中等以上力量快攻或快带至对方右1/2台，主练方右手队员正手发力抢攻或抢拉。

④陪练方1号队员发左侧下旋球至对方"中路底线"，主练方左手队员正手快攻或快拉至对方左1/2台，陪练方2号队员以中等力量快攻或快拉至对方左1/2台，主练方右手队员侧身正手或反手发力抢攻或抢拉。

⑤陪练方1号队员反手发右侧上旋球至对方"右方底线"，主练方右手队员快攻或快带至对方右1/2台，陪练方2号队员以中等以上力量快攻或快拉至对方右1/2台，主练方左手队员侧身正手或反手发力抢攻或抢拉。

⑥陪练方1号队员反手发右侧下旋球至对方"右方底线"，主练方右手队员快攻或快带至对方右1/2台，陪练方2号队员以中等力量快拨或快攻至对方左1/2台，主练方左手队员扑正手发力抢攻或抢拉。

⑦陪练方1号队员反手发右侧上旋球至对方"中路底线"，主练方右手队员快攻或快拉至对方右1/2台，陪练方2号队员以中等以上力量快攻或快拉至

对方右1/2台，主练方左手队员侧身正手或反手发力抢攻或抢拉。

⑧陪练方1号队员反手发右侧上旋球至对方"中路底线"，主练方右手队员快攻或快拉至对方左1/2台，陪练方2号队员以中等力量快拨或快攻至对方左1/2台，主练方左手队员扑正手发力抢攻或抢拉。

（3）接中路追身发球后的第四板抢攻或抢拉（以一左手一右手配对为例）

①陪练方1号队员侧身正手高抛发左侧上旋球至对方"中路中区"，主练方左手队员快攻至对方右1/2台，陪练方2号队员以中等力量快攻或快拉至对方右1/2台，主练方右手队员正手发力抢攻或抢拉。

②陪练方1号队员侧身正手高抛发左侧下旋球至对方"中路中区"，主练方左手队员挑打或搓长至对方左1/2台，陪练方2号队员以中等力量快攻或快拉至对方左1/2台，主练方右手队员侧身正手或反手发力抢攻或抢拉。

③陪练方1号队员下蹲式发正手右侧上旋球至对方"中路中区"，主练方左手队员快攻至对方右1/2台，陪练方2号队员以中等以上力量快攻或快拉至对方右1/2台，主练方右手队员正手发力抢攻或抢拉。

④陪练方1号队员下蹲式发正手右侧下旋球至对方"中路中区"，主练方左手队员挑打或搓长至对方左1/2台，陪练方2号队员以中等以上力量快攻或快拉至对方左1/2台，主练方右手队员侧身正手或反手发力抢攻或抢拉。

### 2. 训练要求

①接发球抢攻（第四板）的训练，可以采用单人陪练，但最好是双人对双人，一条一条地认真训练，各个击破，从而找到最合适的破发方法和最有效的得分手段。

②接发球抢攻（第四板）的训练，要以接近网短球为主，接底线长球和中路追身球为辅。训练中不但要求自己一方"互连互通""默契配合"而且要求对对方也能"知根知底""抓住软肋"。无论是第二板接发球，还是第四板抢攻，都要根据对方是一左手一右手配对还是两个右手配对而击至不同的"远点"或"盲点"，让抢攻奏效。

③设计专门进行双打接发球抢攻（第四板）的教学比赛，对接发球抢攻的使用率和得分率作出评估，以教学比赛检测训练成果，提高双打技战术水平。

## （五）双打相持球（第四板以后）训练方法

### 1. 攻对攻

**（1）训练内容**

①主练方1号队员正手发右侧上旋急球至对方"右方底线"，陪练方1号队员正手快攻或拉球回接至对方右1/2台，主练方2号队员正手发力抢攻或抢拉至对方1/2台，陪练方2号队员也以正手攻球应对。接着，双方在右1/2台展开对攻或对拉，在2~4个对攻回合里，由主练方1号或2号队员伺机进攻陪练方左1/2台大角度空当。

②主练方1号队员正手发右侧上旋急球至对方"中路底线"，陪练方1号队员正手快攻或拉球回接至对方左1/2台，主练方2号队员反手快拨至对方左1/2台，陪练方2号队员也用反手快拨回接至对方左1/2台。接着，双方在左1/2台展开对推，在2~4个对推回合里，由主练方1号或2号队员伺机突击陪练方右1/2台大角度空当。

③主练方1号队员正手发右侧上旋急球至对方"右方底线"，陪练方1号队员正手快攻回接至对方右1/2台，主练方2号队员正手发力抢攻或抢拉至对方1/2台，陪练方2号也以正手快攻应对。接着主练方攻拉更加猛烈，陪练方放半高球防守，主练方则在走动中连续发力攻，直至得分。

④主练方1号队员正手发右侧上旋急球至对方"中路底线"，陪练方1号队员正手快攻或拉球至对方左1/2台，主练方2号队员正手抢攻或抢拉至对方中路追身，陪练方2号队员正手对攻或对拉至对方右1/2台。接着，主练方用正手攻球或拉球紧盯着对方中路追身，并伺机突击左1/2台或右1/2台的大角度空当。

⑤主练方1号队员正手发左侧下旋球至对方"右方近网"，陪练方1号队员搓球回接至对方左1/2台，主练方2号队员也用搓球回接至对方左1/2台，陪练方2号队员搓球应对。接着双方在左1/2台展开对搓，在2~4个对搓回合里，由主练方1号或2号队员伺机搓中进攻陪练方1/2或右1/2的大角度空当。

⑥主练方1号队员正手发左侧下旋球至对方"中路近网"，陪练方1号队员搓球回接至对方右1/2台，主练方2号队员正手拉球回接至对方右1/2台，陪练方2号队员对拉至对方左1/2台。接着，双方展开在右1/2台的对拉，在左1/2台的防御，直到主练方1号或2号队员伺机防守反击成功或正手拉冲成功。

⑦陪练方1号队员发正手加转下旋球至对方"右方近网",主练方1号队员搓球回接至对方左1/2台近网或台中,陪练方2号队员正手抢攻或抢拉至对方左1/2台,主练方2号队员防守回接至对方左1/2台。接着,陪练方紧盯住主练方的左1/2台,在2~4个攻防回合里主动变线主练方的右1/2台,主练方放半高球或放高球并伺机反击。

⑧陪练方1号队员发正手加转下旋球至对方"中路近网",主练方1号队员搓球回接至对方右1/2台近网或台中,陪练方2号队员正手抢攻或抢拉至对方右1/2台,主练方2号队员防守回接至对方右1/2台。接着,陪练方紧盯住主练方的右1/2台,在2~4个攻防回合里主动变线至主练方的左1/2台,主练方放半高球或放高球并伺机反击。

(2)训练要求

①国家乒乓球队总结的双打相持段的有效战术:对相同持拍手配对是连续压一角2~4板后打空当;对一左一右持拍手配对是打正手位后攻空当。攻对攻的训练方法要逐条逐项认真训练,以达到提升相持能力,增强得分手段的目的。

②双打的前四板是重点,但第四板以后的相持则是实力。相持段的技术含量很高,它包括正反手攻、侧身攻、连续攻、攻打机会球、放短球、推挡快拨、搓拉结合、搓中进攻等一整套的主动进攻技术;相持段的应对情况也很复杂,它包括正反手、中路被攻、搓拉中被攻、不到位被攻等许多被动情况,需要防守反击。因此,在对攻中连续攻打机会球的训练;在对搓中低球进攻、搓中转拉的训练;在对推中主动变线的训练必不可少。可采用多球、单人陪、双人陪、半台对半台、半台对全台、有规律、无规律等多种手段,提高双打相持的实力指数。

③重视双打的步法训练,力求移动到位。对双打中常用的"环形走位法""八字形走位法""T字形走位法"等均能结合自身配对的打法,并针对具体情况熟练运用。

## 2. 攻对削

(1)训练内容

①主练方1号队员正手发左侧上旋球至对方右方底线,陪练方1号队员削球回接至对方右1/2台,主练方2号队员拉攻至对方右1/2台,陪练方2号队员削球回接至对方右1/2台,接着,主练陪练双方均在右1/2台上一攻一削,在此往

返回合中，主练方伺机发力进攻至对方左1/2台大角度空当。

②主练方1号队员正手发左侧上旋球至对方中路底线，陪练方1号队员削球回接至对方左1/2台，主练方2号队员拉攻至对方中路，陪练方2号队员削球回接至对方左1/2台。接着，主练陪练双方在左1/2台和中路上一攻一削，在此往返回合中，主练方伺机发力进攻对方左右1/2台大角度远点或中路追身的"盲点"。

③主练方1号队员发反手急下旋球至对方中路中区，陪练方1号队员削球回接至对方右1/2台，主练方2号队员拉球回击至对方中路中区，陪练方2号队员削球回接至对方右1/2台。主练方1号队员放短球至右方近网或台中，陪练方1号队员迎前救短球，主练方2号队员发力进攻大角度远点或中路追身的"盲点"。

④主练方1号队员发正手加转下旋球至对方右方近网，陪练方1号队员搓球回接至对方左1/2台，主练方2号队员摆短至对方右1/2台中路近网，陪练方2号队员仍以搓球回接。接着，主练陪练双方展开对搓，在此往返回合中，主练方伺机搓中抢拉或抢冲。

⑤主练方1号队员发正手加转下旋球至对方中路近网，陪练方1号队员搓长至对方右1/2底线，主练方2号队员拉球回击至对方右1/2台，陪练方2号队员削球回接。接着，主练陪练双方展开一拉一削，在此往返回合中，主练方拉对方不同的空当，逼其左右奔走再伺机发力攻。

⑥主练方1号队员发正手加转下旋球至对方右方近网，陪练方1号队员搓长至对方1/2台底线，主练方2号队员拉球回击至对方左1/2台，陪练方2号队员削球回接。接着，主练方一直拉球并死盯对方1/2台，迫使其后退防御，再突然放短球并伺机发力攻对方右1/2台的远点或中路追身的"盲点"。

（2）训练要求

①在攻对削的双打相持球训练中，提高弧圈球技术是重点。厘清拉加转弧圈球、前冲弧圈球、搓中攻、机会球发力攻的技术界定，抓好拉与冲、拉与吊、冲与吊、拉与攻之间的技术衔接，并加入攻对削的教学比赛和实战检测，以增强稳定性和成功率。

②在重视拉球训练的同时也要重视搓球训练，运用摆短、搓长、加转、不转、侧旋等多种方法，为搓中抢拉或抢冲创造机会。

③加强攻削球的步法训练，提高在双打走位中的击球能力。由于双打的跑动范围大，攻削球的相持回合多，所以要对双打步法的前后左右移动到位

提出更高要求。

### 3. 削对攻

(1) 训练内容

①主练方1号队员发反手右侧上旋球至对方右方底线，陪练方1号队员快攻回接至对方右1/2台，主练方2号队员削球击至对方右1/2台，陪练方2号队员拉球击至对方右1/2台，主练方1号队员削球击至对方右1/2台。此后陪练方拉球变线至对方左1/2台，但主练方仍将削球击至对方右1/2台，并将对方俩人"逼"到同一个位置，主练方则伺机反攻对方空当。

②主练方1号队员发反手右侧下旋球至对方中路底线，陪练方1号队员拉球回接至对方右1/2台，主练方2号队员削球击至对方左1/2台，陪练方2号队员拉球击至对方左1/2台，主练方1号队员削球击至对方右1/2台。此后主练方削陪练方的拉球都是削在不同的空当，迫使对方俩人不断地向左、向右移动，主练方则伺机反攻对方空当或"盲点"。

③主练方1号队员发正手加转下旋球至对方右方近网，陪练方1号队员搓球回接至对方左1/2台，主练方2号队员"摆短"至对方左1/2台，陪练方2号队员搓球回接至对方左1/2台，主练方1号队员"摆短"至对方左1/2台，此时双方形成对搓。但主练方始终将球搓至对方左1/2台，并削出转与不转球，"逼"对方出现机会球，伺机反攻。

④主练方1号队员发正手加转下旋球至对方中路近网，陪练方1号队员搓长至对方反手位，主练方2号队员搓球回接，陪练方2号队员拉加转弧圈球至对方反手位，主练方1号队员削球回接，陪练方1号队员拉前冲弧圈球，主练方2号队员放半高球救出，并在此之后的防守中伺机反攻。

⑤主练方1号队员发正手不转球至对方右方近网，陪练方1号队员挑打回接至对方右1/2台底线，主练方2号队员削加转球回击，陪练方2号队员继续拉加转弧圈球至对方左1/2台，主练方1号队员依旧以削加转球回击，但在之后的削球中用转与不转球让对方直接失误或出现反攻机会。

(2) 训练要求

①削球技术的特点是它的稳健性和积极性。稳健性表现在动作规范和移动到位；积极性表现在旋转变化和落点变化。因此双打的削对攻的训练，要紧紧地围绕这两点，依托单打的技术训练内容，提高削加转弧圈球、削前冲

弧圈球、削轻拉球、削追身球、削发力攻球的能力。

②鉴于当今攻球手大多采用拉、搓长、摆短的结合运用，这就要求削球打法者除了掌握各种削球技术外，还必须掌握扑接近网短球、搓球以及各种进攻技术，这样，才有可能做到逼得凶、削得稳、攻得狠、有层次。

③知己知彼，百战不殆。要熟悉并掌握双打配对的技术特点和击球节奏，尽可能地了解双打对手的优缺点和打法，学会在训练中，尤其是比赛中盯人、找人、盯弱方。

## 二、移动方法

双打的步法跑动范围不但比单打大，而且要求也比单打高。这是因为两人每打完一板，必须迅速让位，不能站着不动，妨碍同伴击球的缘故。

双打的步法移动方法主要有以下几种。

### （一）环形走位法

两个右手或两个左手进攻打法的配对多采用这种移动方法。一人击球后随后弧形移动至同伴身后，待同伴上位击球时，及时调整站位准备击球，两人的走位路线相同（图4-2）。

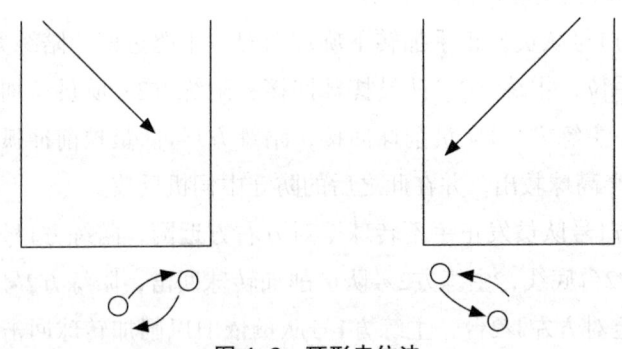

图4-2　环形走位法

### （二）"八"字形走位法

两个一左手一右手握拍的配对多采用这种移动方法，两人击球后均向自己的反手一侧做斜向移动，脚步移动线路成"八"字形（图4-3）。

第四章 训练实践

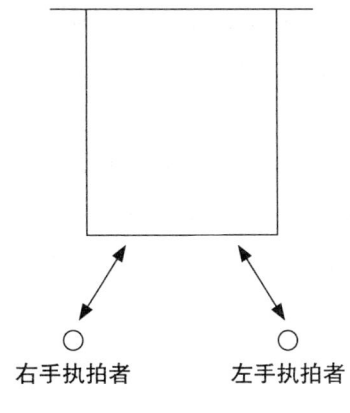

图 4-3 "八"字形走位法

## (三)"T"字形走位法

一个近台快攻打法与一个弧圈球打法的配对多采用这种移动方法。近台快攻打法与中远台攻球打法的配对也采用这种移动方法。攻球打法与削球打法配对时采用这种方法走位也较合适。两个削球打法配对时移动路线也基本相似(图4-4)。

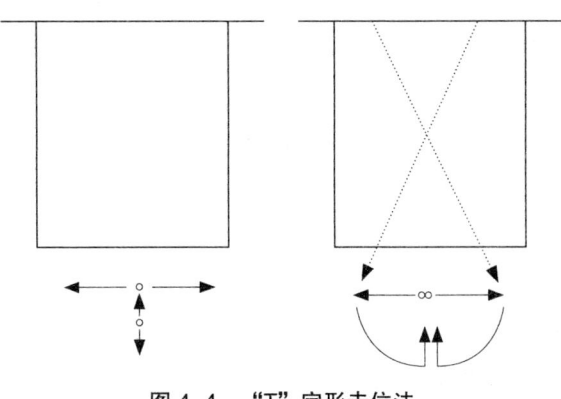

图 4-4 "T"字形走位法

以上介绍的只是双打的基本移动方法。在比赛中,随着情况的千变万化,一成不变的移动方法是没有的,因此临场必须灵活运用。

双打中的步法移动、走位、让位以及走动中击球等技术,可以通过多球练习、单人陪练、教学比赛的方法获得。常见的练习方法有:

①四种台面组合(右1/2台对右1/2台;左1/2台对左1/2台;右1/2台对左1/2

台；左1/2台对右1/2台）的单项技术练习和结合技术的练习。

②单项技术的近台、中台、中远台结合技术的练习。

③不同落点打一点的练习。

双打比赛中，要求运动员脚步移动要十分灵活，但移动中必须注意以下几点：

第一，不能影响同伴的视线和判断来球；

第二，不能妨碍同伴抢占击球位置和还击来球；

第三，有利于本人下次还击来球。

## 三、注意事项

### （一）双打的配对

**1. 基本要求**

选择最佳配对是打好双打的重要条件之一。选择双打配对的基本要求是：

第一，两人要有团结、协作的思想基础；

第二，两人在技术上均有突出的特点，并能在比赛中做到互增互补；

第三，两人在握拍、站位上也各有特点，以利于在走动击球时避免碰撞，利于走位、让位、补位，利于取得主动。

双打的配对要相对稳定。通过系统的训练，使双方了解彼此，增进合作，形成默契。

**2. 类型**

常见的双打配对有以下几种类型：

（1）左手右手握拍的配对

采用此种配对，在站位上可以一左一右，有利于缩小移动范围，避免相互碰撞，能充分发挥正手攻、拉的威力。

最佳配对是1987年新德里世锦赛、1988年汉城奥动会男双冠军陈龙灿（右手、快攻）/韦晴光（左手、弧圈）。

（2）同类型打法的配对

采用此种配对，两人打法相似，风格接近，有利于共同发挥技术特长。

最佳配对是1963年布拉格世锦赛张燮林（削球）/王志良（削球）；1965年卢布尔雅那世锦赛、1971年名古屋世锦赛女双冠军林惠卿（削球）/郑敏之（削球）。这两对削球打法的配对也是我国第一个男双、女双世界冠军。

（3）前后站位的配对

采用此种配对，既便于击球时的位置移动，又可在技术上取长补短。

最佳配对是：1981年诺维萨德世锦赛女双冠军张德英（近台快攻）/曹燕华（近中台弧圈）。

## （二）双打的配阵

何为配阵？就是选择双打比赛第一局的接球顺序。配阵如果搞得好，就能以强制弱来压制对方，争取先拿下第一局，为夺取完胜创造条件。

规则规定双打比赛的发球必须在"发球区"内进行。因此，"守株待兔"式的接发球比发球要有利得多。更重要的是，选择接发球就是选择了比赛首局的接球顺序。

双打的接球有两种情况：一是强者接对方弱者球打击对方强者；二是强者接对方强者的球打击对方弱者。虽然这两种情况在一场比赛中都会遇到，那第一局究竟是哪种好呢？这就是配阵的研究。

在男子双打和女子双打中，选择强者接对方弱者的球，打击对方强者比较有利。因为弱者的控球能力和攻击能力都不如强者，容易从中寻找更多的机会攻击对方强者，使对方强者的攻击力量难于发挥，造成被动。

在混合双打中，选择男接男的球比较有利，因为在混双中一般都是男比女强。男接男的发球要比女接男的发球有利得多，况且男攻女，女的防御能力差，易于攻破；女接女的发球较之接男的发球难度小，可少吃发球，掌握主动，拿下首局。优先选择接发球，"对人接球"功不可没。

当然，在互不知情的遭遇战中，也可以选择优先发球。即使第一局失利，第二局还可以调整接发球的人选，还可以改变不利的局面，后发制人。在双方水平比较悬殊的情况下，水平较高的一方，也常会使用先发球的配阵。如果首局获胜，那将顺势拿下全场。

此外，双打不是单打独斗，需要两个人的协同作战。所以在两个人中要有一人充当"队长"角色，凭着过往的经验，发现问题及时沟通协调，遇到困难商量解决。

同时，面对不同的对手，在临场要确立一人作为主要突击手，先上手进攻找机会。另一人则为扣杀手，能连续进攻扩大战果。然赛事无常，不能绝对化。两个人的分工要有分有合，相辅相成。

## （三）双打的站位

双打中发球员和接球员及其同伴的站位与移动、让位、击球有着密切的联系。站位合理，移动迅速，让位适宜，击球效果就好，否则效果就差，甚至会出现碰撞。

双打中发球员及其同伴的站位有两种。

①平行站位：进攻型运动员的配对多采用平行站位，发球员站位偏右，让出3/4的位置给同伴居中并靠近球台，控制台面准备还击。

②前后站位：削攻型运动员的配对采用前后站位为宜，发球员站位偏右略前，其同伴的站位居中略后。

双打中接球员及其同伴的站位也有两种：平行站位和前后站位。进攻型运动员用正手接发球，前后站位为宜。接球员靠近球台，偏中线位置站立，随时伺机用正手进攻；其同伴略后错位站立，伺机予以还击。

进攻型运动员用反手接发球应以平行站位为宜。接球员靠近台偏右的位置站立，让出3/4的位置给同伴控制台面准备还击。

削攻型运动员无论是反手还是正手接发球均以前后站位为宜。如果防守型运动员用正手接发球，应靠中近台偏中线的位置站立，其同伴则略后并错位站立，伺机还击。

## （四）双打的转换衔接

双打发球抢攻（第三板）、双打接发球抢攻（第四板）、双打相持球（第四板以后）的练习，欲取得满意的效果，离不开抓紧转换衔接这个重要环节，它就像高速公路上的桥梁和隧道一样，把整条高速串连起来。可以说，转换衔接水平的高低，直接影响到比赛中技战术的运用和临场发挥。

转换衔接的核心训练内容是：

攻对攻：发球抢攻与连续攻的转换衔接；发球被攻与防守反击的转换衔接；接发球抢攻与连续攻的转换衔接；搓中转攻与连续攻的转换衔接；搓中被攻与防守反击的转换衔接。

攻对削：在走位移动中拉球与攻球的转换衔接；在走位移动中长拉短摆与发力攻的转换衔接；拉搓结合与拉攻结合的转换衔接。

削对攻：接发球与防守两大角的转换衔接；稳削与防发力攻或拉冲的转换衔接；稳搓与防发力攻的转换衔接；接长短球与防发力攻或拉冲的转换衔接；运用旋转与落点变化调动对方与伺机反攻的转换衔接。

# 第八节　身体训练

身体训练是借助速度、力量和耐力等训练手段进行的辅助性训练，它可以有效地改善运动员的运动能力，是保证运动员能够更好地进行乒乓球训练的基础。

当今的世界乒乓球运动已发展到了一个更高的阶段：速度、旋转、力量和变化紧密结合，运动员必须学会在越来越快速和激烈的对抗以及变化的条件下，熟练而准确地运用技术、战术。在各级大型比赛中，运动员要想取得好成绩就必须在身体、精神、心理负担都很重的前提下，连续进行十几天的比赛。由于身体素质训练水平较差，导致运动员在比赛的后期体力下降而影响了球的速度和力量并输掉比赛的例子亦举不胜举。因此，一个优秀的运动员必须具有较全面的技术、战术能力以及较好的身体素质和心理品质。

## 一、力量素质训练

可以利用物体的重量（杠铃、哑铃等）、运动员之间的对抗、克服自身重量、弹性物品、外部环境的阻力等训练方法进行力量练习。

### （一）力量训练常用方法

#### 1. 杠铃卧推

一人仰卧于长条练习凳上双手握杠铃，两手间距比肩略宽进行卧推练习，要求卧推的起始位置杠铃基本贴到胸部，完成动作时两臂伸直，做动作时需有另一人站在练习者头侧手扶杠铃进行保护。

### 2. 哑铃斜上推

坐立并背靠在长条练习凳上，掌心朝下手持哑铃，两臂分开与肩同宽并与躯干成直角，双手同时或者交替上推哑铃至双臂伸直，然后再收回到肩两侧。

### 3. 攻球击远

多球练习，喂高球或半高球到正手位1/2台，为了保证球高度的统一可以用发球机喂球，练习者全力击打，记录扣球的距离。

### 4. 引体向上

手握单杠，双手的间距与肩同宽，力量素质好的正握单杠，差的可以反握单杠，引体向上拉起身体后，头要全部超过单杠。

### 5. 俯卧撑

手撑地，两手分开略比肩宽，脚尖着地，双脚并拢，肩膀到脚踝成一条直线，屈肘让重心下降到胸部快贴近地面，稍停后双臂用力撑起身体。

### 6. 击掌俯卧撑

在做俯卧撑的过程中，每当双臂用力撑起身体时双掌离地击掌，然后双手撑地继续做俯卧撑。

### 7. 立卧撑

练习者站立于墙壁前略大于一臂距离，双手掌撑在墙上屈肘至胸部几乎贴于墙面，然后双臂迅速推起身体，两手离开墙面，接着身体再倒向墙壁做立卧撑。

### 8. 负重徒手练习

可以运用哑铃、铁质球拍和沙袋等器械，使运动员在负重的情况下进行乒乓球专项技术动作的徒手练习，以增强其手臂力量。

①在运动员手臂上绑沙袋，然后进行多球练习，注意沙袋的重量一定要与运动员的实际能力相吻合。

②为运动员送弹起高度为50厘米左右的机会球，让运动员发力攻杀、拉冲等，以提高运动员的爆发力。

### 9. 杠铃蹲起

练习者站姿，两脚分开略比肩宽，将杠铃置于颈前搭在肩上，手掌向上握住杠铃，下蹲至大腿与地面平行，腿部发力充分蹬起至站立姿势。

### 10. 登台阶

双手持哑铃呈站立姿势，体前一步距离放一稳固的平台（箱子、椅子等），一脚登上平台，另一脚再登上平台呈站立姿势，然后两脚依次下平台呈站立姿势，如此反复练习。

### 11. 蛙跳

两脚开立与肩同宽，两脚同时起跳，落地后连续起跳。

### 12. 立定跳远

两脚开立与肩同宽，双腿屈膝的同时双手向后预摆，双臂向前摆动的同时双脚蹬地、两腿伸直向前跳，充分展体，落地时全脚掌着地缓冲。

### 13. 纵跳

两脚自然开立成半蹲预备姿势，一臂或两臂向上摆动，接着两腿用力蹬伸向上跳起，单手或双手向上伸直，落地时用前脚掌着地屈膝缓冲。

### 14. 蹲跳

双脚左右开立，屈膝向下深蹲或半蹲，两臂自然后摆，然后两腿迅速蹬伸，使髋、膝、踝三个关节充分伸直，同时两臂迅速用力向前上摆，最后用脚尖蹬离地面向上跳起，落地时用前脚掌着地屈膝缓冲。

### 15. 仰卧起坐

练习者躺在垫子上，双腿屈膝，两脚稍分开，手臂屈肘，两手托在头上，利用腹肌收缩迅速成坐姿，两肘关节触碰大腿，然后还原到躺的姿势，如此连续进行仰卧起坐。

### 16. 两头起

练习者身体伸直平躺在垫子上，以臀部为支撑，腹肌收缩使双臂和双腿同时向身体中间并拢，双臂和双腿伸直，双手触碰双腿后还原为躺姿，如此连续重复练习。

### 17. 静态背桥

练习者肩部和脚跟着地，脚尖勾起，小腿与大腿呈90°伸直，髋部抬起，胸、髋、大腿成一条直线，保持身体稳定。

### 18. 仰卧举腿

练习者仰卧在垫上，上肢和躯干保持静止，以腰腹部为轴双腿上举至与躯干呈90°，有能力的双腿可以继续向身体靠拢。

### 19. 悬垂举腿

双手抓住肋木，上肢、躯干、下肢自然悬垂成一条直线，腰腹以上部分保持静止，以腰腹部为轴双腿上举至与身体呈90°，有能力的继续向上举腿。

## （二）力量训练应注意的问题

①全身力量的协调发展。

②优势手与非优势手的均衡发展。

③训练内容应重点突出，兼顾一般，并在打好一般力量素质的基础上，重点突出专项力量。

④内容的选择及负荷的安排应根据运动员的年龄、性别、打法类型、身体素质水平等综合考虑，做到区别对待。

⑤力量练习的次数以每周3次为宜，且在大赛前的7至10天不宜安排极限重量的大肌肉群的训练。

⑥一般力量练习应与专项力量练习紧密结合，并注意练习的部位、姿势及用力特点。

⑦应安排在训练课的后半部分进行,且必须在速度、灵敏素质的练习之后。

## 二、速度、灵敏素质训练

速度训练包括一般的速度训练和结合专项的速度训练,灵敏主要是对运动员手上感觉和身体灵活性的训练。

### (一)速度训练常用方法

#### 1. 3.5米步法移动

在地面画两条相距3.5米的平行白线,开始时练习者单脚踩一条白线准备,运用规定的步法移动到另一条白线并用另一只脚踩白线,如此在两条白线之间往复移动。可以记录在一定时间内,如30秒、60秒等,练习者脚踩白线的次数。

#### 2. 接力跑

把练习者分成人数相同的两组或多组,手持接力棒进行短距离接力跑比赛,可以是面对面的接力跑,也可以是绕田径场地接力跑。

#### 3. 下坡跑

从一定坡度的高处向坡下跑,利用下坡跑的高速条件,提高步频和步幅,练习者要体会肌肉放松的感觉,注意坡度要适宜,不要太陡。

#### 4. 高抬腿

(1)原地高抬腿

教练员拍手打节奏,练习者听节奏变换高抬腿频率。

(2)原地高抬腿转加速跑

原地快速高抬腿,听到"跑"的口令后加速向前短距离跑。

(3)高抬腿跑

练习者高抬腿向前短距离跑。

### 5. 双摇跳绳

练习者手持跳绳站好，当听到"开始"的口令之后，运动员应以最快速度进行双摇跳，记录练习者45秒双摇跳的次数。

## （二）灵敏训练常用方法

### 1. 十字跳

练习者两脚并拢站在起跳线后，当听到"开始"的口令后，跳入"1"号区域并面向"2"号区域，再以最快速度跳入"2"号区域并面向"3"号区域……按1、2、3、4的顺序循环进行，记录顺序正确、不踩线且方向正确的1分钟跳动次数（图4-5）。

### 2. "8"字踩点

平整场地上滑移"8"字图形，开始前，运动员站于D处，听口令后用并步按DA → AB → BC → CD → DC → CB → BA → AD 移动，再重复，计其所需时间。移动时必须踩到点上，否则不予计算（图4-6）。

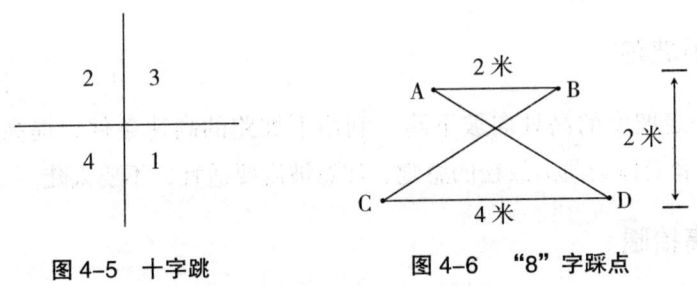

图 4-5 十字跳　　　　图 4-6 "8"字踩点

### 3. 绕台跑

4~5人围绕球台，听到"开始"口令后逆时针追逐跑，听到"交换"口令后变顺时针追逐跑，后面的人追到前面的人时用手拍其后背，被追到者退出游戏，剩下的人重新站好，听到"开始"口令后继续游戏直到剩下1人为止。

### 4. 绕台击球

4人一组，沿球台跑动，轮流击球。在限定时间内，两组可进行击球板数的比赛，击球板数多者为优胜。

## （三）速度、灵敏训练应注意的问题

①乒乓球运动员所需要的速度和灵敏素质密不可分，应结合起来进行练习。
②练习任何动作都应高速完成。
③练习的持续时间最好在30秒左右。
④负重练习时，重量不宜过大，应控制在自己最大力量的40%~60%。
⑤重复练习应有足够的间歇时间，以使运动员能够在体力基本恢复的情况下进行下一组练习，从而保证练习的质量，达到练习的目的。
⑥速度、灵敏练习应安排在练习课的前半部分，最好在耐力练习和力量练习之前进行。
⑦速度、灵敏练习应循序渐进。
⑧内容的选择及负荷的安排应根据运动员的年龄、特点、性别、打法类型、身体素质水平等综合考虑，做到区别对待。
⑨训练内容应重点突出，兼顾一般，并在打好一般速度、灵敏素质的基础上，重点突出专项速度和灵敏素质。

# 三、耐力素质训练

目前一局乒乓球比赛需要5至7分钟，去掉捡球等时间，纯粹的比赛时间在3分钟左右，因此，可采用3分钟，最多5分钟的各种步法练习、徒手练习、多球练习（或2分钟的高强度的多球练习），可以有效地提高运动员的专项耐力。

## （一）耐力训练常用方法

### 1. 多球间歇训练

练习者进行多球训练，练习强度大，喂球速度较快，每组练习时间2分钟，严格控制间歇时间，一般心率恢复到120次/分便进行下一组练习，间歇时进行积极性休息，总的练习时间需30分钟以上。

### 2. 3000米跑、1500米跑、1000米跑、800米跑、50米×10折返跑

教练员可以根据运动员的年龄、性别及训练水平选择不同距离的跑步，用以发展运动员的有氧耐力。

### 3. 步法练习

规定步法练习，负荷强度为80%~90%，每组练习时间为1~2分钟，间隔时间为2~3分钟，每次练习3~5组。

## （二）耐力训练应注意的问题

①现代乒乓球比赛的强度较大，特别是比赛的最后几天，且在几个单项比赛均进入第二阶段时，更需要运动员有较强的抗疲劳能力和恢复能力。

②练习时应根据练习的目的安排负荷强度，有氧耐力降低负荷的强度，增加练习量，无氧耐力则相反。

③运动员的意志品质在耐力练习中的作用不可小视，因此应做好运动员的思想工作，并注意培养运动员的意志品质。

④耐力练习应安排在练习课的后半部分，最好在速度练习、力量练习和灵敏练习之后进行。

⑤耐力练习应循序渐进，练习内容的选择及负荷的安排应根据运动员的年龄、特点、性别、打法类型、身体素质水平等综合考虑，做到区别对待。

⑥训练内容应重点突出，兼顾一般，并在打好一般耐力素质的基础上，重点突出专项耐力。

# 四、拉伸训练

拉伸分为主动拉伸和被动拉伸。主动拉伸是指主要依靠肌肉的力量使动作保持在一个固定的位置上，主动拉伸可以增加拉伸肌群的柔韧性及收缩肌群的力量；被动拉伸是指利用自身的体重或外力将肢体保持在一定的伸展位置。拉伸训练是发展柔韧素质的有效方法。

## （一）颈部肌肉拉伸方法

通过抬头、低头、转头、倒头使得颈部前侧、后侧、左侧和右侧的肌肉进行拉伸，也可以用手辅助练习，适当加大拉伸的强度（图4-7）。

图4-7　颈部肌肉拉伸

## （二）上肢肌肉拉伸方法

### 1.三角肌拉伸

**（1）三角肌前、中束拉伸**

将毛巾卷成轴放于左腋下，左手背于身后，肘关节弯曲，右手握住左手腕关节，将背后的左手向右拉伸，躯干不得弯曲，两手交替进行练习（图4-8）。

图4-8　三角肌前、中束拉伸

### （2）三角肌后束拉伸

两脚开立与肩同宽，左臂向前伸直，右臂屈肘卡住左臂的肘关节并向右肩方向拉，双肩保持水平，两手交替进行练习（图4-9）。

图 4-9　三角肌后束拉伸

### 2. 肩部肌群拉伸

两脚开立与肩同宽，两手分别握住按摩棒或者毛巾两端并置于体后，右手在上、左手在下，右手向上拉或左手向下拉，两手交替进行练习（图4-10）。

图 4-10　肩部肌群拉伸

## 3. 肱二头肌拉伸

身体直立，双臂伸展，双手十指相扣于体后，掌心向下，双臂保持伸展，上举至最大程度（图4-11）。

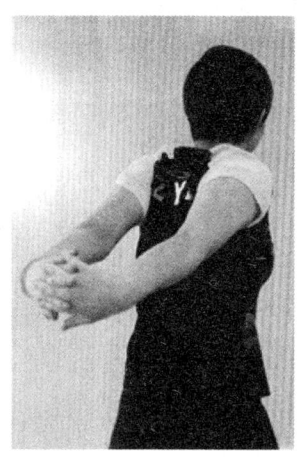

图4-11　肱二头肌拉伸

## 4. 肱三头肌拉伸

身体直立，左臂上举，肘关节弯曲，前臂置于头后，右臂上举屈肘，右手握住左臂的肘关节，然后向下方拉伸，两手交替进行练习（图4-12）。

图4-12　肱三头肌拉伸

## 5. 前臂肌肉拉伸

**（1）前臂屈肌群拉伸**

左臂向前伸直，掌心向上，右手握住左手的手指向后下方拉伸，左臂肘关节保持伸直，两手交替进行练习（图4-13）。

图 4-13　前臂屈肌群拉伸

**（2）前臂伸肌群拉伸**

两手手掌朝外，掌背相对，前臂呈水平，两手手背互相用力压（图4-14）。

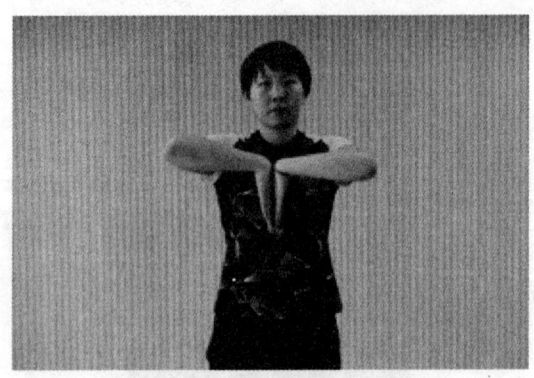

图 4-14　前臂伸肌群拉伸

## （三）躯干肌肉拉伸方法

### 1. 背阔肌拉伸

右臂伸直置于颈侧，左手握住右手将右臂向左侧拉伸，同时身体也向左侧弯曲，两臂交替进行练习（图4-15）。

图 4-15　背阔肌拉伸

### 2. 躯干侧部肌群拉伸

两臂上举与肩同宽，两手握住毛巾，身体向左右两侧弯曲至最大幅度，充分拉伸躯干侧部肌群，左右交替（图4-16）。

图 4-16　躯干侧部肌群拉伸

### 3. 脊柱周围肌肉拉伸

两脚开立与肩同宽,两臂侧平举,身体以脊柱为轴向左、右方转动至最大幅度,两脚保持不动,左右侧交替进行(图4-17)。

图4-17 背拉周围肌肉拉伸

## (四)下肢肌肉拉伸方法

### 1. 抬腿提踵向前走

两脚并拢,身体直立,两臂自然置于体侧,右腿向前迈步并屈膝上提,双手抱膝,大腿尽量向胸部靠拢,左脚提踵,躯干保持正直,充分拉伸臀部肌肉,然后右脚向前迈步,左腿做相同的练习(图4-18)。

图4-18 抬腿提高踵向前走

## 2. 髋外旋提踵向前走

两脚并拢，身体直立，两臂自然置于体侧，右侧髋外旋向上提腿，双手抱住小腿和踝关节，大腿尽量向胸部靠拢，左脚提踵，躯干保持正直，充分拉伸臀部肌肉，然后右脚向前迈步，左腿做相同的练习（图4-19）。

图 4-19 髋外旋提踵向前走

## 3. 屈膝提踵

两脚并拢，身体直立，两臂自然置于体侧，左腿小腿向后抬起，双手抓住左脚向上提，左脚尽量靠近臀部，右脚提踵，躯干保持正直，充分拉伸大腿前群肌肉，两腿交替进行练习（图4-20）。

图 4-20 屈膝提踵

### 4. 向前踢腿走

两臂上举,身体保持正直,一条腿向前踢的同时双手下落碰脚,踢腿时腿尽量伸直,脚尽量靠近头部,脚落地时向前迈步,双腿交替练习(图4-21)。

图 4-21 向前踢腿走

### 5. 弓步向前

双手抱头,身体保持正直,左腿屈膝向前跨步并下蹲成弓步姿势,左腿膝关节不要超过脚尖,两条腿交替练习(图4-22)。

图 4-22 弓步向前

## 6. 横向弓步

双手抱在胸前，身体保持正直，左脚向左跨出并下蹲成侧弓步姿势，左腿膝关节不要超过脚尖，两条腿交替练习（图4-23）。

图4-23　横向弓步

## 7. 弓步体前屈

从站立姿势开始，左腿向前跨步成弓步姿势，大腿与地面平行，小腿垂直于地面，膝关节不要超过脚尖，上体前倾，右手撑地，左臂屈肘，于左脚内侧下压并尽量接近地面，右腿向前一步成站立姿势后右腿再进行练习（图4-24）。

图4-24　弓步体前屈

### 8. 手足前走

从俯卧撑姿势开始,两手固定,双脚向前走,直至靠近双手,然后两脚固定,双手向前爬,直至成俯卧撑姿势,手脚交替向前走。也可以换方向,手足向后走(图4-25)。

图4-25 手足前走

### 9. 前后摆腿

一手扶固定物体,右腿支撑,左腿前后摆动,支撑腿保持伸直,动作幅度逐渐加大,两腿交替进行练习(图4-26)。

图4-26 前后摆腿

## 10. 横向摆腿

双手扶固定物体，右腿支撑，左腿左右摆动，躯干保持正直，侧踢腿时支撑腿保持伸直，动作幅度逐渐加大，两腿交替进行练习（图4-27）。

图 4-27　横向摆腿

### （五）拉伸训练应注意的问题

①错误的拉伸会造成麻烦，最好在教练的指导监督下进行。
②拉伸应在热身后进行，如慢跑后。
③拉伸时均匀用力，在肌肉被逐渐拉长的过程中呼气，并保持放松。
④拉伸时应在肌肉感觉紧张时停止，无明显疼痛，应注意循序渐进增加强度。
⑤拉伸时应注意身体姿态正确，并保持对抗肌肉放松。
⑥长时间的拉伸运动能降低肌肉的力量，应避免在静态拉伸后立即参加爆发力训练。
⑦不能对骨折、扭伤、感染发炎的部位进行拉伸。

## 五、身体训练的注意事项

①专项素质是对乒乓球运动员的运动成绩起主要作用的身体素质，但如果教练员只重视这些身体素质的训练，而忽视全面身体素质的提高就会事倍

功半，甚至产生相反的作用。因此，青少年运动员必须要在全面身体素质训练的基础上，逐渐增加专项身体训练的内容。

②目前身体素质的训练水平对乒乓球运动成绩的影响越来越显著，特别是对高水平运动员，因此，广大教练员、运动员一定要扭转那种只重视技术训练，忽视身体素质训练的错误观念，从少儿运动员抓起，为运动员攀登世界高峰打好坚实的基础。

③选择身体训练内容时一定要考虑运动员的年龄特征和发育状况（表4-4），同时还要符合运动员目前身体训练的程度，并注意运动量、运动强度的循序渐进及其节奏性，过大、过小的运动负荷都不利于身体素质训练水平的提高。

表 4-4　身体素质快速增长表

单位：岁

|  | 女生 | 男生 |
| --- | --- | --- |
| 速度 | 11~13 | 12~15 |
| 速度力量 | 11~13 | 12~15 |
| 绝对力量 | 11~14 | 12~15 |
| 相对力量 | 12~13 | 13~15 |
| 反应速度 | 9~14 | 9~14 |
| 动作速度 | 11~13 | 12~15 |
| 专项耐力 | 11~13 | 12~16 |
| 有氧耐力 | 11~13 | 12~16 |

## 第九节　心理训练

"心理"是个体对客观物质世界的主观反应，既然是主观反应，就不是客观物质世界的全部。因此从广义上讲，乒乓球的心理训练就是有目的、有意识地对青少年施加正面影响，进而使青少年能够从容面对客观物质世界的全部；从狭义上讲，乒乓球的心理训练就是一个采用一定的方法和手段使青少年能够对客观物质世界的积极、阳光、上进的方面产生主观反应，逐渐形成良好心理状态，包括自信、乐观、坚持、专注和注意转移等的过程。

# 一、通过系统训练打造"坚强的心"

将乒乓球的心理训练融入运动员日常训练安排和要求中去，打造运动员的强大内心，使之遇到困难决不动摇，通常可以从以下几个方面入手。

## （一）补"短中长"——提升心理安全感

中国乒乓球队成功的经验是"特长突出、技术全面、没有明显漏洞"。如果运动员技术上存在明显漏洞，在比赛中他就会缺少心理上的安全感，自信心也就失去了支撑，所以通过训练弥补技术短板是满足心理安全需求的必由之路。人们常说"取长补短"，但是在实际训练的操作中，补短不是单纯模仿，而是要选择适合自己的方法，同时也不应奢望将短处补成自己的长处。弥补短板通常是通过学习新技术和改进已有技术的过程来实现的，补短的切入点一般要从补"短中长"做起。所谓补"短中长"，就是从需要弥补的技术短板中挑选出最简单易行的技术补起，迅速取得进展，尽快建立稳定的心理体验，使自己在比赛对手面前轻易不露破绽，使对手一时找不到直接的得分点，解除了短板的后顾之忧，进而可以全力寻找对手的破绽，伺机战而胜之。

前国手王燕生是左手横拍快攻结合弧圈的打法，他的反手近台快攻威力很大，但是由于握拍法偏于反手的缘故，致使正手挑打台内下旋短球一直是他的短板。如何补短？教练员帮助他选择了比较容易的补短思路——不是一味地要他练习难度大的挑打技术，而是区别来球，对于不易挑打的下旋短球采用快搓摆短技术。对王燕生来说，练好正手搓短球比勉强挑打下旋球自然要容易得多。因此经过不多时间的训练，他已经熟练地掌握了正手搓球摆短技术。此后的比赛中，除了正手挑打不转短球之外，他还能用搓球摆短控制对手的下旋短球，不给对手轻易进攻的机会。接球失误减少了，对手再也不容易抓到他的"短处"了，有了心理安全感，自信心也得到大大提升，他的比赛成绩越来越好，在后来还夺得了对接发球要求很高的全国混合双打冠军。

## （二）练"长中短"——强化自信心

"扬长避短"是强化自信心理的过程中最为重要的思路，因为特长技战术是克敌制胜的利器，也是建立强大自信心理的物质基础。如果能在比赛中把自己的特长发挥得淋漓尽致，必将使对手处于疲于应付的被动局面，那么自己的短处自然也被很好地避开了。因此教练员在训练中，尤其是赛前训练阶段，"扬长"训练是必须要做的一个重要安排。这样做的一个重要目的就是要让运动员在特长训练中，反复体验自己的"成功"，从获得更多的正面心理体验中建立起实实在在的信心。

进一步发扬自己特长技战术的切入点必须从"细节"入手，要从特长中找出相对的短板加以锤炼——改善"长中短"，将特长练得精益求精。

北京的中学生运动员小李是一个近台快攻型选手，他出手快，击球弧线低，无论是反手还是侧身进攻都擅长打直线。为了进一步发扬他的快攻特长，教练员决定让他加练一板进攻中路的技术。因为进攻直线固然速度快，但是如果作为一种习惯被对手抓住，对手的反击球也会十分突然和快速，这就是他特长中的短板。小李面对这样的新要求，开始还不习惯，因为对手一直在移动中，进攻其中路的线路也会随之变化。他必须学会随时判断，随时改变，这可不像打直线那么简单。不过经过一段训练他开始掌握了这项技术，并能和他的直线进攻特长熟练结合。特长的进一步发扬，使他信心倍增，在全国中学生运动会的团体比赛中，他保持了一场不输，为北京中学生队夺得男子团体冠军立下了头功。

### （三）通过"坚持"训练——磨练意志力

"明知不行也要坚持！"这就是中国女排在训练中一贯强调的精神。从心理学的角度看，"兴趣"只是入门的导师，但不能保证运动员走向成功。真正能帮助他们成功的导师其实是"意志力"，也就是坚持能力。因为意志力是推动个体为实现奋斗目标，并且持续努力行动的心理内部动力。培养青少年的意志力，锻炼意志品质——即使是在大讲"人性化"的今天，也是教练员绕不开的课题。

锻炼意志力必须先树立一个有一定难度的目标，要求受训者坚持到底，必须实现目标！特别是在他们越是感到不行的时候，就越是要求他们再坚持一下！并且一定要以最终实现的某种"成功"为这一坚持的心理活动过程画句号。只有让运动员多次获得坚持后即可实现成功的正面心理体验才能实现意志力的提升。教练员应该在这一训练过程中全程"陪伴"，并在他们遇到困难的时候激励他们，教给他们适当的方法，帮助他们最终实现目标。

国家队刘国梁教练在训练马琳时经常会给他提出一些挑战性目标，例如，让他和他认为最难打的对手比赛，还得每局先让对手两分，如上午不能获胜，下午还要打，下午赢不了，晚上接着干，目标实现不了要受到惩罚，目的就是要锻炼他的意志力。

当然，教练员也不能提出大大超出他们承受力的目标，更不能提出无理的目标。因为这样做不仅无助于增强他们为之努力的心理动力，而且会最终因为没有成功结果的收场，挫伤了他们的自信心，还会连带损害教练员的威信。

## （四）提高"专注聚焦"和"专注转移"的能力

"专注"是心理活动过程中指向和聚焦于某种事物的能力，也是保证获取"成功"的必要心理素质。聚焦于当前专注的目标和适时转移专注的目标是心理活动的两个重要方面。从整个竞技状态形成的心理过程来看，在提高技术的阶段，需要将专注聚焦在对技术的理解和自己的用力体验上，此时的训练要求运动员将专注的重点放在自己的个人体验上；随后进入战术训练或比赛对抗阶段，运动员应该转移自己的专注方向，将专注的重点聚焦在自己的战术效果和对手的意图状况上，此时专注的重点是对手。因此教练员不仅需要聚焦运动员的专注，而且要适时地转移他们的专注，始终让专注指向正确的目标。

小李是一个爆发力很好的左手运动员，经过一段训练，她的加转弧圈球进攻技术有了明显的提高，但是她在参加甲C比赛时运用的效果却很不好。她拉的加转弧圈球经常被对手快速压了回来，打得十分被动，到后来甚至影响了其他技术的发挥，为此她十分郁闷。在总结会上，大家对她的击球时间提出质疑，认为都是因为拉球下降期惹的祸，但是她的教练员经过分析却认为主要原因出在她的注意力分配上，因为她在那次比赛中还是像训练一样，将注意力专注放在自己的击球动作用力上，没有观察对手的站位，所以拉球经常"撞墙"。为此在中运会集训的最后那段时间里，教练员专门为她安排了注意力转移训练，要求她将注意力从专注自己动作技术上转移到判断对手站位和战术意图上。如发现对手靠近球台时，就要求她抢高点击球拉前冲弧圈球，迫使对手后退回击；如发现对手离台时，就要求她放慢节奏，在来球的下降前期击球，拉她的加转弧圈。经过一段注意力专注转移的训练，她在中运会和全国中学生锦标赛中发挥得十分出色，她的弧圈球进攻技术成了她的主要得分手段，帮助她夺得混双和单打的冠军。

## 二、通过打赢比赛锻造"自信之心"

从某种意义上来讲锻造"自信之心"是青少年乒乓球训练、比赛的起点和终点。自信是他们成长与成才不可缺少的重要的心理品质。在心理学中，自信心就是对过去获得很多成功经验的结晶。自信感关心的不是自己具有什么技能，而是自己用其拥有的技能能够做些什么。因此通过比赛帮助青少年利用他们现有的技战术，尽可能多地打赢比赛是锻造"自信之心"最直接有效的方法。

### （一）发扬"长处"——提升自信

赛场上教练员必须帮助运动员建立强大的自信心，信心就如战刀，战场上的士兵，不仅要抽出战刀，而且要亮出自己的刀锋，将刀锋对准敌人。运动员在比赛场上的信心就来自他们自己的"得分手段"，这就是他们的"刀锋"！

虽说"存在决定意识"，艺高人胆大，但是有些运动员还是当局者迷，特别是不太成熟的青少年运动员，他们经常会在紧张、兴奋的环境下找不到"北"。心理学有一句话："人们看到的东西，都是他们想看的。"教练员在比赛中就是要引导孩子们看到他们应该看到的东西——他们用以克敌制胜的"刀锋"。

那年北京的一所中学乒乓球队参加了在湖北黄石举办的全国乒乓球俱乐部甲C比赛，其教练员因故直到比赛开始的当天晚上才赶到，这时队员们已经输掉了一场比赛。教练员问队员小李："你打得怎么样？"她回答说："打得不行。"教练员又问："你赛前不是练得挺好吗？"小李嘟囔着回答说："练的东西总打不出来，有时打出来也不管用。"看着她一副没有信心的样子，教练员知道她的问题是找不到自己的"得分手段"了，于是就问她："比赛取胜主要靠什么？是靠自己得分？还是靠对手的失误？"她回答说："当然要靠自己得分。""你靠什么得分？"教练员接着问，"发球抢攻、正手弧圈、反手进攻……"她罗列了好几项。听到她的回答，教练员故作惊讶地问道："你有这么多得分手段为什么还会输球？"这一问让她语塞了。教练员见她开始思考了，于是就帮助她分析说："在与对手水平接近的比赛中，你不可能有这么多手段都比对手强。你的左手强，即使两只手都会打球，你必然也会选择左手握拍上场，因为这是你唯一的强项。用这种思维分析，你只能有一项最强的手段才能称之为'特长'，既然是特别的长处，你就只能有一项。"教练员接着补充说："特长就好比是你的'刀锋'，既然你面对对手，就不仅要找到你的武器——刀，而且要拔刀相向，也就是将刀锋对准对手。"听了这些分析，她似乎有所触动地说："反手进攻应该是我的长处。"这次她说对了，小李是一个左手持拍运动员，她的进攻力量大，特别是反手进攻出手快，斜线角度大，能给对手造成巨大威胁。经过这次分析，她开始将自己的注意力聚焦在反手的进攻上了，比赛中教练要求她：尽量多用反手进攻，稍有机会就大胆上手，而且先打斜线；如果遇上不适合反手进攻的球，尽量不要后退，要在台上压低弧线控制回球，等待有反手机会再大胆进攻。思路的调整使她逐渐找到了自己的"得分手段"，她的比赛越打越顺，信心越来越足，即使面对强手也不怯场。这正是亮出"刀锋"，有恃无恐！她在黄石的比赛成绩也从开始输得多，到后来居然赢多输少。在两个月后的全国中学生运动会和全国中学生乒乓球锦标赛上，她先后夺得了混合双打冠军和女子单打冠军。

## （二）寻找"弱点"——增强自信

自信心有一个独特性，就是表现为超越别人。要想超越比赛中的对手，就必须尽快寻找到对手的软肋，抓住对手弱点就会信心百倍。教练员在临场指挥时必须帮助青少年尽快找出对手的"弱点"。千方百计找"弱点"，可以说是教练员临场帮助他们树立信心的关键。所谓"千方百计"，就是要确信，即使是再强大的对手，也必定有他的"软肋"，作为教练员必须有能力帮助运动员发现它。

那年夏天，日本青森的中学生乒乓球队来北京交流。青森是日本著名的乒乓球训练基地，这些日本中学生比赛起来不仅拼劲十足，而且打法很有特点，特别善于利用正反手挑打台内球将后面的连续进攻十分流畅地衔接起来。由于对方总能抢先上手，上午的比赛他们竟与北京的中学生打得不分胜负。比赛下来后，北京的学生都反映找不到对方的弱点，感觉打得非常吃力。回顾比赛的过程，对手的确没有暴露出什么明显漏洞，但是没有"暴露"不等于没有！下午的比赛再次开始，教练员告诉学生们，对手的特点是擅长利用挑打台内球发起进攻，弱点恰恰也是台内球挑打！因为这是他们的习惯，"习惯"就是弱点！况且他们的台内挑打技术虽然熟练，但是突然性不强，只要我们坚决不退，等着抢攻他们的"台内挑打球"，这就是我们的机会！找到了对手的"弱点"，下午的比赛果然发生了很大的变化，局势一边倒，北京的中学生最终以大比分领先的优势战胜了对手。而对手却越打越乱，再也没有上午的气势。这次比赛的前后变化说明了一个问题，只要千方百计地寻找，对手的弱点一定存在，只不过，有时候"弱点"隐藏在"特点"的背后。

当然这只是一场比赛，胜负结果本不那么重要，但是在激烈的角逐中，正是教练员帮助孩子们增长自信之心的好机会。让他们学会即使在被动不利的时候，也能千方百计找出对手的"弱点"，超越对手，多打胜仗，积累了更多的成功经历，进而锻造强大的"自信之心"，必定会使他们终生受益。

## （三）激励斗志——积累自信

如何使青少年在比赛过程中不断地超越自己，不断地积累更多的自信心，"激励"是有效的方法。激励——指持续地激发人的动机和内在动力，使其心理过程始终保持激奋的状态，鼓励他们朝着期望的目标采取行动的心理过程。所以教练员应该采取各种方法，充分利用青少年一切内心中要争取的"愿望"，激励他们的斗志。

那年北京市组建中学生女队准备参加南京举办的全国中学生运动会，其中有两个主力运动员：一个是技术好、个性强但是情绪不稳定的小满；另一个是技术特点鲜明，且自觉性和责任心都较好的小钟。教练员需要在很短时间将这两个主要运动员迅速调整到最佳状态。鉴于改变青少年的心理活动特征不是一朝一夕的事，到了赛区，教练员觉得对小满采取"冷激励"的措施，所谓"冷激励"就是没有"肯定"和"表扬"，给她的只是频繁地"叮嘱"，不断地"提醒"表达教练员的"担心"；与此同时故意把更多的"热激励"，诸如"肯定"与"表扬"的话语给了小钟，公开表达教练员的"赞赏"，意在说给小满听。这种故意制造的"反差"，造成了她俩"冷"与"热"的不同心理感受。此举强烈地激发了小满的争胜之心，发挥了少见的拼劲与良好的技术状态，取得突出的战绩，确保了北京女队最终登上了团体第3名的领奖台，实现了赛前的预定目标。在载誉而归的火车上，小满埋怨教练员说："难道我的表现还不够好吗？为什么您总表扬她（小钟）而不表扬我？"此刻，教练员会心地笑了，并立即当众真诚地肯定了她的成绩与表现，给了她真心的赞美。事后有人问：这样的做法难道不怕队员不配合？教练员的回答是：在这样的"重大赛事"上，首先应该相信每个入选者的"上进心"，其次在实施"冷激励"时，当然也要注意说话"分寸"，留有回旋的余地，最终激励她们打赢比赛，获得成功的心理体验，积累更多前所未有的信心，或可成为他们人生的转折点，这时再回顾过程中的"折磨"，相信每个人都会将其视为创建自信人生过程中的财富。

## 三、通过团队氛围管理营造"四心"

乒乓球是一个相互对练的项目，虽然上场决胜的只是那一两个人，看似是一个人拼搏的孤胆英雄，但是背后的训练与准备却需要诸多人的配合，群胆英雄的士气状态同样是影响场上青少年竞技状态的重要因素。因此打造"四心"的过程，就是打造相互协调一致的个体"志气"与整体"士气"的过程。

### （一）激励上进心——活在"希望"里

在团队管理中激励"上进心"的方法是在力所能及的范围内与运动员共同制定一个更高的目标，通过努力实践，共同体验成功的喜悦，从而建立积极的人生心态氛围。教练员不仅需要经常将比赛任务传达给所有运动员，而且特别需要在私下里与他们进行一对一的倾情交流，在交流中表达殷切的期望和真实的信任，这些都是激励"上进心"的有效的方法。

有这样一个例子，一次训练课上教练员发现小郭没在训练场，听学生说，她去洗手间了。过了好久没见她回来，教练员急忙打手机联系她，过了半个多小时小郭才慢慢吞吞地回来。经过再三追问，才知道她原来躲到校园角落的厕所里看手机小说去了。其实小郭是个有潜力的选手，小学时她曾获得过全国少年儿童乒乓球总决赛的单打前3名。可是自从她进入中学后总是不能专注训练，教练员一直在关注她，希望能找到其中原因。这一极端事件的发生，提供了解决问题的契机。分析她因为看小说竟然忘记训练的经过，教练员判断她一定是丢失了上进心，因为只有失去了对高目标的追求，才会失去参加训练的动力。为此教练员没有简单地批评她，而是和她进行了倾情交流，和她谈起今年即将参加全国中学生乒乓球锦标赛的目标，谈起明年对她可能代表北京参加全国中学生运动会的憧憬，谈起学校的同学在历次全国比赛上的优异表现和取得的成绩……在交流中教练员不时对她发问，启发她把自己摆进去，充分表达了教练员对她的殷切期望。这样的交流触动了她，最后小郭告诉教练员说，她很想参加即将在保定举行的"郗恩庭杯"乒乓球比赛，可是她妈妈没有给她报名，希望教练员能帮助做她妈妈的工作，争取能给她补充报名。教练员答应了她的请求，当即联系她母亲，并取得了支持，剩下的问题就是能否补充报名了。离截止报名日期只有几天了，可是负责报名的教练员请假不在。得不到确切答复的小郭心急如焚，在截止报名的最后一天里，她竟给教练员连续打了三次电话，催问补充报名的结果。面对她这样的态度转变，教练员不由得心中暗喜——树立了目标，就有了上进心，一个心中充满希望的小郭，居然变得如此大不一样。事情发展还算顺利，补充报名终于成功了。十几天之后，小郭从保定比赛回来了。带队的教练员反映说，小郭与队友共同努力夺得了女子甲组团体第3名，她个人也获得了单打第5名，她表现出的上进心得到了大家的一致肯定。

## （二）建立自信心——相信"成功"

在团队管理过程中，建立"自信"的方法不仅需要帮助受训者获得技战术实实在在的进步，并且还要帮助他们认识到自己已经拥有的"实力"能够做成什么！前者是为了帮助他们打造"艺高人胆大"的物质基础，后者是为了帮助他们建立"胆大艺更高"的强大精神。因此教练员在训练或比赛中要赏识受训者的点滴进步，要积极寻找即使是偶然的案例，也要放大声音对他们说："你做到了""你能行！"用肯定的话语放大他们的进步与成功，创造自信的训练氛围。教练员要用诸多微小甚至偶然的成功做"诱因"，经过鼓励与赏识的方法去"浇灌"，最终结出大面积坚定自信的"硕果"，这就是"自信"人生不断由因到果的良性心理循环过程。教练员特别要注意用他们自己的点滴成长，来克服他们自己的现实不足与精神惰性。在不断积累每个人微小成功的过程中，最终将他们打造成为一个充满自信，且完全不同于他人的独立群体，这才是最有效的方法。

那年一位教练员从前任教练员手中接过了小南等几个学生，她们原先的那个班解散了，其中几个成绩好的学生已经被选拔到北京队去了，但是面对剩下的这些所谓"二流"学生，教练员依然认为还有潜力可挖，然而当务之急是要迅速帮助她们建立能够继续提高的信心。于是教练员决定从帮助她们分析各自的特点入手，根据她们各自特点设计不同的技术发展方向和个性化自我发展目标。在与她们的互动过程中，刻意让她们感受到教练员的"期望"，利用"期望"的暗示，让她们逐渐建立对自己的"信心"；另一方面，在提高技术的过程中，用了大量鼓励的方法，让她们看到自己的进步，帮助她们实现"自信"的因果转换。经过一年的努力她们都有了明显的进步，北京市的比赛开始了，团体比赛中她们顺利地进入了决赛。决赛的对手非常强，对方的小崔是夺得了全国少年单打亚军的超级强手。以当时的实力来看，这几个队员还不是她的对手，但是要拿团体冠军，必须保证全部战胜另外两名选手，不能有一丝失误。考验她们信心的时候到了。准备会上，在教练员详细分析了对手情况之后，小南突然冒出了一句话："我们该拿冠军了。"突如其来的这一句话，瞬间引起了伙伴们的共鸣，这是她们发自内心深处"自信"的表达。果然她们在比赛中发挥得非常好，虽然让对方的小崔拿了两分，但是完胜另外两个对手，竟然一局未丢。这一战，她们不仅以3：2夺得了自己的团体冠军，而且以自己的胜利成果，建立了她们面对未来继续超越自我的信心。后来就是这个小南因为独特的两面弧圈球进攻打法被破格入选北京乒乓球队，成为了一名优秀的运动员。

## （三）爱护自尊心——感受"被爱"与"自爱"

自尊心形成的诸多因素都与外在环境有关，教练员需要创造这样的环境，让青少年感受到自己爱他们，对他们充满了期望，进而启发他自爱，让他们能够把握自己，并感受被尊重；教练员要经常向他们表达自己的赞赏和感谢，让他们增加对集体的归属感，并凝聚在自己的周围。教练员还要鼓励他们多尝试，适度地评价和夸奖他们的成绩，并给他们提供为集体做贡献的机会，培养他们的自我价值感；教练员要将帮助他们树立远大的理想作为重要的工作，并引导他们将眼前的行为与长远的目标联系起来，追求更高的人生价值。

同时教练员切忌用尖刻的语言，讽刺挖苦青少年；不要用别人的优势去比较他们的不足；不要把他们的感受不当回事或把他们的意见当"耳旁风"；更不能滥施权威。遇事教练员应率先承担教育的责任，尽量不要当众惩罚他们或让他们丢脸，避免伤害他们的自尊心，使之产生自卑感，进而丧失自信心，甚至进入破罐破摔的恶性心理循环。爱护青少年的自尊心，培养他们正确的价值观，利用良性的自尊情感过程和良性的自爱心理活动过程，在集体中创造良性互动氛围，对青少年形成健康心理过程是非常重要的。

　　那年北京的一所中学承办了全国中学生乒乓球锦标赛，作为东道主学校的女子高中组代表队，在争夺前8名的比赛中败下阵来，比赛输得很难看，其中一个重要原因是主力队员小李在赛场上因为闹情绪输了两场不该输的球。面对这一情况，为了打好后面的单项比赛，他们立即召开了全队会，教练员从担负起集体责任的角度对小李进行了严肃的批评。其实小李平常是一个表现不错的孩子，只是因为在这场关键比赛的出场人选问题上与主管她们的教练员产生分歧而闹起了情绪，但是不管怎么说，比赛场上闹情绪，导致全队输球总是错误的。可是就在教练员批评的话刚刚说完，主管她的教练员或许是因为气恼不过，当众对她说了一句重话："你这个孩子，就是平时叫人们给惯坏了！"听了这句话，气氛一下子就紧张了，采用严肃的批评向她施加压力的做法，还是寄希望她能打好后面的单项比赛，因此教练员一直依据对她自尊心承受力的判断，小心地把握着施压的力度，尽量不要伤害她的自尊心。然而这句重话是一个涉及对她一贯表现的否定性评价，一下子就击穿了她自尊心的底线。果然小李接受不了，哭着下去了，晚饭也没吃，甚至不想再打后面的比赛了。面对这种局面，教练组立即展开了"自尊心"的挽救工作。第一个措施是请领队去做她的思想工作，从道理上说服她。第二个措施是联系她的家长晚上给她送饭，从情感上安抚她。第三个措施就是等待时机给她的自尊心"下台阶"。经过几番工作，第二天教练员估计小李的认识应该有些转变、情绪也开始平复了，于是利用单项比赛前的机会找她做了倾情的交流。谈话一开始，教练员率先承担了自己的管理责任，虽然她在比赛中闹情绪不对，但是也肯定了她积极推荐团体赛上场人选的行为是对集体负责之举，希望她能正确理解教练员的那些批评。因为教练员都希望能够帮助她抓住这次可能创造更好未来的人生机会。谈话中教练员刻意表达了大家对她的信任和善意，希望她能为培养她的集体多作贡献，并鼓励她将战胜挫折视为锻炼坚强人生的过程。这番交流不仅让她明白了教练员的一番善意，而且也抚平了她的心绪，重新建立了她的自尊感以及与教练员之间的信任。在接下来的单项比赛中，小李表现得非常出色，最后竟夺得了全国中学生乒乓球锦标赛女子高中组的单打第3名，实现了她个人的巨大突破。

## （四）强化责任心——认识到自己在集体中的重要性

作为教练员要率先树立对全队集体负责的责任心。记得一个运动员曾对他的教练员说："教练员的责任是提高全队的水平，而队员的责任是提高自己的个人水平。"全队整体水平的提高必然会为个人的发展提供坚实的平台，同时每个人的努力超越必将带动整个集体的提升。所以教练员应该理直气壮地宣明自己的态度，要求他们必须在承担共同目标责任的前提下，实现超越自我的各自努力，除此而外别无他求。

第11届中学生运动会的前夕，北京中学生乒乓球队接受了极具挑战的任务——要为北京代表团拿下50分，面对诸多困难，情况并不乐观。

困难一：这是第一次全部由北京中学在读学生组成的甲组代表队，而主要对手几乎都有专业运动员背景，对他们信息的了解基本是一片空白，更何况"业余打专业"在很多人看来都是天方夜谭，舆论氛围对此也不看好。

困难二：时间紧迫，他们只剩下一个多月的赛前集训期了，虽然甲组人选已定，但是其中一个主要队员小贺因为高考的缘故，已经连续半年没有系统训练了；另一主要队员小李因为在之前的甲C俱乐部比赛中战绩不佳，信心受挫，技术状况还在低谷。

困难三：由于参加之前的甲C俱乐部战绩不佳，队内引发了对前期训练方法的质疑与争论。教练员之间，教练员与队员之间产生了不小的矛盾，甚至无法相互配合。

困难四：原先负责组建乙组代表队的另一个学校因故突然不能参加。临阵要组甲、乙两个队，在这么短的时间里很难找到合适的运动员。

面对困难局面和任务挑战，只有高度强化"共同利益责任意识"才有可能团结起来应对这次代表北京的任务挑战。为此他们采取了如下措施：

首先必须在团队中统一认识——坚定地担负起组建甲、乙两个组的组队与比赛任务，为整个北京代表团承担责任。同时利用田忌赛马的战术思路，扬长避短，重新布局甲、乙两个组代表队的运动员人选。

其次重新分工教练员责任，提出"一荣皆荣、一损皆损"的口号，由总教练居中指挥，各位主管教练员分工合作，提高团队责任感和凝聚力。

最后是抓住重点运动员，逐一深入分析，为他们量身定制个性化训练计划，并安排了阶段检查、及时反馈措施。在具体的实施步骤中，将责任落实到每一个人和每一个环节。

经过大家的努力，一个具有高度责任感的团队终于建立起来了。在运动会期间，队内教练员之间团结协作，运动员与教练员默契配合；对外运动员斗志高昂，即使面对意外失利，亦能愈挫愈勇。团队的高度责任感转化成了强大的战斗力，最终实现了比赛成绩的重大突破。先后为北京夺得了甲组男子团体冠军和混合双打冠军，并在包括乙组在内的多项比赛中打进了前8名。比赛结束那天，乒乓球队为北京中学生体育代表团贡献了整整62分的总成绩，超过了代表团的优异线，以高度的责任感超额完成了任务。

# 第五章 训练组织

## 第一节 训练计划

任何种类的训练计划都是由准备部分、指导部分、实施部分、评定部分组成,各部分中包含的要素内容及它们之间的关系如图5-1所示。

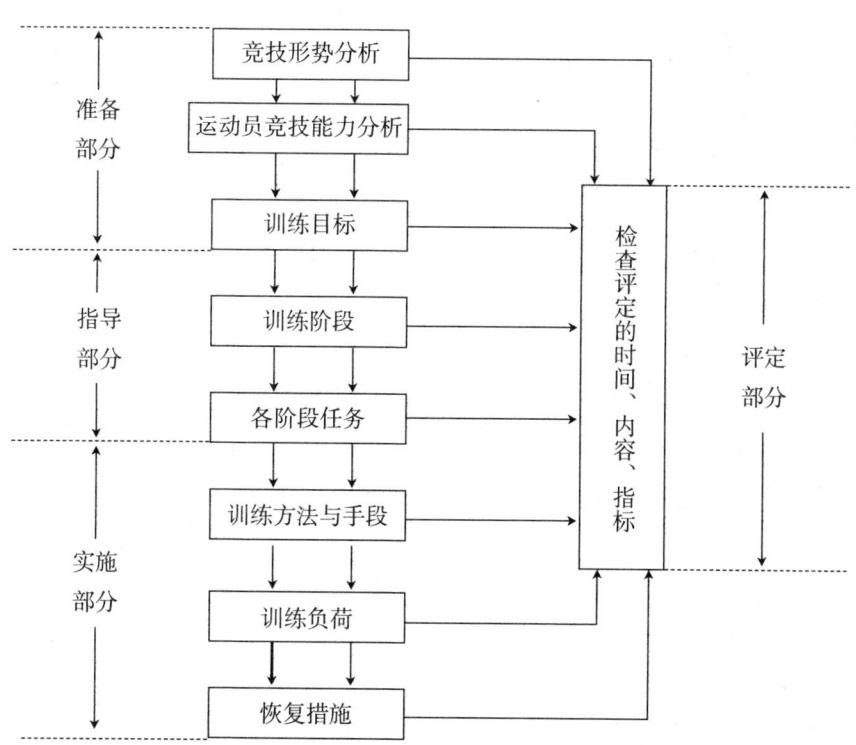

图 5-1 训练计划的基本内容及相互关系

# 一、竞技形势分析

## （一）国家乒乓球男队备战2012年伦敦奥运会竞技形势分析

奥运会是全球瞩目的最高级别的赛事，是强者的游戏，是人类竞技体育和我们事业追求的最高目标，至高无上，舍生忘死！奥运会代表着国家的综合实力，关系着国家和民族的荣誉。因此，它的社会效应是其他赛事所不可同日而语的！北京奥运本土作战，我们创造了不可复制的奇迹，历史把我们推向顶峰，如今更加成为众矢之的。平心而论，将北京、伦敦情况相对照，可谓是今非昔比，形势严峻，困难重重。对此我们必须清醒认识，否则就要犯下经验主义的错误。

形势上：规则屡经改变，初次报名提前，赛程先单后团，都打破了我们以往备战的节奏、习惯与模式，再加上世界诸强的日益壮大，他们平日精心研究，针对合练，战时围追堵截，强力冲击，从而延续了世界打中国的格局。

心态上：社会高度的关注，自我强烈的需求，气氛空前的紧张，责任沉重的压力，处理解决不当，都会造成严重的负面影响。

阵容上：我们由当年三大主力的众望所归，均处最佳使用周期，到如今的新老结合，火候未至，身存隐患，届时势必会面临着全新的挑战。

条件上：我队从北京天时、地利、人和的主场优势，到伦敦人地两生的异地作战，将面临着组织、操作的诸多困难和环境、场地、裁判、观众等诸多因素的干扰，它们均是对于我们处理突发事件能力的考验。

双打上：鉴于奥运团体赛的第三场是双打比赛，由于它在领先中可以扩大战果，平局中可以打开局面，落后时能够扭转颓势，因此在全局上发挥着承上启下的重要作用。但是由于旷日已久的竞争、参赛阵容迟迟未定，故使得参赛阵容的双打配对意识不强、能力不足、默契不够，这是需要我们在近期内集中加以突破的。

从以上的分析来看，隐患随处可见，务必引起我们高度重视，否则处理不当都会影响到我们的心态和发挥。对此，我们应在战略上坚定信念，全力调动，势在必夺；在战术上审时度势、防微杜渐、有备无患，这是国家乒乓球男队对备战2012年伦敦奥运会竞技形势做出的宏观判断。

## （二）国家乒乓球队备战2004年雅典奥运会男子双打实力分析

雅典奥运会双打项目主要对手在亚洲，韩国金泽洙/吴尚垠、柳承敏/李哲承，中国香港李静/高礼泽，中国台北蒋澎龙/庄智渊等几对双打对我们威胁较大，特别是韩国两对双打曾在2002年亚运会中战胜我们获得冠、亚军。韩国在雅典奥运会上一定会重点抓双打项目，包括中国香港也会以双打项目为突破口，所以我们必须高度重视应对挑战。

除技战术能力外，规则和竞赛规程的变化也给我们制造了很大麻烦。无遮挡发球规则实施后，目前裁判判罚的尺度不统一也不规范，已经出现人为因素的状况，奥运会中很可能对我们采用更严厉的判罚。双打项目原来两对双打都是上、下半区分开，现在改为抽在一个半区，使我们失去双保险的优势。

我们运动员出现的意外情况，也让我们面临更大的困难。因阎森右臂骨折使得与王励勤的双打配对优势已经丧失，情况难以预料，另一对双打马琳/陈杞是新配对，稳定性不够，缺乏大赛考验。

在2004年雅典奥运会之前，在双打项目上，中国男子乒乓球队已经连续蝉联了6届世界锦标赛冠军，3届奥运会冠军，在国际公开赛中也基本保持不败。因此，我们认为雅典奥运会上有能力继续蝉联金牌。

为了继续保持我们双打项目的优势，备战2004年雅典奥运会期间，中国乒乓球男队分别从对手整体实力、竞赛办法的改变、不可预测事件等方面对竞技形势进行了分析，较为客观地评价了中国男子双打所面临的形势，把客观存在的困难、风险和挑战估计充分，为接下来的封闭式训练提供应对方向。

# 二、运动员竞技能力分析

## （一）王皓备战2012年伦敦奥运会竞技能力分析

王皓正值巅峰当打之年，由于实力充足，打法先进，对外战绩显赫，一直是我队备战伦敦的首选重点，他的成败兴衰将对球队产生重大影响。但一年前由于连续的胜利，使王皓产生了追求迷茫、思想松懈、放松要求等问题，从而导致他出现了成绩下滑难以遏制、能力下降难以调动、自信丧失难以恢复的危险状况。残酷的现实让王皓经历了一番自我痛苦的挣扎，这个过程比想象的漫长、严重、困难得多，因此也最具价值！好在王皓面对颓势没有放弃，在领导的关心支持下、在教练组的激励调教下、在队友的帮助促进下，咬牙闯过了这一关。在世界杯单打比赛中，他状态回归，一举夺魁，继而又在亚运会中起到了中流砥柱的核心作用。一年间王皓经历了由高峰到低谷、由低谷到反弹的过程，从客观上看，在两个周期中始终都保持最佳状态是不可能的，出现波折反复也是正常的；从主观分析，王皓在此动荡中能够深刻感受成功与失败的反差，再次体会发奋崛起的内涵，也绝非坏事。经此波折，王皓愈发成熟稳定。

还有一个问题极其重要，王皓毕竟在两次奥运男子单打中饮恨，在其心理上肯定会造成一定的负面影响。此外，在近期的公开赛中，王皓虽然没有输给外国人，但在内战中也是过早夭折，未进决赛。

在备战2012年伦敦奥运会时，国家乒乓球队针对王皓心理变化对竞技能力的影响进行了深入的分析，得出的结论是，对其必须具有清醒的认识，时刻要细致观察他在大赛尤其是决赛当中的表现，并加大调教力度，力求使其在此方面真正过关。

## （二）波尔参加2008年北京奥运会竞技能力分析

### 1. 发球技术特点

波尔发球技术较为出色，发球方式变化多，落点变化多，要注意他发拱的半出台球和逆旋转球。

### 2. 发球抢攻特点

波尔发球抢攻有两个发动点：一是中间正手位半出台球和长球，节奏为先慢后快、先转后冲，打开以后，在中近台正手连续进攻能力强；二是反手位进攻上旋，我方轻挑、慢拉的球，具有较大的威胁。

### 3. 接发球技术特点

①波尔的接发球质量高，稳定性强，其摆短分为两种：正常摆短和快摆

反旋转；其特点为出手快、旋转强，落点以中间正手为主。

②搓长技术多在正手与中间发动，出手节奏快，落点变化多（快搓斜、直线，结合半出台，中间有晃搓斜线）。

③挑打多在正手和中间位进行，分两种方法：挑正手大角、挑打反手与中间。注意其接发球反手挑打的技术。

### 4. 第四板技术特点

接发球摆短效果好时，正手抢拉较好，出手较迟，击球点低，以旋转为主，摆短与进攻的落点均以中间反手为主。反手技术出手高，衔接快，以斜线为主。

### 5. 相持技术特点

①相持中，正手中台的保位、相持以及侧身、连续进攻能力都十分突出，因此正手进攻是其相持得分的主要手段。

②相持中反手半台意识好、能力强，反手击球一、二板后马上主动侧身效果较好，在中台效果更佳。

③基本击球线路：左、右大角以斜线为主，人在中间正手位和小侧身时以打对方中间、反手位为主。

基于以上分析，国家乒乓球队制定了与波尔作战的基本方法：一是在近台，波尔是攻强守弱，所以我方在前几拍要打乱波尔的节奏和站位，切忌匀速上手，形成波尔的强势套路。二是鉴于波尔中间接短球后回位较慢，因此提高第三拍的抢攻质量与线路变化十分重要。三是相持中有质量地调正手打反手，或压住正手打反手空当，以及加大两条直线的使用是非常有效的，尤其是正手位的直线穿越。四是对波尔比赛节奏变化突然性是制胜的关键，包括挑打、第一拍衔接和相持中的突然加速、加力等。

## （三）瓦尔德内尔参加第43届世乒赛竞技能力分析

为了使运动员对我主要对手的技战术特点有更形象的理解，便于记忆，在训练中有效贯彻，国家乒乓球男队在第43届世乒赛立志打翻身仗的备战中，针对主要对手瓦尔德内尔发球质量高、接发球变化多、相持中有较强的节奏变化能力但反手位相对较弱的总体技战术特点，把他的技战术及心里特点编成通俗易懂、易于上口的口诀供运动员背诵，并在针对性训练中运用：

发球半出台，要用正手接，模糊是侧上、侧上挑直线，侧下晃反手；不复杂、正手短、反手长、多主动、不搏杀、形成相持是目的；关键球爱侧身，以不变应万变，咬住是关键。

## 三、训练目标的建立

任何一个训练计划，大到年度训练计划，小到课时训练计划，都会有训练目标。它是根据运动员的思想、技术、体能水平，参考国内外技术发展情况，估计将来可能达到的水平，制定出一个具体的指标，或提出一个明确的进度，用以激励全队或参赛运动员不断进取。训练目标包括成绩指标和竞技能力指标两部分。

### （一）中国乒乓球女队备战2012年伦敦奥运会成绩指标分析

成绩指标指通过系统训练，希望在随后的重大比赛中争取优异成绩而事先确立的竞赛指标。在制定成绩指标时，应主要考虑以下几个要素：一是指标具体。成绩指标具体是指在即将参加的比赛中，争取获得的金牌或奖牌数量、排名名次或战胜几个原来比自己强的队等。中国乒乓球女队在备战2012年伦敦奥运会中确定的成绩指标直指奥运会的全部金牌，指标相当明确。二是指标贴切。在确定成绩指标时应根据本方及对手的竞技实力水平制定切实可行的成绩指标。成绩指标制定得过低容易降低运动员在训练中的进取心和积极性，制定得过高则容易让运动员看不到希望，自信心受挫。客观评估双方运动员竞技能力水平对于制定合理的成绩指标至关重要。自乒乓球项目进入到奥运会之后，女子项目的金牌还没有旁落过。与其他国家地区相比较，中国女子乒乓球队整体实力雄厚，无论是单打项目还是团体项目都处在领先地位。此外，在世界其他乒乓球赛事中，中国女队同样战绩显赫。因此，在提出备战2012年伦敦奥运会年度训练计划目标中将最终成绩目标锁定在夺取奥运会的全部金牌是基于中国女队现有实力和对手实力基础上提出的，如果准备充分，是可以实现的。同时，也应清醒地认识到，每个竞赛项目金牌只有一块，能够参加奥运会的运动员都是各国家最优秀的，都具备争夺奖牌的实力，中国运动员想要包揽伦敦奥运会乒乓球比赛的金牌，就必须居安思危，认真抓好集训，一切从零做起，在集训中不断夯实自身的竞技实力水平，它是最终取得优异成绩、完成成绩指标的核心所在。

## （二）中国乒乓球男队备战第48届世界乒乓球锦标赛成绩指标分析

在成绩指标的制定上，也有针对大赛失利后，全队认真总结，在随后的封闭式训练计划中提出的目标。在备战第48届世界乒乓球锦标赛中国乒乓球男队冬训确定的成绩指标是：誓死夺回男单金牌；蝉联男子双打金牌；同时为培养2008年奥运会运动员打下坚实的基础。

世界乒乓球锦标赛作为乒乓球三大赛事之一，受重视程度仅次于奥运会。在各单项比赛中，男子单打历来是竞争最为激烈、含金量最重的比赛项目，在这个项目上，国外竞争对手多。第47届世界乒乓球锦标赛金牌旁落让中国乒乓球队再次绷紧了神经，希望通过系统的封闭式训练，在家门口把男子单打金牌重新夺回来。从中国队现有的竞技实力上看，优秀运动员众多，集团优势较其他国家和地区明显，世锦赛对参赛人数的要求较奥运会要宽松很多，诸多因素决定着只要赛前备战细致，把困难想足，训练措施得力，在第48届世界乒乓球锦标赛上夺回男子单打金牌的目标可以实现。

在男子双打上，中国男队始终优势明显，在世界各级各类大赛中均取得过优异成绩，可选择的双打运动员空间大。因此，蝉联双打金牌是冬训计划确定的唯一成绩指标。此外，2005年作为一个新的奥运会周期起始年，中国乒乓球队还承载着培养新一批奥运会选手的重任，希望借助系统训练以及在世界大赛中不断地磨炼，为下一届奥运会培养领军人物。

在备战历届世界大型乒乓球赛事前期的封闭式集训中，都需要事先制定明确的运动成绩指标，中国乒乓球队在理性分析自身竞技实力、对手竞技实力及客观环境的基础上提出的成绩指标明确而具体，难度适宜，指标中充分显示出信心和决心，为后续的运动员在训练中指明了努力方向。

## （三）中国乒乓球男队备战雅典奥运会竞技能力指标分析

竞技能力指标是针对运动队或运动员在此前比赛中暴露出来的技战术环节不足，或受新规则影响拟在即将开始的系统训练中有待解决的能力指标，它是训练目标的核心所在。运动员只有在系统训练中不断提高竞技能力指标，才有可能实现成绩指标。

竞技能力指标既有针对乒乓球团队的共性能力指标，也有针对具体运动员的个人运动能力指标。在确定共性竞技能力指标时，应考虑该指标或是因新规则修订所导致，或是全队存在的共性薄弱环节。此外，在指标确定之后，应对指标进行分解，力争使竞技能力指标具体化，也为后期设计具体的训练方法和手段提供抓手。

### 1. 加强接发球能力

影响运动员共性运动能力提高的因素不一。其中，新规则的实施是促使乒乓球运动员技战术更新和提高的引擎。无遮挡发球规则实施后，对接发球环节的变化无疑是巨大的，需要全体运动员有效提高接发球能力水平。集训中应努力培养积极主动的接发球意识，逐步建立在接发球环节主动上手、主动得分的能力和理念。根据目前全队的情况，集训期间应重点训练的内容包括：A. 提高接侧上旋和不转发球的水平；B. 掌握以摆短以及搓球等技术为主、配合挑打；C. 重点解决右方短球和逆旋转接发球技术，力争做到有能力锁住对方的侧上和不转发球，缩小对方发球落点和旋转的变化空间范围；D. 提高接发球主动得分能力。

### 2. 加强反手攻防能力

反手攻防能力始终是中国乒乓球男队比较薄弱的环节，特别是与欧洲一些选手相比有一定的差距。由于反手攻防技术存在缺陷，造成中国运动员在正手进攻时受限。因此，反手攻防能力的提高势在必行。集训期间应重点训练：A. 提高反手第一板上手的速度力量或速度旋转；B. 提高反手第一板中性防守的稳定性，以及第二、三板衔接转攻一体化能力。中性防守技术包括两种，一种是中等力量反手攻，有一定的速度；一种是中等力量的档，角度要开；C. 提高反手主动变直线保全台一体化的能力，加强反手变点变线调动对方的能力。

### 3. 加强打削球技战术能力

2004年前后，中国男队对付削球的技战术能力下降，存在较大的隐患，第47届世界乒乓球锦标赛马琳、王皓均输给削球，孔令辉虽然打削球不错，但打完削球之后容易受伤，直接影响到后面的比赛，加之第47届团体赛主要对手中削球打法有韩国朱世赫、日本松下浩二、奥地利陈卫星，希腊与俄罗斯也均有实力较强的削球打法选手，因此还须引起足够重视。集训期间应重点训练：A. 提高拉中连续冲的能力，加强连续发力进攻的杀伤力；B. 提高拉中转搓伺机抢冲的能力；C. 提高发球抢攻的能力；D. 提高拉中转防守、防守转拉的技术能力。

## （四）王皓备战2008年奥运会个人竞技能力指标分析

由于每个乒乓球运动员的技术风格均有所不同，在训练中，既要关注运动员共性技战术的训练，同时也应针对运动员自身的打法特点和技术风格有针对性地制定个人竞技能力指标。国家队优秀直拍选手王皓，其创新性的直拍横打技术让人眼前一亮的同时，很大程度上弥补了长期以来直拍反手进攻能力薄弱的问题，而随着王皓竞赛成绩的不断提高，国外对他的研究也越来越多。在这种"前有围堵，后有追兵"的形势下，如何通过系统训练进一步丰富其打法，突出其技术风格，提高比赛中技战术发挥的稳定性，成为王皓在系统训练中亟待完成的任务。

### 1. 提高正手连续进攻、对拉、反拉以及起动能力

一直以来，直拍反手进攻能力偏弱的问题始终困扰着直拍运动员，"一面打两面"的不利格局长期存在。以王皓为代表的直拍横打技术的出现有效解决了反手进攻能力薄弱的问题。但更多依赖于反手技术让王皓在此前的比赛中逐渐暴露出正手杀伤力不强、连续能力不突出的问题，比赛中对手容易在王皓的正手线路上实现突破。因此，在集训中，需要进一步提高王皓的正手进攻能力、正手相持能力水平。

### 2. 理顺正、反手之间的衔接关系

因王皓反手能力突出，在站位上较绝大多数男选手更偏中间站位，在集训期间，重点练习拉直线到对方反手位后的衔接能力；强化接中间偏右半出台球的训练，提高调整站位的能力，理顺正手接与反手接的关系。

### 3. 加强接正手短球和接左手发球的能力

传统直拍选手因握拍方式原因，在发、接发环节上具有一定的优势。而王皓的直握拍方式较传统方式有所不同，为了反手击球发力效果更好，他在球板背面的手指会伸直顶住一些，这一握拍方式的改变会使手腕的灵活性受到一定的影响，直拍握法此前所具有的优势有可能减弱。针对这一问题，集训期间着重提高王皓挑打、摆短、搓长的运用能力；提高发球后的挑打、台内拉、回摆、搓长的运用能力；加强控制与反控制的意识。

### 4. 加强相持中对直拍反手加力推压中路和反手的相持能力

突出和强化王皓自身优势也应是集训期间重点强化的内容，在全面提高其直拍横打技术体系应用能力的同时，重点针对横拍选手中路防守能力偏弱以及直拍打法中远台反手相持能力普遍不强的问题有针对性地开展上述练习。

为了保证成绩指标制定得切实可行，中国乒乓球队在备战2004年雅典奥运会期间还制定了与之配套的运动员竞技能力指标。既有因竞赛规则改变或共性薄弱环节需要全体运动员提高的共性竞技能力指标，也有因运动员自身打法和技术风格不同而提出的个性化竞技能力指标。在此基础上，还进一步明确了每一个指标重点训练内容，较为准确地指出了集训期间全队和个人所需要掌握的竞技能力指标，这就为后期教练员部署和开展具体训练工作，设计具体的训练方法和手段提供了指南，同时也为有效完成各自的成绩指标提供了技术保障。

## 四、训练阶段划分及主要任务

由于年度计划的周期长，组织运动员长时间集中训练并不现实，可以根据需要把它划分成若干个训练阶段，以便在不同的阶段里，有计划、有步骤地去解决和提高运动员的技术、战术、身体及心理方面存在的关键问题，有效完成各时段任务。当前，每一年度国际或国内乒乓球大型赛事频繁，为了力争最佳排名，获取参加乒乓球顶级赛事的资格，在比赛抽签中获得理想的位置，国家队主力球员需要不断地参加比赛，积攒比赛积分。此时，年度训练计划也会依据各时期的比赛任务拆分成多个具体的时间段。此外，安排赛前封闭式集训，往往会根据赛事的重要程度确定。通常情况下，在奥运会、世界锦标赛等代表乒乓球最高水平赛事之前，国家队往往采取赛前封闭式集中训练的方式。

• 备战伦敦奥运会中国乒乓球女队年度训练阶段划分及主要任务分析

第一阶段（2011年5月29日—9月7日）
主要任务：完成超级联赛和两站公开赛

由于这一阶段是国内的超级联赛时间，国家队队员都要回到各个俱乐部参加比赛，国家队教练员跟踪主力队员。这一阶段中国乒乓球女队采取了边比赛边训练，不再采用集中训练的方式。针对运动员在比赛中的问题和要解决的技术问题，则利用联赛间歇期间回到北京解决，之后运动员继续回到所在俱乐部。在联赛期间，主力球员还将完成深圳公开赛和苏州公开赛两站比赛任务。这一阶段的训练特征表现为以赛代练，赛练结合。

第二阶段（2011年9月8日—11月6日）
主要任务：完成三项国际赛事

这一阶段运动员需要完成亚洲锦标赛（9月12日—18日，黎巴嫩）、世界杯单打（10月28日—30日，新加坡）和世界杯团体赛（11月3—6日，德国）三项国际赛事。由于这三项比赛都代表着当今世界女子最高水平的比赛，在参赛人员选择上，根据比赛的时间和任务安排，尽可能地让主力队员同时参赛，争取更高的积分排名，有利于奥运会比赛的抽签和排位。同时，这些比赛的成绩也将作为奥运会人选的重要依据。与上一阶段相同，在这个阶段里没有安排整块的集训时间。这一阶段的训练特征表现为以赛代练，以赛促练。

第三阶段（2011年11月7日—2012年4月1日）
主要任务：备战年度第一项重大赛事——世界锦标赛团体比赛

这一阶段的主要任务是完成第51届世界锦标赛团体比赛（3月25日—4月1日）。除此之外，还要参加匈牙利公开赛（2012年1月18日—22日）；斯洛文尼亚公开赛（1月25日—29日）；卡塔尔公开赛（2月7日—12日）；科威特公开赛（2月15日—19日）；大众杯（2月24日—26日）。由于这一期间有世界团体锦标赛这一重要赛事，要重新夺回象征着团体实力的考比伦杯，中国乒乓球女队全队前往广东中山进行为期35天的封闭训练，11日从中山返回北京，在北京进行调整性训练，然后去欧洲进行适应性训练一周，3月23日去多特蒙德参赛。这段时间的训练特征表现为以赛代练、赛前封闭式训练和适应性训练相结合的综合训练模式。

**第四阶段（4月3日—6月10日）**

**主要任务：确定奥运会人选**

这一阶段主要任务是奥运会亚洲区预选赛（4月19日—22日），确定奥运会的最终人选。这个阶段还有韩国公开赛、中国公开赛和日本公开赛，根据奥运会参赛队员的情况，制定参赛任务。完成这三个比赛后，整个队伍将进行小量的调整，一方面认真总结前面的比赛，从技战术、心理、思想等方面进行总结归纳，在思想、管理和心理上进行奥运会赛前的充分准备，制定奥运会程序化方案和不少于50条的心理思想预备方案。另一方面在体能上保持状态，防止伤病。加强日常生活管理，制定严格的规章制度和管理条例，以确保参加奥运会无意外。这个阶段的训练特征表现为以赛代练、以赛促练。

**第五阶段（6月11日—7月28日）**

**主要任务：备战年度第二项重大赛事——伦敦奥运会**

2012伦敦奥运会比赛日渐临近，为了更好地备战这一重要赛事，中国乒乓球女队将进行为期35天（6月11日—7月16日）的赛前封闭式训练，之后去欧洲进行一周到十天的适应性训练，再进入奥运村。在这一阶段全队将全力投入到备战中，从技战术、思想、心理、体能、科研、医务全方位地进行备战训练工作，以最佳的竞技状态完成奥运会的比赛任务。这一阶段的训练特征表现为封闭式训练和适应性训练相结合。

在距离2012年伦敦奥运会比赛开始一周年之际，中国乒乓球女队制订出年度训练比赛方案。依据周期比赛时间长短、赛事密集程度和赛事的重要程度将年度计划划分成具体的5个阶段，明确了各个阶段的主要完成任务和训练特征，使得整个年度计划在阶段划分上做到张弛有度，重点突出。通过频繁参加比赛和短期集中训练，很好地将主力球员的比赛能力和训练质量提高有机地组合在一起，为运动员能够在年度最重要的赛事——奥运会比赛期间获得和保持最佳竞技状态，进而获取优异成绩设计了完整时间表。

## 五、训练方法和手段

运动训练计划在明确了训练内容之后，最终都需要具体的训练方法和手段加以实施。这一点在训练活动中的基本单元——课训练计划中可以得到具体的体现。在乒乓球课训练计划中，主要包括具体训练手段安排、时间设置、组数安排以及要求。

• 国家乒乓球男队攻对攻课训练计划分析（表5-1）

表 5-1　攻对攻课时训练计划（上午技术训练140分钟）

| 内容 | 时长 | 要求 |
|---|---|---|
| 1. 球路 | 10 分钟 | |
| 2. 发抢 | 10 分钟 × 2 | A. 以发对方反手小三角为主，配合其他落点和花样变化抢攻<br>B. 根据自己发球特点强化落点和花样变化为主的抢攻体系，要求发球尽量不重复，增加发长球的比例<br>C. 个性化发抢 |
| 3. 步法 | 10 分钟 × 2 | A. 正手位 2/3 台不定点连续进攻，要求提高正手位连续进攻能力<br>B. 正手位拉下旋回反手后转侧身形成左 2/3 台不定点连续进攻。要求回反手位及侧身进攻有一定质量<br>C. 正手全台两点连续进攻，加大跑动范围和能力。要求 8 个回合 ×4 组，中等力量（A、B 自选练三天，C 练三天） |
| 4. 接发球 | 10 分钟 × 2 | A. 接侧上、不转、逆旋转发球，主练方台内主动挑、推、拉后衔接一体化<br>B. 主练方接发球以摆短配合搓长为主，注意加强摆短的质量和落点变化，提高控制、反控制主动争抢的能力 |
| 5. 相持 | 10 分钟 × 2（二拉一） | A. 主力反手第一板中等力量防守后，第二、三板快速衔接转攻<br>B. 主力防守中正反手转攻，加强攻防转换能力<br>C. 非主力第一板反手中等力量防守后形成摆速，各 10 分钟 |

（续表）

| 内容 | 时长 | 要求 |
| --- | --- | --- |
| 6. 休息 | 10 分钟 | |
| 7. 个性化训练 | 15 分钟 ×2 | A. 由各组安排个人计划<br>B. 可以安排双打训练 |
| 8. 对拉 | 10 分钟 | A. 斜直线各 5 分钟，要求中远台中等偏大力量对拉 |

  这是一堂乒乓球技术训练课，在明确了核心训练内容之后，在整个课的训练计划中都应该围绕这一核心主线设计训练方法和手段。从技术的分类来看，可分为步法和手法两个部分，后者又可以从乒乓球比赛的三个组成阶段细分为发抢段、接发抢段和相持段，它们共同构成了乒乓球的训练内容。

  作为一堂训练课，还需要有明确的训练方法和手段来支撑具体内容的有效完成。如在完成发抢训练内容中，要求运动员通过A.B.C三种训练方法来完成，在每一种练习方法中都进一步明确了对发球落点、发球方式、练习组数以及练习时间、训练手段的具体要求。训练方法和手段的具体化让教练员和运动员在训练过程中均能做到目标明确，可以清晰地按照训练计划有效地执行下去。

  在训练方法和手段的安排上，还应该考虑到运动员的打法特点。如本案例中是一堂攻对攻打法的训练课，在训练的方法和手段的安排上就应重点放在如何提高运动员每个阶段的主动变化意识、主动进攻意识、连续进攻能力以及快速攻防转换能力等方面，以确保训练方法和手段与运动员自身的打法相对应。

  在训练方法和手段的安排上还应该考虑运动员已有的训练水平。能够进入到国家队层面的乒乓球运动员此前都已经过了长期系统训练，具备了扎实的基本功，简单化的训练方法和手段很难调动运动员训练的积极性，通过多种提高训练难度的训练方法和手段才是高水平运动员所需要的。如在案例中接发抢内容的训练中，在训练方法和手段上突出了难度和全面性，要求运动员分别用挑、推、拉等不同的接发球方式回接不同的来球，在此基础上还要做好二、四板之间的有效衔接。此举要求运动员熟练掌握多种接发球技术，重在提高接发球环节的主动进攻意识；而练习方法二则要求运动员运用摆短和劈长技术接发球，此举则是在培养运动员在第二板的主动控制能力。从实施的方法和手段上来看，已经基本涵盖了运动员在高水平比赛中的接发球技术。可以看出，训练计划对运动员在接发球环节中的技术全面性和质量都提出了很高的要求。

在训练方法和手段的安排上还须考虑运动员个性安排的需要。因每个运动员的技术风格不同，所需要掌握的特长技术也会有所不同；或因每个运动员专攻的主项不同，在个性化训练时间应安排其主项训练内容。如在本案例的个性化训练模块中，练习方法1说明运动员不再进行统一训练，训练方法和手段由各组教练员依据运动员自身情况确定，因运动员人数较多，无须在课训练计划中分别详细列出每人的个性训练方法和手段，但作为教练员应清晰了解运动员需要练习的具体内容，在与运动员达成共识之后，开始组织实施训练。练习方法2则专门留出一部分时间供主攻双打的运动员从事双打内容训练。

课时训练计划作为最基本的训练单位，训练方法和手段制定的是否合理、贴切直接影响着训练内容的完成质量。作为一堂攻对攻的技术课，中国乒乓球队教练组主要从发抢、接发抢、相持、步法和个性化训练总计五个训练维度进行设计安排，明确了每个维度的具体训练方法和手段。在此基础上，对于每个训练方法提出了具体的要求，有助于教练员在训练过程中较好地把握操作程序，了解每项训练内容所要达到的质量要求。

## 六、训练负荷安排

从运动训练的视角来看，身体机能的有效提高最终是通过给运动员机体不断施加运动负荷来实现的。因此，确定训练负荷的量度是安排组织好训练过程的重要工作。在训练中，适宜的负荷对于提高运动员身体技能是有益的，过小负荷则不能引起机体必要的应激反应，无法起到应有的训练效果，而在过度负荷作用下机体极易产生疲劳，甚至出现受伤现象。

## 备战北京奥运会中国乒乓球男队厦门封闭训练负荷安排分析（表5-2）

表5-2　中国男乒奥运厦门封闭训练运动量及安排示意（2008.6.21—8.1）

| | 6.21 | 6.22 | 6.23 | 6.24 | 6.25 | 6.26 | 6.27 | 6.28 | 6.29 | 6.30 | 7.1 | 7.2 | 7.3 | 7.4 | 7.5 | 7.6 | 7.7 | 7.8 | 7.9 | 7.10 | 7.11 | 7.12 | 7.13 | 7.14 | 7.15 | 7.16 | 7.17 | 7.18 | 7.19 | 7.20 | 7.21 | 7.22 | 7.23 | 7.24 | 7.25 | 7.26 | 7.27 | 7.28 | 7.29 | 7.30 | 7.31 | 总计 |
|---|---|---|---|---|---|---|---|---|---|---|---|---|---|---|---|---|---|---|---|---|---|---|---|---|---|---|---|---|---|---|---|---|---|---|---|---|---|---|---|---|---|---|
| 大运动量 | | | | | | | | | | | | | | | | | | | | | | | | | | | | | | | | | | | | | | | | | | 17天 |
| 中运动量 | | | | | | | | | | | | | | | | | | | | | | | | | | | | | | | | | | | | | | | | | | 13天 |
| 小运动量 | | | | | | | | | | | | | | | | | | | | | | | | | | | | | | | | | | | | | | | | | | 1天 |
| 比赛 | | | | | | | | | | | | | | | | | | | | | | | | | | | | | | | | | | | | | | | | | | 11次 |
| 业务学习 | | | | | | | | | | | | | | | | | | | | | | | | | | | | | | | | | | | | | | | | | | 16次 |
| 半天调整 | | | | | | | | | | | | | | | | | | | | | | | | | | | | | | | | | | | | | | | | | | 6次 |
| 全天调整 | | | | | | | | | | | | | | | | | | | | | | | | | | | | | | | | | | | | | | | | | | 4天 |

### 1. 大运动量训练在集训中占据主流

在厦门封闭式训练中,除去运动员休整的天数,大运动量的训练安排了17天,占据了训练主流;中等运动量安排了13天;小运动量在封闭式训练中安排极少,仅1天。训练过程中始终坚持大运动量训练与中国乒乓球队长期坚持和遵循的"三从一大"的训练原则有着密切关系。通过大运动量训练可以更好地调动运动员的身体机能,不断挑战自身的极限,有效促进自身竞技能力的不断提高;参加集训的运动员都是中国乒乓球队中的精英,历经多年的系统训练和比赛,身体机能始终能够保持在一个较高的水平上,低负荷训练对他们很难起到促进性作用;由于整个奥运会乒乓球比赛日程持续近10天的时间,参加奥运会的乒乓球男队球员几乎都要经历单打和团体的比赛过程,这对于运动员的体能、精力、竞技状态的持续保持都是不小的考验,需要运动员在赛前接受较大量的训练负荷刺激,进而让机体的耐受能力增强,能够适应长时间、高强度的对抗,更好地迎合奥运会比赛的需要。

### 2. 科学化的训练方式至关重要

中国乒乓球队在大运动量训练期间一般都会采用一天三练的方式,持续的大运动量训练很容易使运动员的机体产生疲劳,过度疲劳容易让运动员身体机能下降,无法有效完成训练内容,还有可能受伤。因此,在大运动量为主的训练模式下,需要通过必要的休整使机体得到恢复。厦门封闭式集训在休整环节上采取的是或半天或全天休整的方式。在训练初期和中间阶段,还通过安排业务学习的方式使运动员的身体机能得到有效休整,总计16次的业务学习安排足见中国乒乓球队的重视程度。在整个训练期间,小负荷的安排天数极少,且安排在两个大负荷之间,也是希望减少运动负荷,通过积极性休息,运动员身体机能能够得到有效缓冲,为高质量地完成下一个单元的训练任务做好准备。

### 3. 逐渐增加比赛负荷

集训的最终目的还是为了比赛,"以赛代练、以赛促练"同样是中国乒乓球队坚持的训练原则。比赛作为集训中的一部分,始终贯穿着训练的每个阶段。厦门封闭式集训期间,运动员要参加11次的比赛,平均每4天就要打一次比赛。从安排的密度来看，越到训练的后期，比赛越密集。此举既可以通过比赛检验运动员的阶段训练成果，同时，通过高频率的比赛，可以提高运动员分析比赛能力以及比赛中的抗压能力。比赛负荷的逐渐增加还可以将运动员的竞技状态逐渐调整至较高水平，有利于在随后的奥运会比赛中充分发挥自身水平。

中国乒乓球队在系统训练中始终秉承着"三从一大"的训练方针，厦门封闭式训练在训练负荷安排上，通过大运动量负荷安排为主流，科学安排训练负荷，逐渐增加比赛负荷的方式，不断强化运动员的机体能力和竞技能力水平。通过阶段集中训练方式，运动员的竞技状态逐渐调整到最佳，为参加北京奥运会做好了充分准备。

## 七、训练监控

在封闭集训期间，运动员始终接受着以持续的、大运动量为主的训练，包括运动员身体技能、技战术训练效果在内的多种指标都处在不断变化之中，及时掌握运动员在训练期间的动态，既可以作为评价当日训练效果的客观依据，还能通过训练监控结果，适当调整训练计划目标和训练负荷。此外，通过有效监控，可以收到预防运动员训练损伤的效果。

在运动训练科学化的今天，乒乓球训练人员组成除了教练员和运动员之外，还需要包括科研、专项体能、心理、医疗等多个领域的专家加入进来，共同组建一个完善的训练监控体系。在训练期间，相关专业人员对运动员的身体技能、技战术训练效果和比赛心理等方面进行及时监控，并将即时监控的结果及时反馈给教练员和运动员，针对存在的问题进行修正，进而为提高运动员的训练质量，有效完成训练目标保驾护航。它是构成乒乓球训练不可或缺的组成部分。

### （一）技战术监控（表5-3）

表5-3 马琳备战2008年奥运会接发球/发球抢攻训练效果

对手：张继科　　　　　　　　　　　　　　　　　　　　　　　　日期：2008/06/27

| | 好 | 中 | 差 | 使用率% |
|---|---|---|---|---|
| 接球后衔接20分钟 | 19 | 3 | 4 | 26个 |
| 反手摆 | 9 | 1 | 1 | 42 |

（续表）

|  | 好 | 中 | 差 | 使用率% |
|---|---|---|---|---|
| 反手搓长 | 2 | 2 |  | 15 |
| 正手搓长 | 6 |  | 2 | 31 |
| 反面拉 | 1 |  |  |  |
| 正手挑 |  |  | 1 |  |
| 侧身挑 | 1 |  |  |  |
| 发抢后衔接20分钟 | 33 | 14 | 13 | 60（个） |
| 发球 | 18 |  |  | 30 |
| 正手拉 | 3 | 6 | 3 | 20 |
| 侧身拉 | 3 | 1 | 5 | 15 |
| 反面拉 | 4 | 2 | 4 | 16 |
| 反手推 | 5 | 5 | 1 | 20 |

在技战术训练效果监控中，科研人员根据事先安排好的训练内容设计好训练成果监控表格，通过录像将运动员在训练中的具体指标进行分类统计，并作出简要评价，将结果及时反馈给教练员，作为教练员下一个阶段训练的参考。本案例中，接球后衔接环节，马琳总体训练效果较好，在对总计26次组合技术效果统计中19次评价为好，占总数73%；效果评价差有4次，占总数的15%。其中，运用最好的是反手摆对手反手位的小三角和正手搓长后的上手拉，使用得最多，效果也比较好（分别为反手摆：好9，使用率42%；正手搓长：好6，使用率31%）。相比较，反手搓长的突然性不如正手，效果也没有正手好。反面拉、正手挑和侧身挑的使用次数均比较少，正手台内挑之后的下一板衔接能力还有待进一步加强。

在发球后衔接环节中，因对手吃发球，仅发球直接得分一项马琳就达到了18分，占总练习次数的30%，这在很大程度上说明马琳的发球质量较高。在总计9次发球后结合侧身拉的效果统计中，有5次的效果较差，超过总数的一半以上，说明马琳在采用侧身拉时多数有些勉强，进而影响击球质量；两面上手时，两面均保持好坏各半的水平，对于马琳来讲，发球后结合正手拉球的效果还需要进一步增强；在发球衔接反手推的环节中，推挡的运用效果总体不错，几乎所有的回球评价效果都在中等以上，说明这一组合技术马琳运用得比较娴熟，需要注意的是，要在训练中进一步处理好第三板反手推挡的凶与稳关系。

## （二）心理监控

集训期间，乒乓球队要多次组织各种形式的对内比赛，而训练的最终结果也是为了备战奥运会。之所以频繁组织比赛，是因为教练员深知，运动员在比赛过程中心态是否能够得到有效调整，能否承受大赛的压力直接决定着比赛胜负结果的走向。对运动员进行心理监控越来越得到中国乒乓球教练员的重视。

每逢奥运会大赛之前的封闭式训练，中国乒乓球队都会邀请心理专家通过运动员比赛前期的行为表现、比赛中的即时表现、比赛之后与运动员交流、设置问题进行心理测试等多种方式对运动员的比赛心理状态进行监控，为正确评价运动员的综合竞赛能力水平提供参考数据。对运动员比赛心理监控结果可分为可控、调控和失控三种形式（表5-4）。

表5-4 大赛心理调节三段示意表（教练组宏观调控）

| | 方面<br>阶段 | 赛前备战 | 战时心态 | 场上局面 | 形势比分 | 针对对手 | 战略战术 |
|---|---|---|---|---|---|---|---|
| 主动有利区<br>（可控与调控交叉点）<br>争夺点<br>中线<br>难控底线<br>（难控与失控交叉点）<br>被动不利区 | 可控<br>（最佳<br>状态） | 正确估价<br>立足于拼<br>理顺择清<br>宏观调控 | 轻松积极<br>自信释放<br>抢先上手<br>能控可调 | 开局爆发<br>中局顶住<br>尾局释放<br>胜率最大 | 主动流畅<br>顺利领先<br>打法占优<br>战术得当 | 先发制人<br>全面压倒<br>抓准软肋<br>收发自如 | 稳中带凶<br>不犯错误<br>主动积极<br>切忌保守 |
| | 调控<br>（正常状<br>态所占比<br>重最大） | 赛练不同<br>预想出入<br>调整及时<br>有备心定 | 相互制约<br>焦急心烦<br>磕硬难受<br>难以摆脱 | 紧密纠缠<br>针锋相对<br>胜率减少<br>尚存空间 | 相咬被追<br>绞尽脑汁<br>略微下风<br>贵在突破 | 相互牵制<br>双方难过<br>发扬特长<br>意志胆量 | 咬住不放<br>果断自信<br>伺机反攻<br>打开局面 |
| | 失控<br>（被动<br>状态） | 想赢怕输<br>束缚手脚<br>赛前少忧<br>临场茫然 | 无法集中<br>难以调动<br>思路全无<br>失去抵抗 | 沉闷压抑<br>盲目空白<br>被动招架<br>还手无策 | 连输落后<br>难于自控<br>誓不放弃<br>魄力勇气 | 弱点受制<br>难以挣脱<br>找准难点<br>决心突破 | 破釜沉舟<br>没有退路<br>放手一搏<br>凶变为主 |

可控是比赛期间的最佳心理状态，主要表现为运动员在比赛之前能够正确评价自己和对手，心态放松；比赛期间能够放手一搏，技战术应用得当，场上控制局面的能力强，针对不同打法的对手应变能力强。运动员如若在比赛期间可以达到可控的心理状态，有利于最佳水平甚至是超水平的发挥。

调控则是大多数运动员在比赛期间常见的心理状态，主要表现在赛前表现紧张、轻微焦虑，对自己和对手评价不清晰，比赛中遇见难缠的对手可以有效解决的办法不是很多,训练成果不能很好应用到比赛中去,但基本能够控制比赛中的整体表现,其心理焦虑状态处于可调节范围内。这种类型的运动员需要定期进行心理训练,以适应大赛对运动员的心理抗压力。

失控则是三种心理状态中最不可取的一种,无论是在赛前还是在比赛期间,运动员的心理都会产生很大变化,比赛规模越大,比赛越重要,心理变化越明显。表现在赛前明显焦虑,比赛期间无法集中注意力,面对困难束手无策,比赛束手束脚,训练和比赛判若两人。对于这一类型运动员除了定期进行心理辅导之外,还需要多参加比赛,不断设置难度和障碍,磨炼其心理承受能力,努力将其心理控制水平提升到调控范围之内。

# 八、恢复措施

## (一)放松练习

### 1. 下肢肌肉的放松

(1)脚底放松
脚踩在按摩棒或者网球上进行前后滚动(图5-2)。
(2)小腿肌肉的放松
• 小腿后侧肌肉拉伸
脚尖下垫支撑物,脚后跟着地(图5-3),手扶墙,前腿弓步,后腿蹬直。这两种方法可以拉伸小腿后侧肌群。

图 5-2 腿底放松

图 5-3 小腿后侧肌肉拉伸

- 小腿后侧肌肉放松

将泡沫轴放在左小腿下方，右腿直腿叠放在左腿上方，上体正直，两臂直臂支撑于髋侧，将身体支撑离开地面。靠手臂的力量，推动左小腿在泡沫轴上做前后方向的小范围移动（图5-4）。滚动几次后，采用同样的方法换另一条腿继续练习。

- 小腿外侧肌肉放松

将泡沫轴放在左小腿外侧下方，右腿向左侧伸直，上体正直，左小腿在泡沫轴上做左右方向的小范围移动（图5-5）。滚动几次后，采用同样的方法换另一条腿继续练习。

图5-4　小腿后侧肌肉放松

图5-5　小腿外侧肌肉放松

- 小腿前侧肌肉放松

采用跪姿，双手撑地，将一侧小腿前侧放在泡沫轴上，滚动小腿前侧肌肉，可将小腿稍微旋内，这样可以避免滚压到腓骨表面，引起不适（图5-6）。滚动几次后，采用同样的方法换另一条腿继续练习。

- 小腿内侧肌肉放松

采用坐姿，将小腿盘起，双手将网球持续按压在小腿内侧上做慢速滚动（图5-7），可以从膝盖一直滚动至脚踝处，两条腿交替进行放松。

图5-6　小腿前侧肌肉放松

图5-7　小腿内侧肌肉放松

## （3）大腿肌肉的放松

• 大腿后侧肌肉放松

将泡沫轴放于左大腿下方，右腿屈膝置于左腿上，两臂伸直支撑于体后，将身体支撑离开地面，通过两手臂的推动使左大腿后侧肌群在泡沫轴上前后移动（图5-8）。滚动几次后换右腿做相同的练习。

• 大腿内侧肌肉放松

将泡沫轴按照与躯干平行的方向置于大腿内侧，然后将身体另一侧撑离地面，使身体的重量置于泡沫轴上，通过身体重心的左右转移使大腿内侧压在泡沫轴上并做左右方向的滚动（图5-9）。滚动几次后，换另一条腿做相同的练习。

图5-8　大腿后侧肌肉放松

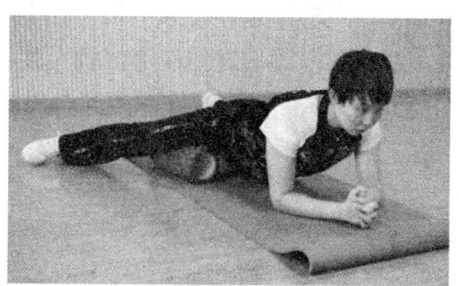

图5-9　大腿内侧肌肉放松

• 大腿外侧肌肉放松

将泡沫轴放于大腿外侧，支撑臂屈肘呈侧卧支撑姿势，依靠支撑臂的推动动作使大腿外侧肌群在泡沫轴上做前后移动（图5-10）。滚动几次后，换另一条腿做相同的练习。

• 大腿前侧肌肉放松

双臂屈肘呈俯撑姿势，将泡沫轴放于大腿前侧肌群下方，依靠支撑臂的推动使大腿前侧肌群肌肉在泡沫轴上做前后移动（图5-11）。

图5-10　大腿外侧肌肉放松

图5-11　大腿前侧肌肉放松

## 2. 躯干肌肉的放松

- 躯干后侧肌肉的拉伸

双手与肩同宽放在支撑物上,身体直立前倾,用力下压肩部(图5-12)。

- 躯干前侧肌肉的拉伸

背部躺在瑞士球上,上肢和下肢向下用力压(图5-13)。

图 5-12 躯干肌肉放松

- 背部肌肉的放松

两膝关节自然弯曲、脚尖向前,将泡沫轴置于体后的腰背部,双手抱头,上体后仰,髋关节离开垫子直体躺在泡沫轴上,通过双脚的蹬伸使泡沫轴在腰背部做前后移动(图5-14)。向后移动的最大幅度不能超过颈椎部位,向前移动的最大幅度不能超过腰椎。

图 5-13 躯干前侧肌肉拉伸

图 5-14 背部肌肉放松

## 3. 腹外斜肌、前锯肌的放松

将泡沫轴放于右侧腋窝下方位置,然后通过支撑腿的屈伸动作使泡沫轴在肩下腋窝后侧方做小范围的滚动(图5-15)。滚动几次后,换另一侧做相同练习。此动作可以促进腹外斜肌、前锯肌的筋膜放松,还可以促进身体侧部的静脉回流和腋下淋巴液回流。

图 5-15 腹外斜肌、前锯肌的放松

### 4. 颈部肌肉的放松

放松者的同伴用按摩棒顺着肌肉的走向来回碾压颈部肌肉（图5-16）。

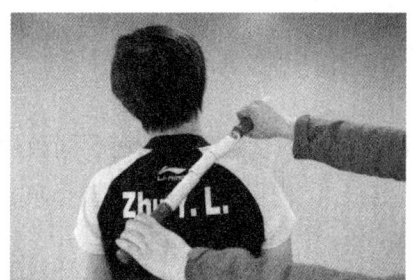

图 5-16　颈部肌肉放松

### 5. 上肢肌肉的放松

练习者自己或者同伴用按摩棒顺着肌肉走向来回碾压上肢肌肉，帮助进行上肢肌肉放松（图5-17）。

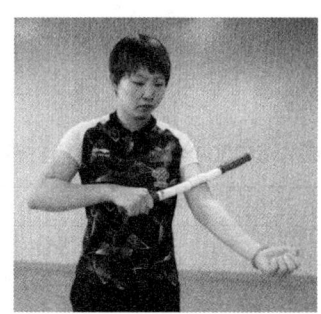

图 5-17　上肢肌肉放松

## （二）医疗

国家乒乓球队备战2008年奥运会采用的医疗恢复手段有：
①支持带
②冰敷
③放松按摩
④正骨推拿

⑤针灸

⑥理疗

⑦外敷中药

⑧内服药物

## （三）食疗

备战北京奥运会封闭训练的食疗采用的药食同源的基本材料为：冬虫夏草、柏子仁、茯苓、薏苡仁、枸杞、西洋参、益母草、三七粉、霍斗、白芍药、白果。

①柴鸡、冬虫夏草、薏苡仁

②落花生、霍斗、冬虫夏草、茯苓

③山野鸡、百合、白果、白芍药

④鲜芦笋、鲜百合、柏子仁、冬虫夏草

⑤燕窝、西洋参、柏子仁、枸杞

⑥猪手、益母草、三七粉、柏子仁

## （四）休息

休息安排见表5-5。

表5-5 乒乓男队备战2008年奥运会厦门封闭训练作息时间表

| 一天三节训练 | 一天两节训练 |
| --- | --- |
| 8:00 集合 | 7:30 集合 |
| 8:00—8:30 早饭 | 7:30—8:00 早饭 |
| 8:30—9:15 卫生、准备训练 | 8:00—8:45 卫生、准备训练 |
| 9:15 集合训练（技术训练） | 8:45 集合训练（技术训练） |
| 11:00 身体训练 | 10:50 身体训练 |
| 12:00—12:30 午饭 | 12:00—12:30 午饭 |
| 13:00—15:15 午休 | 13:00—15:15 午休 |
| 15:30 集合训练 | 15:30 集合训练 |
| 17:00—17:30 吃点心 | 18:00—19:00 晚饭 |
| 19:00 集合训练 | 19:30—21:00 业务学习 |
| 21:00—21:45 晚餐 | 21:00—22:30 治疗、休息 |
| 21:00—22:45 治疗、休息 | 22:30 熄灯 |
| 22:45 熄灯 | |

## 第二节 运动队组织

### 一、运动队组织要成为"尖子"的孵化器

#### （一）营造良好的训练氛围

团队总体水平的高低最终取决于队内"尖子"的水平。为了实现共同目标，教练员应该鼓励有人站出来争挑重担，甚至为了促进竞争，教练员应该给运动队里的"尖子"刻意培养几个竞争对手，只有竞争才能多出人才，才能在比赛到来时给集体留下灵活排兵布阵的空间。教练员在集体中就是要公开倡导并营造争入围、争报名、争上场、争打决赛、争取压倒对手夺取最后胜利的精神和氛围。

北京的一个中学生乒乓球队将要代表首都参加全国中学生运动会，可是在集训队内队员之间的水平参差不齐，能和两个主力队员形成对抗的训练对手几乎没有。为了打造竞争环境，提高训练中的对抗水平，教练员刻意选择了几个有希望的二线运动员做重点突破。在细抠他们主要技术的同时，教练员还经常采取了一个称之为"十局对抗"的训练方法。所谓十局对抗就是安排他们与主力队员一口气连续比赛10局。这样的安排对稍弱的一方来说是一个跌倒了再爬起来的反复磨炼，让他们在不断地"试错"、不断地"复盘"和不断地"修正"过程中长信心、长智慧、长经验。"十局对抗"比赛对水平较高的主力队员来说也是磨炼，因为打到后面稍微松懈就可能输球。在10局比赛过程中，教练员将工作做得非常细致，每局比赛都要记录，不仅记录比分，还要标注问题，以便用于赛后小结；教练员还要适时地给连续输球的一方做些指点，即以提高对抗的水平；赛后还要在全队面前宣布比赛成绩，让大家为有所突破的孩子鼓掌祝贺，制造互相激励的氛围。果然经过一段时间的磨练，二线的小江脱颖而出，除了大赛经验稍显不足外，他几乎可以和队内的两个主力队员互有胜负。在后来的全国中学生运动会上，小江成为北京队里几乎每场必上的主力队员了，为完成代表团的任务立下了功劳。

## （二）拥有高水平的教练员团队

都说："名师出高徒"，尖子运动员的"孵化"过程也离不开高水平的教练员"操盘"、把关。什么样的教练员可以称得上是"名师"？狭义地说，能带领青少年不断取得比赛胜利的教练员就可以被称为名师；广义地说，能帮助青少年不断取得成功，进而使他们成为"尖子"的教练员就是名师。

首先，优秀的教练员必须是一个胸怀大格局，危难面前敢于担当的人。前国家队总教练蔡振华在中国乒乓球队跌入低谷时放弃国外优厚的待遇、优越的生活条件，甚至放弃了即将出生儿子的准外国籍，义无反顾地返回国内执教就是体现了一个优秀教练员的胸怀。面对中国乒乓球面临"有新人，没有新技术"的困难局面，他励心图志，锐意改革，创新技术，体现了一个优秀教练员勇于担当的气魄。最终在他率领下的中国教练团队培养出马文革、王涛、刘国梁、孔令辉、王励勤、马琳、王皓等一大批新的世界冠军，不仅带领中国乒乓球队重新登上乒坛顶峰，而且多次在世界乒乓球锦标赛上实现包揽7项冠军的辉煌战绩。

前国家队教练员李富荣在他的教练生涯中也曾遭遇巨大的挑战，1979年在平壤的第35届世乒赛上，匈牙利三剑客以两面弧圈球的积极进攻打法击败了三名中国直拍运动员，使中国队痛失连续保持了两届的斯韦思林杯。面对挫折，中国男队主教练员李富荣顶着巨大压力，卧薪尝胆、艰苦奋斗，培养并大胆启用蔡振华、谢赛克、施之皓等新手，和郭跃华等老队员一起在第36届世乒赛上打了一个漂亮的翻身仗，第一次代表中国囊括了世乒赛上的7项冠军。

其次，优秀的教练员一定是能够把专项体会和专项理论进行较好结合的人。前世界冠军庄则栋特别强调：优秀的教练员应该知道赞成什么！反对什么！言下之意，教练员不能以其昏昏使人昭昭，必须深入掌握系统、全面的专业理论，并且具备较强的释疑能力。

已故国际乒联主席荻村伊智朗先生认为："只有能提高运动员心理素质的教练才可以称得上是一个好教练。"因为没有有效的心理素质训练做保证，无论掌握什么样的技战术或具备如何强健的体能，到了比赛都将无济于事。

著名教练员岑怀光认为：仅能用自身运动体验指导教学的教练员是初级的；能用自己对乒乓球运动的普遍认识指导教学，既能向运动员传授自己的体验，还能借鉴、传授别人的经验，这样的教练员是中级的；能用自己的创新意识培养出"尖子"，创造出超越现有模式的新体验，这样的教练员是高级的；如果还能深入总结，将体验升华为理论，并能以此做指导，在实践中创造新的成功、培养出更多"尖子"，这样的教练员才是大师级的。

拥有高水平教练员领衔的教练员团队对"孵化"尖子运动员至关重要，可以在"尖子"的培养过程中达到事半功倍的效果。在运动队组织建设过程中选拔高水平教练领衔，并将更多教练员打造成优秀教练员，才能担负起培养"尖子"的训练任务。

## （三）实施"再创造"式的教学训练模式

"尖子"因其与众不同才能脱颖而出，因此选育"尖子"运动员必须实施"再创造"式的教学训练模式。

### 1. 对已有认识的"再创造"

回顾历史的发展，可以看到现代乒乓球运动的每一次进步都伴随着对已有经验甚至是经典的认识进行了创造性"再认识"。这种"认识"的创新是大批尖子运动员产生的催化剂。例如，20世纪50年代末至60年代初，那是日本长抽进攻打法的鼎盛时期，中国面对日本式主动进攻的已有认识实现了创造性的"再认识"，创造了快、准、狠、变的近台快攻风格指导原则，催生了容国团、徐寅生、庄则栋、李富荣等一大批中国式近台快攻打法的世界冠军，将中国乒乓球推上了世界乒坛的顶峰。

20世纪70年代初期欧洲人对日本弧圈球和中国快攻技术的已有认识实现了创造性的"再认识"，催生了诸如瑞典的本格森、约翰森，匈牙利的约尼尔、克兰帕尔，南斯拉夫的舒尔贝克、斯蒂潘契奇等一大批世界顶尖高手。

面对这种变化，当时中国队的主教练徐寅生提出在"快、准、狠、变"的中国风格后面加上一个"转"字，这种对中国乒乓球已有认识的创造性"再认识"，也使郗恩庭、郭跃华等一批世界冠军脱颖而出，中国队在世界乒坛上逐渐夺回了自己的阵地。

20世纪90年代初瑞典人对欧洲弧圈球和中国近台快攻打法的认识上实现了兼容并蓄的创造性"再认识"，催生了瓦尔德内尔、佩尔森等世界冠军，使欧洲回到了世界乒坛的顶峰。

接着，中国队从失利中总结，对已有认识实现了创造性"再认识"，催生了诸如刘国梁、马琳、王皓等新一代直拍顶尖高手和孔令辉、王励勤等一批新世界冠军，再一次夺回了中国的优势地位。当下马龙、张继科等新生代尖子运动员以他们对乒乓球竞技体育规律的领先认识，在国际乒坛上始终延续着中国的优势。综上所述，可以看到现代乒乓球运动的每一次进步都伴随着创造性的"再认识"，这种"认识"的创新是大批尖子运动员产生的催化剂。

时至今日，教练员应该如何继续实现创造性的"再认识"呢？如何催生新的一批"尖子"呢？教练员们能否从重新审视我们对制胜因素"速度、力量、落点、旋转、弧线"的内在关系的认识中获得创造性的"再认识"？教练员们能否从青少年训练现实对"速度"与"旋转"安排认识中获得创造性地"再认识"？再者教练员们能否从理解"弧线"制胜因素的认识中获得创造性的"再认识"？中国式的直拍打法成功创造了反手"背面横打"技术，但是这仅仅是开始，其进一步的创新似乎意犹未尽，如何体现中国灵活多变传统的创新发展也还有更大的空间。因此对司空见惯的训练现象和习以为常的认识进行创造性的"再认识"，应该是对认识上再创造的"突破口"。

### 2. 对现行训练方法的"再创造"

训练方法的创新不仅对运动员技战术水平的提高具有极大的推动作用，而且对提高运动员的思维品质和心理素质也有极大的帮助。不同的训练方法或者不同的训练要求都能打造出不同特点的运动员。

对训练方法的再创造一直是推动训练水平不断提高的基本动力，在这方面中国队对推动世界乒乓球运动技术的发展贡献最大。

"多球训练法"是20世纪60年代中国乒乓球队受到日本女子排球队训练的启发创造的，时至今日，"多球训练"始终还是世界各国乒乓球运动员普遍采用的训练方法。"多球训练法"首先提高了训练效率，使单位时间内的训练密度最大化，特别有利于改进技术、学习新技术的训练；其次"多球训练法"可以大幅度提高乒乓球训练的强度，对乒乓球专项身体素质的提高，特别是步法移动能力的提高效果显著。现在"多球训练法"已经派生出很多细分的方法，如多球单练、多球对练、多球重复练、多球记分练等。我们还可以继续这种"再创造"，特别应该注意的是须将训练目标和训练方法高度统一，避免多球训练的粗放化。

"对抗训练法"也是对传统互相配合的训练方法的再创造,"对抗训练法"是老教练王锡添率先采用的,他将训练分为攻守双方互相对抗,用积分的方法计算各自的胜负,在双方竞争中,一方率先达到规定的积分就可以实现攻防对抗位置的转换,即守方转为攻方,然后再重启积分。这类以"对抗"为特点的训练方法对技术转化为战术的训练效果极佳,同时有利于启发训练双方求胜的创造性思维。

"双向训练法"是变单方面主练为双方互为主练的再创造性训练方法,训练的双方各练自己的重点技术,既互相配合又互相对抗,以攻防转换最为娴熟著称的世界冠军张怡宁,在她很小的时候就开始采用这种训练方法。这种方法能够在一个单位训练时间内同时调动训练双方的积极性,提高训练效率。

训练方法的创新不仅对运动员技战术水平的提高具有极大的推动作用,而且对提高运动员的思维品质和心理素质有极大的帮助。湖南有一所中学的乒乓球队一直在全国中学生的比赛中表现抢眼,虽然他们的技术并不十分出色,但是他们总能在重大比赛的关键时刻战胜对手,表现出顽强的斗志和敢打必胜的信心。中体协乒乓球分会的负责人到他们学校的训练现场考察,发现他们每天的训练课虽然时间不长(只有2小时),但是大多数时间都是采用"对抗性"的训练方法,训练强度非常大。看了后大家才明白:"难怪他们的运动员在比赛中这么难缠!"可见,不同的训练方法和要求能打造出不同特点的运动员。

### 3. 对器材使用的"再创造"

世界乒乓球运动的发展始终伴随着乒乓球器材的发展与变化,器材使用的变化推动了乒乓球技战术的发展。20世纪60年代日本人创造性地使用了反胶球拍——发明了弧圈球,从此开创了乒乓球进攻的隐性速度与显性速度相结合的新时代,时至今日只有掌握了高水平弧圈球的运动员才有可能成为世界顶级尖子运动员的认识已经成为一种共识。同样对更换不同的球拍,发展不同的技法也存在着"再创造"出尖子的案例,如滕毅三换球拍,从两面反胶到两面正胶,再到换成正手生胶和反手反胶的球拍终于圆了他世界冠军之梦;邓亚萍率先创造反手快攻使用长胶球拍也是一个成功的案例。

### 4. 对现行技战术的"再创造"

根据时代的发展和技术的进步,对主要技战术进行"再创造",使之成为青少年运动员独具特点的利器,也是运动队组织孵化"尖子"的必由之路,例如,对弧圈球技战术各种不同流派打法的再创造;对发球和接发球技战术的再创造;对直拍背面进攻技战术的再创造等,甚至最简单的正手攻球技术,优秀运动员们也对它进行了与时俱进的再创造,从过去强调的"收臂抽打"动作,创新成为一种"向前击打"的动作结构,适应了当前弧圈球是主流进攻技术的时代特点。

例如,对弧圈球技术的再创造,虽然弧圈球是日本人发明的,但是全世界的优秀运动员根据自己的特点对弧圈球技术进行了"再创造",形成了多个不同的流派,有凶狠力量型的、有稳健控制型的,还有快速变化型的等,这些经过再创造出来的个性化的特点能帮助他们变得与众不同,进而成为脱颖而出的"尖子"。

例如,对发球技术的再创造:对高抛发球的再创造帮助许绍发成为了世界冠军;郗恩庭对当年容国团转与不转发球的再创造,使之成为他夺取世界男子单打冠军的三大杀手锏之一;梁戈亮利用球拍两面性能不同的反胶与长胶再创造出独特的倒拍发球,一度困扰了全世界的运动员;还有牛剑锋对下蹲发球的再创造,成就了她独特的砍式发球,并帮助她夺取了世界杯冠军;瓦尔德内尔借鉴了中国直拍侧身正手发球的握拍技术,对横拍正手发球的握拍技术进行了再创造,开创了横拍正手发球新变化的先河;现在又有直拍运动员借鉴了横拍的发球技术,再创造出正手发球新动作。凡此种种不胜枚举,对发球的"再创造"是许多尖子运动员的重要选项。

例如,对打法、技术运用的再创造:20世纪70年代世界亚军闫桂丽在中国直拍近台快攻的基础上进行了再创造,率先成功实践了横拍近台快攻打法。

例如,80年代滕毅借鉴了直、横拍正胶颗粒和反胶球拍击球的不同特点,再创造出正手用生胶打快攻、反手用反胶拉球破解对手"劈长加转球"的独特"横拍直打"打法,帮助他成为世界冠军。

例如,90年代后期刘国梁、马琳、王浩借鉴了横拍反手进攻技术,对直拍反手攻球技术进行了大胆的再创造,开创了"背面攻"新技术,创造出"直拍横打"的中国直拍独特打法,并在他们自己获得很大成功的同时,为今后直拍运动员的发展树立了榜样。

例如,近年来张继科、马龙等顶尖运动员对接发球"挑、拨"技术进行了再创造,创新出"台内反手侧拉"的新技术。

### 5. 结合个人特点对打法、风格的"再创造"

结合个人特点对打法、风格的再创造是对个人潜能的最深挖掘，是对个人优势条件的最大发扬。例如，三届世界单打冠军的蝉联者庄则栋以其手指手腕弹击的特长，对中远台两面进攻打法进行了再创造，创新出独具个人特点的直拍近台两面攻打法。

例如，张怡宁以其驾驭球的独特能力，练就了攻防转换的特长，对横拍进攻型打法进行了再创造，创新出横拍全攻全守的打法。

总之实施"再创造"式的教学训练模式是培养尖子运动员的必由之路。"再创造"并非高不可攀，只要常备"创新"之心，不甘庸碌无为，只要深入了解你的运动员并紧跟现代乒乓球运动的发展趋势，"再创造"式的教学训练模式一定能孵化出更新的"尖子"。

## （四）筑建多层次"超越自我"的竞赛体验平台

众所周知，尖子运动员的成长需要通过比赛的不断"赢球"来证明，因此在"尖子"的孵化过程中，青少年更需要通过比赛来体验他们已经实现的"自我超越"来验证自己的成长。"体会超越，验证成长"是运动员成为"尖子"的必然心理过程，这不仅是他们不断参加比赛追逐的目标，而且也是运动队组织练成"尖子"必要的条件。

首先青少年运动员需要通过比赛体验到技战术的自我超越，从而认识到自己竞技实力获得的增长。为此除了根据训练不同阶段的不同任务有目的参加全面对抗性的比赛外，还应该安排具有针对性特点的比赛，例如：发球抢攻的前三板比赛；左半台对抗赛；关键球的比赛等。

其次要让青少年运动员通过比赛积累经验，体验思想方法和思维品质的自我超越，从而认识到自己的认识水平逐渐成熟。为此应该重视比赛的总结，并将比赛中思维品质的提升作为总结与交流的重点。

最终还要让青少年运动员通过比赛提高心理素质，体验坚韧、自信、乐观、成就等心理素质的自我超越，从而认识到自己综合素质的提升。为此教练员应该帮助他们在重大比赛中打出更好成绩，并以此成为他们再次超越自我，挑战更快、更高、更强的新的心理支撑点。

总之在"尖子"的孵化过程中，搭建不断自我超越的比赛平台是必不可少的，因为只有当他们经历过这些刻骨铭心的比赛考验之后，才能亲身体验到自己的成长，而只有他们自己"体验到"的成长，才能成为他们自己真正"拥有的"成长，否则这些"成长"仍然只是停留在总结纸上的文字或教练员口中的语言。

### （五）组建涵盖主要不同技术打法的对练群体

乒乓球运动是个人的对抗运动，青少年必须练就既具备"变化能力"，又具备"应变能力"的主要技术。

由此可见，运动队组织孵化"尖子"的另一个基本条件是组建一个涵盖主要不同技术打法的对练群体，以便使运动员能够在与不同的对手相互对抗中掌握相关的全面应对技术与必要的变化和应变能力。这个群体的组建首先应该从不同球拍性能打法角度上考虑，包括有反胶、正胶、生胶、长胶等不同持拍的运动员；其次要从不同类型打法上考虑，包括攻球、削球等；同时还应该从握拍差别上考虑，包括左手、右手、直拍、横拍等。

在这种涵盖主要不同技术打法的对练群体中，青少年可以在相对全面的"对抗"环境中成长，只有这样才能有助于更多的"苗子"成长为特长突出、技术全面、没有明显漏洞的尖子运动员。

## 二、运动队的系统训练和管理

运动队最基础的工作还是训练。如果训练没有重点，或教学不得要领，功夫下不到点子上，轻则事倍功半，重则就会误人子弟。所以，必须明了在运动队的训练工作中，应该紧抓不放的关键问题。

### （一）设计自主性的个人发展规划

培养尖子运动员的训练首先必须根据训练对象的性格、技术、身体素质等特点，为他们设计自主性的个人发展规划，也就是设计青少年运动员个人未来的赢球模式。尖子运动员之所以是"尖子"，就是因为他们具备与众不同的技战术特征和个性鲜明的打法风格。因此只有根据训练对象的不同特点来设计他们自主发展的规划，才能最大限度地挖掘青少年的个人潜能，进而训练出独具个人特色的尖子运动员。

教练员在展开具体的训练行动之前，先要对青少年进行仔细观察、周密分析、深入研究，与他们谋划、设计出适合他们未来个性发展的赢球模式，然后再开展具体的技术、战术训练（表5-6）。这样的训练是在设计的赢球模式指导下进行的，因此必然会对模式框架内外的训练内容与要求有所取舍、有所侧重、有所节省、有所扬弃。这种目标明确、重点突出的选择性训练当然是高效率的。例如，当年为张怡宁设计了弧圈球快攻打法，速度旋转融合进攻的赢球模式。在这种模式指导下，张怡宁八九岁就开始学习弧圈球，从儿童阶段就打下了牢固的进攻中击球与摩擦相融合的技术基础，很快就使她在同龄的伙伴中脱颖而出。

表5-6 青少年诊断分极标准

| 项目及内容 | | 诊断分级标准及说明（最高为△△△） |
|---|---|---|
| 战术状况 | 单战套数 | 学习掌握单个战术的套数（有一套△ 有两套△△） |
| | 战术质量 | 已学单个战术能够使用△ 能使用并较成功△△<br>使用率高并较成功△△△ |
| | 变化能力 | 能变化落点△ 能变化旋转或力量△ 能变化节奏△ |
| | 应变能力 | 能应变落点变化△ 能应变旋转或力量变化△<br>能应对节奏变化△ 能应对不同性能球拍变化△ |
| | 战术意识 | 得分手段明确△ 判断场上情况清楚△ 变化战术运用得当△ |
| 身体素质 | 60米 | 时间 |
| | 800米 | 时间 |
| | 1500米 | 时间 |
| | 立定跳远 | 厘米 |
| | 双摇跳绳 | 次/45秒 |
| | 步法移动 | 3.5米移动、15次记录时间 |
| | 羽毛球掷远 | 厘米 |
| 运动成绩 | 市级比赛 | 市级比赛和市运动会比赛中成绩（记最高一次比赛成绩） |
| | 全国比赛 | 全国性杯赛、全国性比赛及出访比赛中成绩（记最高一次比赛成绩） |
| 身体形态 | 身高 | 厘米 |
| | 体重 | 公斤 |
| | 健康水平 | 良好、一般、较差 |

（续表）

| 项目及内容 | | 诊断分级标准及说明（最高为△△△） |
| --- | --- | --- |
| 技术情况 | 协调 | 主要单个技术动作协调△ 主要技术之间结合协调△△ 主要战术之间衔接协调△△△ |
| | 学习能力 | 愿意学习新技术△ 学习掌握新技术较快△△ 学习与使用新技术的过程较短△△△ |
| | 手感 | 次数/分，离墙1米向墙上直径30厘米圈内连续击球 |
| | 全面技术 | 掌握正手攻/拉/防相持、衔接技术△ 反手攻/拉相持、衔接技术△△ 全面发抢技术△△△ |
| | 技术质量 | 速度较快△ 力量较大△ 旋转较强△ 落点较好△ 准确率较高△ |
| | 特长 | 控制较好可间接得分△ 有一个明显得分手段△△ 有二个以上明显得分手段△△△ |
| | 特短 | 无明显失分，但无谓失误多△△△ 有两个以上明显弱点△△ 有一个明显弱点△ |
| | 步法 | 能随球移动△ 步法启动快、移动速度快△△ 重心交换好、能连续移动△△△ |
| 心理素质 | 练习兴趣 | 喜欢体育活动△ 热爱乒乓球专项运动△△ 迷恋专项训练和比赛△△△ |
| | 自信心 | 对不了解的对手信心足△ 对曾战胜过自己的对手仍有信心△△ 对强手也有信心△△△ |
| | 意志品质 | 不怕体力之苦△ 不怕伤病之苦△△ 不怕心理精神之苦△△△ |
| | 自控能力 | 日常生活中自控好△ 艰苦训练学习中自控好△△ 激烈竞争中自控好△△△ |
| | 攻击性品质 | 喜欢挑战和表现自己△ 喜欢向强手挑战△△ 喜欢在公开场合表现自己△△△ |
| | 注意力 | 两米远注视墙上一个30厘米圈计目不转睛时间△——△△△ |
| | 比赛表现 | 内部比赛表现一贯正常△ 对外比赛表现正常△△ 重大比赛表现正常△△△ |
| 智力状况 | 文化程度 | 学习成绩 |
| | 学习愿望 | 能随大家学习△ 学习态度积极努力△△ 积极主动求知欲强△△△ |
| | 理解能力 | 较快理解他人意思△ 理解了即能行动△△ 能根据情况灵活行动△△△ |
| | 接受能力 | 能接受新东西△ 接受新东西较快但反复多△△ 接受快能运用△△△ |
| | 专项记忆 | 能复述教练的指导△ 能复述教练的收获体会△△ 能复述比赛中的细节△△△ |
| | 比赛决策 | 比赛中明显吃亏即改变行动△ 刚吃亏就能改变△△ 能变在对手前面△△△ |

（续表）

| 项目及内容 | | 诊断分级标准及说明（最高为△△△） |
|---|---|---|
| 其他 | 理想 | 羡慕当个运动员△　非常想当优秀运动员△△<br>特别想当世界冠军为国争光△△△ |
| | 纪律 | 能在管理下遵守纪律△　在无监督下遵守纪律△△<br>在困难环境中遵守纪律△△△ |
| | 训练态度 | 教练指导下训练态度好△　能自觉认真训练△△　能苦练加钻研△△△ |

## （二）建立进度超前、破格培养的训练机制

培养尖子运动员的运动队组织必须建立起进度超前、破格培养的训练机制。因为"尖子"的成长速度异于常人，不能用按部就班、论资排辈的固化机制束缚他们的成长。事实上，许多尖子运动员在他们的成长过程中都得益于"超前、破格"的训练安排，例如，男帮女、大带小、一二队之间的升降级机制等，使青少年中的好苗子得以超越群体，脱颖而出，成为"尖子"。例如，世界冠军滕毅从小就跟着大队员组训练，在体校期间他的教练员一直刻意安排他跟比他年长三四岁的运动员在一起训练，以至于滕毅在15岁时就获得了全国冠军。"大带小"是重要的诱导训练法，将可能脱颖而出的小苗子破格放到大运动员中，实施"大带小"的训练机制，可以诱导他们技术尽快成长、心理尽快成熟。

例如，世界亚军闫桂丽少年时期在北京队一直安排与男队员训练，以至于许多同龄的男生一直打不过她。为此有的男生甚至提出暂时不想与她一起训练了的要求，希望借此与她拉开距离。"男帮女"一直是中国乒乓球队训练尖子女运动员的重要破格手段之一。

## （三）采用启发创造力的互助、互动教学训练方式

培养尖子运动员的运动队组织必须开启青少年自己的创造性发展，这绝不是教练员可以替代的。因此在训练中教练员应该注意采用启发创造力的互助、互动、开放的教学训练方式。例如，中国第一代著名教练员傅其芳为了启发庄则栋创造他自己与众不同的近台两面快攻打法时告诉他说：技术问题主要靠你自己解决，战术问题由教练员负责。这种开放式的教学方式为庄则栋发展自己独特的两面"弹打"技术开放了广阔的想象空间，最终成就了庄

则栋成为当时的一代"球王"。

例如，当马琳还是一个稚嫩的少年运动员时，大家多次看到总教练蔡振华在比赛现场将他拉在自己身边，边做场外指导，边诱导他分析场上的变化。经过这种诱导式的教学方式，马琳很快成为中国乒乓球队新一代中打球最聪明的尖子运动员之一。

例如，小苗和小李同是中学乒乓球队的队友，这两个孩子之间的日常比赛中，总是小苗胜得多，可是对外比赛时小苗一直不如小李，为了帮助小苗突破自己的瓶颈，教练员根据他俩对同一对手的比赛视频做个统计，计算一局比赛中进攻的上手率和成功率。结果发现他俩进攻上手的几率接近，但是小苗的得分率却远远低于小李，此分析说明了小苗上手进攻的质量不高，无法将对手给自己的小机会扩大成为自己的优势战果。经过这种统计数据的启发教学方式，小苗找到了自己上升的突破口，在以后的训练和比赛中有了明显的改进。

例如，小李的反手台上拉球技术很好，但是比他长几岁的小苗却不如他，但是从表面上看，教练员没有发现他们之间在动作结构上的明显不同，于是教练员让他们互相握住对方的手，模拟各自击球瞬间的动作用力，说出互相之间的区别。经过几次"相互感觉"，小李很快就说出了自己与小苗用力的不同点。他说："我在反手拉球时主要是使用前面的手指（拇指）用力，但是他（小苗）是后面几个手指一起用力。"这些都是教练员从表面不容易发现的差别，经过这种互动、互助教学方式，才帮助小苗找到了反手拉球调节控制不好的原因。至此，小苗根据小李的建议改进了自己的用力方法，反手拉球也找到了好的"感觉"。

## （四）制订实施以获得最佳竞技状态为目标的周期训练计划

运动队组织在培养尖子运动员的训练中要贯彻实施周期性的训练原则，教练员要为他们制订并实施以获得最佳竞技状态为目标的周期训练计划，以便推动青少年向"尖端"的方向波浪式的前进和螺旋式的上升。

所谓周期训练就是对运动员在一个阶段的训练期间，以在重大比赛期间获得最佳竞技状态为目标，对其技术、战术、体能、智能、心理的一系列进行此消彼长的安排。

## （五）坚持因材施教的个性化教学训练思路

运动队组织在培养尖子运动员的训练中必须坚持因材施教的个性化教学训练思路。所谓"因材施教"，是指因运动员在身体、心理、技战术等方面表现出的才能与特点，施以适合他们个性发展的教学与训练，使他们的个性特征发展成为与众不同的个人特长，这是孵化尖子运动员的必由之路。

"金无足赤，人无完人"，个人的才能总是有先天和后天的局限性的，人生的短板几乎是无法改变的。著名的木桶原理说，决定桶中"水"的多少永远是最短的那块桶帮。如果在无法改变"桶帮"长短的现实状况下，希望实现桶中存放更多"水"的目的，就需要将水桶向较长的桶帮板块方向倾斜，这样向"长处"倾斜的做法就是因材施教的原理。教练员在因材施教的训练时，需要具备以下几种思路。

**思路一：依据身体状况发展适合的打法**

依据运动员成长过程中在身体形态、机能和素质等方面表现出的特点，发展更加适合他们的打法类型技术。这种发展适合他们自身特点的打法类型技术的因材施教训练，可以达到事半功倍的效果。乒乓球的打法类型大体上可以分为进攻性和防守型两种类型：

防守型中又可以根据进攻技术运用得多少分为攻守结合型和削中反攻型，如曾经获得过世乒赛男子单打第2名的韩国运动员朱世赫，获得43届世乒赛男子团体冠军的中国主力运动员丁松，他们都属于进攻技术运用较多的攻守结合类型；前世界冠军童玲和现在中国队的运动员武扬等都属于防守技术运用更多的削中反攻类型。

在进攻型打法中可以根据其主要进攻的范围分为：近台快攻型和全台进攻型，近台快攻需要摆速快，离台进攻需要力量大；也可以根据他们主要的进攻技术运用分为：两面进攻的均衡型和以正手进攻为主的强攻型，两面进攻型需要两侧动作力量相对均衡，而正手强攻型则因为需要大范围移动，所以必须有更强健的腿部力量；当然还可以根据他们的主要击球方式分为：快攻型或弧圈型等。不同的打法类型对身体形态、肌肉类型等条件有不同的要求。前世界冠军庄则栋是近台快攻的佼佼者，他的手臂较常人略短，因此在近台快攻中挥拍摆速较常人更快。王励勤夺得多次世界冠军,他身高臂长,击球力量大,被誉为"王大力",是典型的全台弧圈球进攻型选手。

所以在培养尖子运动员的训练中,依据他们的身体形态、机能和素质特点因材施教训练,发展适合他们自身特点的打法类型技术可以达到事半功倍的效果。

**思路二:依据运动员精神气质特征强化技术风格**

依据运动员的心理、性格和思维等精神气质特征,强化、鲜明他们的技术风格。所谓"技术风格"是指运动员在运用技术过程中经常表现出的态度,是一种个人相对稳定的内在精神气质在技术运用时的外在表现。

邓亚萍、王楠和张怡宁是中国女队近年来连续三代的领军人物,她们都是近台快速进攻的打法,但是她们在运用进攻技术时的态度却大不相同。邓亚萍凶狠中透着刁钻,气势咄咄逼人,充斥着压倒对手的霸气;王楠快速中富有变化,驾驭比赛灵活、睿智,表现得游刃有余;张怡宁则快中有狠、稳中有凶,有一种任你千变万化我自岿然不动的气概。三个"一姐",同样是进攻,却表现出三种不同的击球态度,表现出不同的技术风格,她们都达到了自己事业的顶峰。假设她们采取类似相同的"态度"打球,其中有两个人一定不会将她们的人生演绎得如此精彩。因为只有当她们将技术运用的"态度"与自己的精神气质特征高度吻合时,她们才能实现自身能量消耗的最大节省和最高的效率。记得有一段时间里张怡宁为了实现自己的"再突破",尝试改变自己的技术风格,追求凶狠在先,拼命强攻的结果并不理想,不仅比赛打得十分辛苦,而且效率不高,得不偿失。

在培养尖子运动员的训练中,深入观察并分析他们的精神特征,帮助他们明确自己打球的技术风格,并以此为核心不断强化、鲜明这种风格,使之成为自己技术运用的独有气质,这也是因材施教的重要课题。

**思路三:依据运动员的技能、技巧组建他们的特色技战术**

运动员在训练成长过程中对各项技能、技巧的掌握程度会表现出各自不同的特点。在培养尖子运动员的训练中,应该随时关注这些特点,特别是有助于提高击球效果的特点,努力将这些特点发展成为他们的特长,进而围绕着特长组建成他们的特色技战术。这一因材施教的过程应该是一种积极主动引导训练打造其特长的过程,而不是消极等待其特长出现的被动过程。

具体的思路应该是一切以击球"效果"为核心,以效果为核心来"滚雪球"。因为独特的击球"效果"一定是我们因材施教的"材"。从培养尖子运动员的训练过程的第一个层面上来说,训练的目的就是要主动寻找、发掘这些"材",从中找到他们独具个性的击球"效果",进而打造其特长技术。然后围绕着保证特长"效果"的需要,逐步打造以利于"效果"充分发挥的相关保障技术。这是一种以"效果"为核心,从"追求效果"延伸到"保障效果"的训练思路,是一种逆向挖掘式的训练。

以"效果"为核心的另一个层面要求是组建与运动员个性击球"效果"相互配套的其他相关技术,以保证个性击球"效果"在复杂的比赛对手面前得以发挥。这是一种先追求"犀利",继而再打造"厚重",先打造"特长",继而逐步"全面"的训练思路。

## (六) 深入细致的思想工作和心理素质训练

徐寅生在《怎样打好乒乓球》一文中曾经讲到他的亲身经历:第25届世乒赛上,容国团为新中国夺得第一个世界冠军,而徐寅生自己因为意志不够坚强输给了美国运动员迈尔斯。看着队友的成功,徐寅生下决心改变自己,从树立"胸怀祖国,放眼世界"的志向认识开始,一直落实到"从大处着眼,从小事做起"的行动之中。例如,在长跑训练时眼看要坚持不下去了,为了锻炼意志,他要求自己咬牙坚持了下去。经过多次这样的锻炼,他的意志品质有了很大提高。在第二年的全国比赛中,与之前的他判若两人,多次在零比二落后的情况下反败为胜。这一案例中的"意志品质"属于心理范畴的问题,"为国争光"属于思想领域的问题。两者的相互作用表现在——由于"思想认识"的提高,下决心在训练中提高自己的"心理素质",因此将注意力方向聚集在"咬牙坚持"上,在经历了多次"意志过程"的成功体验后,终于改变了过去的心理"状态",结果打起比赛来判若两人。

## 第三节 运动队参赛

### 一、制订程序化参赛方案

赛前做好比赛期间的程序准备，使运动员头脑清楚，准备充分，减少意外事件干扰，充满自信地参加比赛是组织运动队以最佳竞技状态参赛的前提。下面以国家乒乓球队参加2008年北京奥运会为例，介绍制订程序化参赛方案的基本方法和内容。

#### （一）团体赛参赛准备程序（表5-7）

表 5-7 团体比赛准备程序

| 内容 | 时间 | 要点 |
| --- | --- | --- |
| 赛前准备会 | 赛前一天晚上 | 1. 观看对手录像，研究制订第二天比赛的战术<br>2. 讨论团体赛出场顺序 |
| 运动员准备事项 | 赛前一天晚上 | 1. 运动员粘球板<br>2. 运动员准备第二天比赛的携带物品<br>①球拍（含备用拍）、胶水、球鞋、袜子、毛巾、比赛服、替换服、内衣、饮料、MP3等<br>②证件<br>3. 队医准备好运动员需要的护具，及急救药品、营养补剂等 |
| 起床 | 7:00 | |
| 早餐 | 7:15—7:35 | 可口，适宜，可适当增加含糖量 |
| 出发前最后准备 | 7:35 | 粘球板，再次检查所带物品是否齐全 |
| 驻地乘车出发 | 8:00 | |
| 抵达赛场 | 8:30 | |
| 赛前热身训练 | 8:35—9:40 | 1. 慢跑，热身操<br>2. 技术练习 |
| 准备比赛 | 9:40—10:00 | 调整呼吸，稳定心理，回想战术 |
| 比赛开始 | 10:00 | 1. 第一个运动员上场<br>2. 第二个运动员准备球拍，并在同伴即将结束比赛的前两局开始热身<br>3. 随即上场比赛的队员准备时间同上 |

（续表）

| 内容 | 时间 | 要点 |
|---|---|---|
| 比赛结束 | 11:30 | 1. 收拾好比赛用品<br>2. 出席新闻发布会<br>3. 如需球拍和兴奋剂检测，请翻译陪同 |
| 返程 | 11:50—下午 | 1. 集体返回驻地<br>2. 午餐<br>3. 午休<br>4. 准备下一场比赛 |

## （二）单打比赛参赛准备程序（表5-8）

表5-8 单打比赛准备程序

| 内容 | 时间 | 要点 |
|---|---|---|
| 赛前准备会 | 赛前一天晚上 | 1. 全体进行赛前动员<br>2. 各队员分别与主管教练进行明天比赛的准备：观看对手录像，制订比赛的主要战术 |
| 运动员准备事项 | 赛前一天晚上 | 1. 运动员粘球板<br>2. 运动员准备第二天比赛的携带物品<br>①球拍（含备用拍）、胶水、球鞋、袜子、毛巾、比赛服、替换衣服、内衣、饮料、MP3、发卡等<br>②证件<br>3. 队医准备好运动员需要的护具，及急救药品、营养补剂等<br>4. 约好训练对手 |
| 起床 | 7:00 | 此为10:00比赛的起床时间，比赛时间晚，起床时间也相应推迟（下同） |
| 早餐 | 7:15—7:35 | 可口，适宜，可适当增加含糖量 |
| 出发前最后准备 | 7:35 | 粘球板，再次检查所带物品是否齐全 |
| 驻地乘车出发 | 8:00 | 内容 |
| 抵达赛场 | 8:30 | |
| 赛前热身训练 | 8:35—9:40 | 运动员准备事项 |
| 准备比赛 | 9:40—10:00 | 调整呼吸，稳定心理，回想战术 |
| 比赛开始 | 10:00 | |
| 比赛结束 | 10:40 | 1. 收拾好比赛用品<br>2. 出席新闻发布会<br>3. 如需球拍和兴奋剂检测，请翻译陪同 |
| 返程 | 11:00 | 根据班车时间迅速返回驻地 |
| 午餐 | 11:30 | 根据个人习惯，摄入足够 |
| 午休 | 12:00—13:00 | |

（续表）

| 内容 | 时间 | 要点 |
|---|---|---|
| 赛前准备1 | 13:00—13:30 | 与主管教练员进行下一场比赛的准备：观看对手录像，制订比赛的主要战术 |
| 赛前准备2 | 13:30—14:30 | 1. 粘球板<br>2. 准备比赛所需用品（同上） |
| 出发前最后准备 | 14:30 | 再次检查所带物品是否齐全 |
| 驻地乘车出发 | 14:40 | |
| 抵达赛场 | 15:00 | |
| 赛前热身训练 | 15:00—15:40 | 1. 慢跑，热身操<br>2. 技术练习 |
| 准备比赛 | 15:40—16:00 | 调整呼吸，稳定心理，回想战术 |
| 比赛开始 | 16:00 | |
| 比赛结束 | 16:40 | 1. 收拾好比赛用品<br>2. 出席新闻发布会<br>3. 如需球拍检测，请翻译陪同 |
| 返程 | 17:00 | 根据班车时间迅速返回驻地 |
| 晚餐 | 18:00 | 可口，适宜 |
| 赛前准备1 | 19:00 | 1. 粘球板<br>2. 准备比赛所需用品（同上） |
| 赛前准备2 | 20:00 | 与主管教练员进行下一场比赛的准备：观看对手录像，制订比赛的主要战术 |
| 放松 | 21:00—22:30 | 1. 找大夫进行伤病治疗<br>2. 自由活动 |
| 睡觉 | 22:30 | 放松入睡，保证良好睡眠 |

## （三）准备处理比赛中的突发情况

①裁判员判罚不公怎么办？

②对方临场运用的技战术与自己准备的不同怎么办？

③对方出现了新技术，而自己一时不适应怎么办？

④对方在比赛中采用一些小动作或语言进行干扰怎么办？

⑤赛前突然出现了身体不适怎么办？

⑥比赛中受伤怎么办？

⑦球拍没有粘好怎么办？

⑧比赛中球拍意外损坏怎么办？

⑨比分1∶3、0∶3落后怎么办？

⑩观众噪音干扰，发球时突然喊名字或者闪光灯干扰怎么办？
⑪双打比赛中同伴发挥失常怎么办？
⑫比赛中当比分领先时，被对方连续意外球把比分反超时怎么办？
⑬同伴意外地输了，自己怎么办？
⑭比赛中教练员与自己对战术看法不一致时怎么办？
⑮赛前突然进行尿检怎么办？
⑯比赛打到最艰苦时，信心、信念出现一瞬间动摇时怎么办？
⑰赛前或比赛期间，媒体或对手对自己的看法褒贬不一甚至攻击怎么办？
⑱赛前出现各种焦虑、失眠、等待、精力消耗怎么办？
⑲如果由于你打丢几个球，同伴流露出不满怎么办？
⑳如果突然头脑中出现了空白，没有了主意怎么办？
㉑如果丢了钱和你心爱的东西怎么办？
㉒如果抽签碰上了你最不愿意交手的对手时怎么办？
㉓如果裁判或什么人专门盯上你，与你过不去怎么办？
㉔如果脑子里总出现消极信号怎么办？
㉕如果突然间失眠，睡不好觉怎么办？
㉖如果遇上塞车，不能准时到达赛场怎么办？
㉗如果关键球打丢，优势局丢失，许多人都认为没戏了，非常懊恼时怎么办？
㉘如果预想的比赛方案不奏效，处于被动怎么办？
㉙如果大家都看好你，都说你没问题时怎么办？

## （四）做好赛时各类人员的工作分工

①单打比赛中，教练员明确运动员的分区和对手、比赛时间、台号，提醒运动员起床、吃饭、乘车时间，提醒运动员准备好比赛器材。

②科研人员准备好摄像机、电池等器材物品，分配好每个人所负责的拍摄场次。

③翻译人员跟随队伍，一旦有突发事件，及时交涉。

④随时准备赛场出现状况时，要让队员保持冷静，集中思想，尽量减少外界干扰。

## 二、调兵遣将

参加重大比赛的团体赛允许四至五名选手报名，教练员调兵遣将对于争取比赛更好结果至关重要。一般来说，按照技术水平的排序，从自己的队伍中选出技术状态最好的一、二号人选，确定他们的报名参赛是件不必质疑的事，但是对三、四、五号选手的报名选择，我们更应从"排兵"策略上考虑，在技术状态、水平相差不多（有时甚至稍差）的情况下，教练员应该尽量选用不同打法的选手入围组队参赛，这样就可以组成多样的团体赛人选阵容，不仅能增加对手判断与准备的难度，而且还可以扩展教练员针对对手变化的回旋余地。

中国男队在报名参加世乒赛的团体赛时曾经多次选派一名削球手入围参赛，此举大大增加了对手准备工作的难度。20世纪60年代中国男队的团体参赛人选中有直拍长胶削球手张燮林；70年代和80年代，中国男队的团体参赛人选中先后有梁戈亮、黄亮、陆元盛、陈新华等削球选手。到了90年代初期，瑞典男队在瓦尔德内尔和佩尔森的领衔下强势崛起，曾几次打败中国队登上了世界乒坛的顶峰。在43届世乒赛的男子团体决赛上，中国队派出了5位特点不同的选手参赛，他们5个人竟包括了4种不同打法，其中有左手持拍的王涛，他的反手生胶打法独树一帜；另两个是右手持横拍的反胶选手马文革和年轻新秀孔令辉，他们具有完全可以与欧洲一流选手相媲美的弧圈球进攻技术；第四个是直拍正胶近台快攻选手刘国梁；第五个是攻势极强的削球手丁松。可以想见，要预测和应对中国队可能的出场人选有多困难？反观瑞典队将要派出的3名选手都是右手横拍，而且清一色的两面反胶球拍，又都是同样的弧圈进攻型打法，为此中国队的备战方案就简单多了。事实上，中国队在决赛中派出了王涛、马文革和丁松3名打法各自不同的选手出场，最终重新夺回了男子团体冠军，至此中国男队再次回到了世界乒坛的顶峰。

## 三、排兵布阵

团体赛临场的第一个重要课题——排兵布阵，这是一项对教练员运筹能力的挑战性工作。排兵布阵包括：比赛出场人选和出场人选的阵型顺序两个方面。

团体赛的排兵布阵一般有以下几种方法：

## （一）以我为主（正排法）

通常双方总体实力水平接近时采用此法。这种办法的主要特点是根据运动员的水平排阵，按照团体赛出场顺序，将自己的第一号主力运动员安排在前四场比赛的出场位置上，这也是比较稳妥的常用布阵办法：

主队（正排法）——客队（正排法）
A 第一号选手——X 第二号选手
B 第二号选手——Y 第一号选手
C 第三号选手——Z 第三号选手
A 第一号选手——Y 第一号选手
B 第二号选手——X 第二号选手

## （二）针锋相对（反排法）

通常分析本队的实力强过对方，或运动员个人技战术特点恰好能克制对手时采用此法。这种办法的主要特点是以强对强，针锋相对，力争迅速压倒对手。当然这种方法是建立在实事求是分析的客观基础上，否则会十分冒险。因为比赛的实际情况如果超出预料，本队的一号主力运动员有可能失去第二次上场比赛的机会，使得英雄无用武之地。具体办法如下：

### 1. 针对客队的反排法

主队（反排法）——客队（正排法）
A 第二号选手——X 第二号选手
B 第一号选手——Y 第一号选手
C 第三号选手——Z 第三号选手
A 第二号选手——Y 第一号选手
B 第一号选手——X 第二号选手

### 2. 针对主队的反排法

主队（正排法）——客队（反排法）
A 第一号选手——X 第一号选手
B 第二号选手——Y 第二号选手

C 第三号选手——Z 第三号选手
A 第一号选手——Y 第二号选手
B 第二号选手——X 第一号选手

## （三）中路突破（抓中间）

双方水平接近，如果本队第一号选手强过对方时可采用此法，这种排法的主要特点是本队第一号选手要确保拿两分，同时要拿下中间第三场。具体办法如下：

### 1. 主队抓中间的排法

主队（抓中间）——客队（正排法）
A 第一号选手——X 第二号选手
B 第三号选手——Y 第一号选手
C 第二号选手——Z 第三号选手
A 第一号选手——Y 第一号选手
B 第三号选手——X 第二号选手

### 2. 客队抓中间的排法

主队（正排法）——客队（抓中间）
A 第一号选手——X 第三号选手
B 第二号选手——Y 第一号选手
C 第三号选手——Z 第二号选手
A 第一号选手——Y 第一号选手
B 第二号选手——X 第三号选手

## （四）故布疑阵

决定出场人选是教练员比赛前的重要工作，如果事先能够对即将上场的对手有所准备，就能为赢得比赛争取到更多的筹码。所以比赛的双方都会千方百计地了解对手的情况，估计可能上场的对手人选，力求打有准备之战。如果教练员能够在赛前故布疑阵，使对手产生错觉，做了错误的准备，这样就可以形成巨大的心理优势，使比赛获胜的天平更多向己方倾斜。

在第28届世乒赛上,中国女队在团体赛的决赛上终于战胜了日本队,打了个漂亮的翻身仗,为中国第一次捧回了考比伦杯。回顾这次比赛的全过程,中国女队在主教练容国团的带领下,过关斩将,故布疑阵,演出了一场堪称经典的排兵布阵大戏。当时从未夺冠的中国女队在前进的路上面临着两大拦路虎,一个是采用欧洲传统削球打法的罗马尼亚队;另一个是采用弧圈球进攻打法的日本队。两面作战是兵家大忌,如何集中兵力成为排兵布阵的关键。在比赛开始阶段,中国女队先是派出做了充分准备的李赫男、梁丽珍出场,她们两个是直拍快攻选手,为了破解欧洲削球打法专门练就了直拍正胶小弧圈。果然她二人不负众望顺利闯关,将中国女队带进了决赛。决赛关头,包括日本队在内的所有外国人都毫无疑问地认为,中国女队继续派出这两个直拍快攻选手上场是顺理成章的事,但是当中、日双方对名单时人们发现,中国女队竟然派出两个横拍削球手林慧卿、郑敏芝上场决赛。其实这两个削球手为了准备这场比赛已经足足练了一年多,在本次比赛中,她俩除了预赛时上了一场热身外,几乎从未露面,时逢决赛突然上场对她俩来说自然是有备而来,然而在不知底细的日本队看来,在决赛时突然"换将"简直是不可思议的事。中国女队的"奇兵"把毫无准备的日本队教练员惊呆了,惊魂未定的日本女队也就以0:3败下阵来。

## (五)反复推敲法

虽然上述排阵法都是有效的,但是因为对抗的双方都有机会变化自己的排阵,因此不能僵化地运用上述方法,俗话说:运用之妙,存乎于心。所谓"心"就是不仅要了解自己,而且要了解对方,不仅要了解对方的运动员,而且要了解对方教练员的排阵习惯。为了排好兵、布好阵,教练员还应学会反复推敲,具体办法如下:

首先,按照本队设想的方案排阵;

其次,换位思考,即站在对方的立场上,针对本队的排阵顺序排出相对应的"对方假设方案";

再次,再根据"对方假设方案"排出本队的理想方案;

最后,反复推敲,确定本队最终的排阵方案。

## 四、赛前动员和赛后小结

### （一）赛前准备

赛前的准备会非常重要，"优势而无准备，不是真正的优势，相反有准备的弱势者可以打败无准备的优势者"这是伟大军事家的名言，教练员召开赛前准备会的重要性也在于此。

#### 1.了解对手、有的放矢

为了让即将上场的选手初步了解对手的特点，特别是弱点，教练员需要在赛前尽量做足了解对手的功课。有可能的话，教练员可以带领队员提前观摩对手的比赛，或利用视频分析对手的习惯、特点，找出他们的弱点，制订战胜对手的战术方案和思路。如果没有条件直接了解对手，也可以从和对手交过锋的人那里去了解一些情况，经过分析制订战术方案。

#### 2.认识自己、坚定信心

虽然受客观条件的局限，要想完全了解对手很难做得到，但是清醒地认识自己，特别是认识自己的特长，并依据这些特长建立克敌制胜的战术方案也是准备会的重要内容。教练员可以结合青少年参加之前比赛的情况分析，帮助他们清醒地了解自己的特点和致胜手段，坚定他们的信心。

#### 3.提要求、给方法

在准备会上，教练员可以对青少年提出更高的要求，要求他们表现出更好的战斗风格，发挥出更好的技战术水平。也可以根据经验和预测，提醒青少年应该特别注意的某些事项，但是在提出所有要求的同时，教练员必须注意随即给出具体的方法。例如，不能只是简单地要求他们接好发球，而且还要提醒他们接发球的判断要领和接球的方法；不能只要求他们集中精神，抓紧比赛，不要放松，而且还要告诉他们，在领先时应该如何观察对手，在什么情况下坚持或及时改变战术。

小李是一个左手横拍快攻运动员，她曾经在全国中学生锦标赛上获得过女子单打第3名的好成绩,可是她在北京市的比赛中总是输给一个叫小贾的对手。她们俩都是左手握拍的攻击型打法,可是小贾能发一手非常好的大角度急长奔球,在接发球这一环节总是带给小李很大的心理压力。因为平时练习的对手多是右手握拍的运动员,小李在与同是左手握拍的小贾相遇时,总是觉得球路十分别扭,加上被对方发出的两大角奔球一冲,不由得自乱阵脚。据统计,在北京市大大小小的比赛中,她先后输给对手已经有6次之多。正可谓冤家路窄,在她参加高中阶段最后一次全市比赛时,她与小贾又被抽在一个小组,而且根据赛制,只有取得小组第1名才能出线,真是生死只在一线之间。

为了帮助她打好这次比赛,教练员专门为她开了准备会,会上分析了对手反手进攻的弱点,制定了压制对方反手,等待对方变线,再发挥自己正手进攻长处的战术。同时针对她吃发球的原因,教练员专门模拟对手发球,教给她坚持近台、借力加力破解对手两大角急长发球的接发球方法,并具体落实到如何判断落点,如何抓住最佳击球时间等。

通过一系列的准备,应该说从技术角度上看她的接发球已经过关了,战术制定也是正确的,剩下的就是要在比赛中帮助她克服曾经连败的心理障碍了。但是由于小组赛采取11分的3局2胜制,每一分都是关键,更何况小李特别想赢回这一次,克服心理障碍仍然是一个有待解决的课题。

果然,比赛一开始小李依旧打得缩手缩脚,犹犹豫豫,结果第一局轻易就落败了,第二局又以1∶7落后,眼看大势要去,四周站脚助威的拉拉队也开始离去了,这时教练员要了个暂停。当她回到场边时,教练员没和她讲战术,只是直接问了她一句:"你还记得你输给她几次了吗?"她愣了一下回答说:"有好几次了,我也记不起来了。"接着教练员告诉她说:"既然输了这么多次,再输一次又有什么关系?还是专心打好我们准备的战术吧!"听了这句话,小李想:"反正输了这么多次,现在又落后这么多,想赢也没有用了,还是专心想战术吧!"回到场上后的她居然判若两人,接发球绝不退后,死死压住对方的反手,先是以11∶9实现大逆转,然后又以11∶6拿下决胜局,实现了她的首次翻盘。心理压力的释放使她后面的比赛越战越勇,最终夺得了单打冠军,并为自己在中学期间从事乒乓球运动画上了一个圆满的句号。

## (二)赛间小结

由于时间的原因,在一场场比赛之间的小结不可能像全部比赛结束后那样做全面的总结,但是必要的赛后小结和下一场比赛的准备与动员结合在一起可以起到发扬成绩以利再战的作用。为了实现摆正心态、鼓舞士气的目的,这种小结应该遵循"从成功中找问题和从失利中找机会"的原则。避免赢了一切都好、输了一无是处的片面做法。

北京中学生乒乓球队有一年在全国中学生运动会比赛上拿到了男子团体冠军。运动员们在场上发挥得淋漓尽致,夺得冠军后自然兴奋得不行,但是教练员知道以目前这种亢奋状态去打接下来的单项比赛肯定要出问题,于是及时召开了全队会,对前面的比赛做小结,为后面的单项比赛做准备。会上教练员没有过多表扬大家在团体赛中的上佳表现,而是要求大家静下心来找问题,特别是针对目前信心膨胀的状态,告诉大家比赛还没结束,面对即将到来的单项比赛一定要多做困难准备。虽然如此,但是这些处在青少年阶段的运动员还是不能很好地把握自己的情绪,第二天很快地就输掉了男子双打。在这种情况下教练员没有批评他们,而是帮助他们分析比赛中曾经出现的机会和没能抓住机会的原因,指出心情浮躁是失误增多的主要原因。要求大家从零开始,一分分地拼。经过赛间小结的调整,大家终于平复了情绪,专注后面的比赛了。最后夺得了混合双打冠军,其他多个单项进入前8名。

## 五、赛期队伍管理注意事项

①保证健康,保持体能,排除干扰,专注比赛。
②准备并保管好合格的比赛球拍和备用球拍。
③准备好统一队服、号码布和参赛证件。
④了解准确的比赛时间、对手、场地台号和把握赛前的到场时间。
⑤吸收运动员参与管理,实行领队、教练员与队长结合的队伍管理制度。

## 第四节 教练员工作

### 一、良好的职业道德

优秀的教练员的职业目标是帮助青少年通过乒乓球训练,球技学有所成、心理健康成长、思维进步成熟和比赛成绩不断上升。教练员只有通过育人成才来体现自己的社会价值；通过打赢比赛体现自己的行业价值；通过在训练中的创新体现自己的专业价值；通过自己有成就感和富裕的生活体现自己的个人价值。

在首届全国基础教练员培训班上，请了一位上海的区体校教练员给大家介绍经验。这位教练员训练成绩十分突出，为国家输送了不少优秀运动员，熟悉他的上海朋友介绍说，他能把每一个孩子都练出来。听了这话许多人都不太相信，因为能成为优秀运动员的青少年终归是少数，再好的教练员也不可能把所有的孩子都送去专业队。不过经事后了解，仅仅将能否被专业队选中作为衡量这位教练员的标准过于狭隘了。因为经他练过的青少年由于技术精湛、人品端正，受到了各行各业的欢迎，即使没有进入专业队也都有很好的出路与前途。从这一点来看，朋友们对这位教练员职业成就的美誉之词和职业道德的尊敬一点也不为过。

## 二、高度的敬业精神

优秀的教练员应该将自己的职业变成人生的事业。应该对乒乓球事业怀有深厚情感，迷恋和享受自己的工作，并在追求工作更高目标中实现自己更富裕的生活；应该树立远大理想，超越自己、超越前人，与运动员一起不懈追求，共创奇迹；应该保持认真、负责、专心、求精的工作态度，淡定面对挫折、诱惑，不气馁、不动摇；应该对乒乓球训练的目标坚持方向、执着勤奋、持之以恒，经得起挫折，经得起孤独、寂寞。

1995年在天津举办的第43届世乒赛上，中国男队打了翻身仗，但是主教练蔡振华认为，中国男队占了主场的优势，还不能证明我们真的在世界上重新崛起了，接下来的奥运会才是重大考验。1996年7月24日亚特兰大奥运会开幕在即，但是4月份主教练蔡振华却因为腰伤不得不做了一个大手术。按医嘱，手术后他至少要卧床3个月，否则就可能发生瘫痪的危险，但是为了准备奥运会，高度的敬业精神让他不顾可能的危险，仅仅休息了一个月就坚持来到扬州的集训现场。每天八九个小时的集训任务对常人都是一个巨大的负荷，更何况一个尚未痊愈的病人。这对始终坚持在训练一线的蔡振华来说是一个巨大的考验。在训练现场，蔡指导身带沉重的护腰板指导着运动员们，实在坚持不住就躺在一边的球台上休息一会儿再干。后来还想出一个办法，搬了个长条桌，蔡振华躺在上面，双手撑在竹枕上，靠着栏杆居高临下指挥训练。就这样，在他带领下的中国乒乓球男队让亚特兰大的赛场上一次次升起了五星红旗。

## 三、优秀的人格魅力

优秀教练员应该身教甚于言教。以自己的行动表达出爱事业、爱学生和洁身自爱的情感魅力；以执着、守信、坚持原则、勇于担当的坚毅精神彰显自己的意志魅力；以知识全面、谈吐睿智、训练有效和管理有序展现自己的教学指导魅力；以优异的训练比赛成绩和育人成才业绩不断提高自己的成就凝聚力。

在北京一所中学就读的小曹原来是学校乒乓球队水平比较差的几名学生之一，但是在他中学生涯的最后一次全市比赛中竟然获得了单打第2名的好成绩，并为此获得了一级运动员的等级称号。高考后的暑假虽然没有比赛任务了，但是他在家长的支持下放弃了提前回家休息，坚持要跟一位教练员一起活动一个月，说是要全面跟随教练员学习学习。其实这位教练员带小曹的训练只有短短的半年多时间。对为何有这样的吸引魅力让一个高考刚结束的孩子来到自己身边，让他也感到有些不解，但是既然来了，这位教练员就让小曹帮助他整理和制作一些优秀运动员的技术图片，希望在整理技术图片的过程中对他今后的乒乓球技术进步也能有所帮助。这天这位教练员和小曹无意聊起了他的比赛，问道："为什么你那次比赛技术进步这么快？"小曹回答说："因为以前的教练员只教少数几个队员，可能因为我的水平差，几乎不怎么管我，而您带我们训练的那段时间里几乎每个队员都教，接受了您的指导所以我的技术进步了。"虽然他回答得挺简单，但是看得出这是他的真心话。教练员在训练活动中对孩子们付出了真挚的感情，自然在孩子们心中也建立起能够凝聚人心的人格魅力。

## 四、系统的专业理论

"没有理论指导的实践是盲目的实践，没有实践支持的理论是空洞的理论。"这是至理名言。优秀教练员应该掌握系统的与时俱进的专业理论。应该坚持终身学习的态度，不断加深对乒乓球理论的认识，灵活运用理论指导训练比赛工作，并在实践反复检验自己认识的理论，通过不断创新跟上世界乒乓球运动的发展变化。

对于基层教练员来说，解决技术动作问题一直是一个绕不开的话题。过去遇到运动员出现技术动作的问题，教练员们总是习惯从外在形态上去判断，依据自己的经验体会，用模仿的办法去教他们、改他们，经常走通过追求"形似"，反复"试错"，希望"偶遇"正确的击球用力，找到"神似"的路子。这样做费时费力，一直效果不好。

针对这一难题，一位教练员根据技术动作是"肌肉的用力行为"，人体关节都是"杠杆结构"这些理论上的定义对技术动作进行了深入研究。归纳出从用力行为角度观察、判断、解决技术动作问题的"三把钥匙论述"。依据"躯干带动四肢"的人体用力原理，找到了影响挥拍击球动作的"基础用力"；依据"顶拨+旋擦"的手指前臂关节杠杆力学原理，找到了击球瞬间肉眼不易察觉的"调节用力"；依据"牵张反射"的肌肉用力原理，找到了影响击球弧线的拍头"辅助用力"。

至此，这位教练员开始了用"三把钥匙"来诊断和解决技术动作问题的教学训练实践，经过反复检验发现利用这一方法不仅在解决青少年的技术动作问题上非常简单有效，而且还能帮助教练员清晰地理解自己没有掌握的新技术问题，大大提高了教学训练质量。这一案例的成功说明了理论联系实际对提高训练教学效果的重要性。

## 五、高超的临场指挥艺术

这里所说的"艺术"就是需要根据不同情况、不同时间、不同对象，采取不拘一格的灵活方法，帮助自己的运动员获取最终成功。然而要做到这一点，首先要求教练员必须始终保持对客观判断的清醒头脑，因此"清心寡欲"是临场教练提高指挥艺术的必要条件。

### （一）清除"怜悯心"

都说"慈不掌兵"，临场教练员必须以自己的"钢铁意志"影响场上孩子们，"两强相遇勇者胜"是拼搏取胜的第一定律。

在一次北京市传统项目学校乒乓球比赛中，小刘进入了单打决赛，由于洒落在地板上的汗水没有被及时擦净，他在一个扑救正手进攻的动作时突然滑倒，这一跤摔得很重，倒在地上的他半天没有爬起来。裁判员和几位老师围上前去将他扶了起来，面对着众人的问候、同情和安慰，他表现出十分痛苦和委屈的样子。这时候比赛正进入关键时刻，教练员见他没有什么严重伤害，但是在大家的安慰与怜悯下，却使他显得愈加虚弱。于是就冷冷地问他："还能打吗？打不了就弃权吧！"本来他被摔了一跤，注意力正沉浸在受伤害的委屈之中，但是一听说教练员要他弃权？注意力马上转了过来，因为这是他的男子单打决赛，"我不弃权，我能打！"他急急忙忙地回答。看他急成这个样子，教练员心中暗笑，于是说："能打就上场，别那么娇气！"上场后，小刘似乎忘掉了刚刚摔的那一跤，一如既往地拼搏，最后终于夺得了男子单打冠军。虽然事后可能会有人质疑教练员的冷漠，但是如果当时他的教练员也加入对他安慰、同情甚至怜悯的行列，无疑会进一步削弱他的斗志，甚至错过帮助他通过这样的拼搏取得成功，并在心理的炼狱中浴火重生的机会。当然，比赛结束后，教练员并没有忘记去关心一下他的伤势，但是那时胜利的喜悦已经让他忘记了伤痛。

### （二）清除"得失心"

临场教练员当然希望自己的运动员获胜，但是不清掉"得失心"就会陷入"当局者迷"的状态，失去清醒的判断力。临场教练员可以与队员一起在场外为自己的运动员欢呼、鼓掌加油，但是临场教练员不能忘记自己作为指挥员的任务，即使是一个简单的鼓励，也应该视为对自己运动员执行战术的明确暗示，绝不能将自己变成普通的拉拉队员，更不能将获胜的希望寄托在场外的"气势"上。

在一次全国中学生乒乓球锦标赛上，场外教练员与运动员都在为本队的每一次得分欢呼雀跃，鼓掌加油。而一位教练员静静地坐在一边，拉着一个运动员和他分析场上的战况，分析什么球是我们的机会，什么球是对手的机会，什么球是应该的得分，什么球是偶然的运气；而且不时地要他和教练员一起猜测对手的心理，预判可能的变化。由于在这样热烈的氛围内，只有教练员一个人不因为一个球的得分而喜悦，或一个球的失分而叹息，这副气定神闲的样子引起了旁边一个运动员的注意。他惊讶地问道："您这么冷静是怎么修炼出来的？"他用了"修炼"这个词，让教练员深有感触。其实坚持这样"修炼"的目的就是要清除"得失心"，追求所谓无欲则刚的境界。

## （三） 清除"虚荣心"

每个教练员都有自己的自尊心，特别是在运动员的面前，但是有时会碰到自己训练的运动员在比赛中缺乏对自己的信任，甚至不愿意让自己做他临场教练员的尴尬局面。但是运动员的反应就是教练员水平的镜子，教练员不能因为自己的"虚荣心"而文过饰非，而应适时作出调整与改变。

那年北京市有一场重要的比赛，对手十分强大，甚至强大到比赛中她可以随时停下来教你如何接好她发球的程度。当然，那是一个片面强调所谓"友谊第一，比赛第二"的年代，虽然在当时的形势下比赛场上出现这种情况倒也司空见惯，但是作为真正的竞技比赛，自己打不过对手，还被对手当场"教导"了一番，碰上谁都会觉得不是滋味。这时候队员小闫恰恰碰上了这个强大的对手。根据教练员的分析，小闫与对手有一拼，因此她的教练员很想好好做一次临场指导，打一场真正的比赛。上场前教练员对小闫做了充分的赛前动员，并布置了详细的战术。可是在上场之前，小闫犹豫了一阵后对教练员说："教练，你能不能让我一个人自己打？"这话明摆着是告诉她的教练员说："您别添乱行吗？"这岂不是太伤人自尊心了？但是理智告诉那位教练员，小闫说的是心里话，这是运动员对教练员临场指导水平的真实感受，教练员不能为了自己的面子——"虚荣心"，影响了她的比赛发挥。当时这位教练员虽然心有不甘，但还是答应了她的请求。这场比赛小闫打得非常好，虽然只以两分之差惜败给对手，但是却没有给对手在比赛场上停下来"教导"她的机会，可以说这场比赛是在这次所有的比赛场次中唯一的一场真正的竞技比赛。这的确是一场成功的比赛，但是坐在观众席上的教练员心里却五味杂陈，从此下决心一定要学好临场"指挥艺术"这门功课。

## （四） 清除"逃避心"

大赛的艰苦，不仅是运动员的感受，同样也是教练员的感受。特别是11分制比赛的偶然性，需要临场教练员从一开局就要绷紧所有的弦，并在开局不久迅速作出自己的判断，在中局之后立即组织语言。对于临场教练员来说，这种紧迫感始终如影随形。有人比喻：临场教练员的头脑需要像雷达一样,不仅随时捕捉场上运动员的一举一动,而且还要从一个表情、一个声息中获取"知己、知彼"的情报;临场教练员的头脑还需要像计算机一样,不仅要存储、记忆自己的运动员在过去比赛中的种种信息,还要从现场比赛的繁杂信息中为他搜索、提取和制定有效的方案。长时间的紧张和疲劳会让临场教练员不由自主地产生松懈和逃避的念头,但是正如运动员在长跑途中一样,一旦停了下来,再想重新启动,会感到分外困难与痛苦。所以临场教练员要坚持不断清除"逃避心",不断提高自己的连续指挥能力,因为这是不可回避的责任。只有这样才能避免出现功亏一篑的遗憾,才能与自己的运动员一起坚持做到"笑到最后,才是笑得最好"!

在长沙的中运会上,北京女队对湖北的第四场比赛进入到决胜局,北京队的小查以8:2领先。如果拿下这一局,北京女队将以3:1取胜,这样就有可能进入团体赛的前4名。比赛的对手是一个削球选手,比赛已经进行了很长时间,这时临场教练员由于疲劳,不由自主地产生了"逃避心"——希望快点结束比赛。结果由于教练员精神不集中,影响了场上正在比赛的小查,比分被追了回来,最终以2:3败北。也正是因为输了这场关键球,北京女队无缘四强,北京乒乓球队的团体总分也因此降到第四,"逃避心"让教练员备尝苦果。

其实竞技比赛的魅力就在于赛场的"风云变幻",一切皆有可能,一切皆未可知!因此临场教练员对"指挥艺术"的修炼是永无止境的。应该坚信,没有人天生就具备高超的指挥艺术,也没有人能说自己已经达到了指挥艺术的顶峰。只有对自己的运动员怀有强烈的责任感,将帮助孩子们取得成功当成自己的天职,并懂得不断总结,坚持终身学习的教练员,才能成为高水平的临场指挥员。

## (五)有效的心理与思想工作能力

优秀教练员应该善于通过细心观察了解青少年的心理变化和思想活动。通过思想工作帮助他们正确认识世界;通过心理工作帮助他们从容面对世界,并善于用一对一的细致思想工作影响他们的心理状态。

那是一次全国中学生乒乓球锦标赛的女子高中组单打决赛,比赛开始前,教练员发现一直发挥很好的小李有点心神不定。原来她将要和一个河北的削球手争夺冠亚军。教练员坐到她身旁问她准备得怎么样,小李却显得没有信心——说是不会打对方反手的长胶,又怕对方正手的转不转削球。教练员知道这是她第一次进入单打决赛，于是就直截了当地问她："你特别想拿这个冠军？"她点了点头说："当然想啊！我还没拿过冠军呢。"教练员指着对手那边笑着说："对方也想，她也没拿过。"言外之意对方的心理压力一样很大，不必长了对手的志气，灭了自己的威风。接下来教练员帮助她分析了自己作为左手持拍正、反手都能进攻的优势和对手作为一个削球手正手进攻不强，且搓球回球不仅较慢而且没有旋转变化的弱点。分析的结果使她信心大增，在随后比赛中小李从头到尾紧盯着对方正手弱点打，最终以3∶1完胜对手，夺得了全国中学生乒乓球锦标赛女子高中组单打冠军。

## 第五节 科研方法

### 一、逻辑分析法

逻辑研究是建立假说与科学理论体系的一种非常重要的方法。无论是在科研的开始阶段提出某种假设，还是在科研过程进入理性阶段，进行科学抽象、建立概念、揭示规律、验证假设时，都必然涉及运用逻辑学提供的思维规律与方法，对事物矛盾的变化，系统的结构、层次、功能等做出正确的解释。

### 二、文献资料法

查阅和分析与本人研究项目相关的学科，如军事学、气象学、运动生理学、管理学、教育学、运动训练学、体质学、体育统计学等学科，以及其他体育项目中与本人研究内容近似的国内外文献，为本人研究问题搭建理论框架提供学术背景和科学依据。

### 三、调查访问法

#### （一）访谈法

为了对本人所要研究的问题取得必要的材料和旁证，有必要对本领域的专家、学者、教练员、运动员进行必要的访谈,了解他们对研究内容的看法,供研究设计和分析时参考。

## (二)问卷调查法

为了在世界比赛中推广使用大球,国际乒联于2000年5月首次在苏州组织了第一次大球邀请赛,并对人们使用大球的反应进行了问卷调查,以下是问卷调查采用的步骤和方法。

①对16名参加比赛的世界优秀运动员进行了大球对参加比赛运动员技术发挥的影响情况的调查,其中:男8名、女8名;14名右手握拍运动员,2名左手握拍运动员;11名直拍,5名横拍;12名攻击型运动员,4名防守型运动员。收回问卷16份,有效率达100%。

②对在比赛期间参加国际乒联(ITTF)执委会的7名委员(他们当中有75%的人经常观看国际高水平乒乓球比赛;有62.5%的人有参加乒乓球运动的经历),进行了关于对大球比赛的看法和感受的调查,收回问卷8份,有效率达100%。

③对38名观看此次比赛的中国观众(他们当中有92%的人经常观看各种乒乓球比赛并参加乒乓球活动达20年,平均每星期可打半小时乒乓球),进行了大球对比赛观赏性影响的调查,收回问卷38份,有效率达100%。

④调查结果如表5-9A、表5-9B所示。

表5-9A 调查对象对40mm球速度的反映

| | 运动员 | | ITTF官员 | | 观众 | |
| --- | --- | --- | --- | --- | --- | --- |
| | / | 百分率(%) | / | 百分率(%) | / | 百分率(%) |
| 较慢 | 15 | 93.8 | 5 | 71.4 | 26 | 68.4 |
| 较快 | | | | | 1 | 2.6 |
| 没区别 | | | 2 | 28.6 | 8 | 21.1 |
| 难察觉 | 1 | 6.2 | | | 3 | 7.9 |

表5-9B 调查对象对40mm球回合数的反映

| | 运动员 | | ITTF官员 | | 观众 | |
| --- | --- | --- | --- | --- | --- | --- |
| | / | 百分率(%) | / | 百分率(%) | / | 百分率(%) |
| 较长 | 8 | 50 | 6 | 85.7 | 26 | 68 |
| 较短 | 3 | 18.8 | 1 | 14.3 | 3 | 8 |
| 没区别 | 5 | 31.2 | | | 9 | 24 |

## (三）专家法

### 1. 专家调查法

三段指标评估法的指标筛选和确定，采用的是专家调查法，其背景和实施步骤如下：

①根据乒乓球运动的竞技特点和教练员、运动员的实际感受，结合中国乒乓球队整体技战术风格和主要对手的技战术特点，于60年代初形成第一批技战术诊断指标。

②根据实际运用效果和教练员、运动员的感受，对指标的数量和重要性做出估计。

③在其后备战世界锦标赛和奥运会的科研攻关与科技服务中，经过教练员、运动员和科研人员每天试验、反馈和交流，对诊断指标进行不断筛选和完善。

④形成目前相对固定的12个指标：发球、发球抢攻、发球被攻、发球后控制、接发球、接发球抢攻、接球后抢攻、接球后被攻、接球后控制、主动相持、相持、被动相持。

### 2. 专家评价法

对技术运用质量的评价常采用专家评价法。
①把种类相同但质量不同的技术组合进行录像编辑。
②把编辑好的录像分别用常速和慢速给专家播放。
③专家们把质量不同的技术组合，由好到差依次排队。
④每种质量的技术组合的位置决定他的得分。
⑤计算每种质量技术组合的总分。
⑥总分高者名次在前。
⑦根据名次确定每种技术组合的好、中、差。

## 四、三段指标评估法

三段指标评估法是国家体育总局科研所乒乓球组经过近40年的不断摸索和尝试，逐渐形成的能够准确判断对乒乓球竞技制胜起决定作用的技战术状态评价的方法。

## （一）三段统计表

三段统计表是用来对运动员比赛中技战术运用情况进行记录的表格，此表分为发球抢攻段、接发球抢攻段和相持段，可以记录乒乓球比赛中运动员主要技术组合的运用效果，指标的高低与比赛的胜负有着直接的关系，所以通过它，可以从整体上对运动员技战术训练水平进行判断。在实践运用中，一般情况下，它是在对运动员进行技战术诊断时，首先运用的统计表，以得到对技战术训练水平的基本估计，有利于找准下一步诊断的方向（表5-10）。

表5-10 乒乓球三段统计表

运动员：　　　　时间：　　　　比赛名称：　　　　结果：

| | 第一局 | 第二局 | 第三局 | 第四局 | 第五局 | 第六局 | 第七局 | 合计 | |
| --- | --- | --- | --- | --- | --- | --- | --- | --- | --- |
| | | | | | | | | 得 | 失 |
| 发球 | | | | | | | | | |
| 发球抢攻 | | | | | | | | | |
| 发球后控制 | | | | | | | | | |
| 发球被攻 | | | | | | | | | |
| 接发球 | | | | | | | | | |
| 接发球被攻 | | | | | | | | | |
| 接发球抢攻 | | | | | | | | | |
| 接球后抢攻 | | | | | | | | | |
| 接球后控制 | | | | | | | | | |
| 主动 正手 | | | | | | | | | |
| 主动 反手 | | | | | | | | | |
| 主动 侧身 | | | | | | | | | |
| 相持 正手 | | | | | | | | | |
| 相持 反手 | | | | | | | | | |
| 相持 侧身 | | | | | | | | | |
| 被动 正手 | | | | | | | | | |
| 被动 反手 | | | | | | | | | |
| 被动 中路 | | | | | | | | | |
| 比分 | | | | | | | | | |

## （二）分段效果统计表

经过对三段统计结果的分析，确定各段对胜负影响的大小，利用分段效果统计表对特定段中技战术运用的具体效果加以统计分析，再从中找出某段中影响技战术训练水平发挥的关键环节（表5–11）。

表 5–11　分段效果统计表

|  | 好 | | 中 | | 差 | | 使用率（%） | |
|---|---|---|---|---|---|---|---|---|
|  | 正手 | 反手 | 正手 | 反手 | 正手 | 反手 | 正手 | 反手 |
| 攻 | | | | | | | | |
| 拉 | | | | | | | | |
| 搓 | | | | | | | | |
| 摆 | | | | | | | | |
| 挑 | | | | | | | | |
| 削 | | | | | | | | |
| 被攻 | | | | | | | | |

## （三）环节效果统计表

经过对分段统计结果的分析和处理，确定影响其效果的关键环节，再利用环节效果统计表，对特定环节的运用效果进行描述，从中确定影响特定环节运用效果的主要原因（表5–12）。

表 5–12　环节效果统计表

|  | 好 | | | 中 | | | 差 | | | 使用率（%） | | |
|---|---|---|---|---|---|---|---|---|---|---|---|---|
|  | 直线 | 斜线 | 中路 | 直线 | 斜线 | 中路 | 直线 | 斜线 | 中路 | 直线 | 斜线 | 中路 |
| 正手 | | | | | | | | | | | | |
| 反手 | | | | | | | | | | | | |
| 侧身 | | | | | | | | | | | | |

## （四）方位效果统计表

在对击球手段的效果进行分析后，还要对在什么方位运用的击球手段更有效作出判断，才能确定每个环节使用的最终效果。这时就可以运用方位效果统计表进行描述（表5-13）。

表5-13 方位效果统计表

| | 好 | | | 中 | | | 差 | | | 使用率（%） | | |
|---|---|---|---|---|---|---|---|---|---|---|---|---|
| | 正手 | 反手 | 侧身 | 正手 | 反手 | 侧身 | 正手 | 反手 | 侧身 | 正手 | 反手 | 侧身 |
| 近台 | | | | | | | | | | | | |
| 中台 | | | | | | | | | | | | |
| 远台 | | | | | | | | | | | | |

## （五）发球效果统计表

发球效果统计在乒乓球的战术统计中有点特殊，它除了要考虑其他技术所涉及的因素外，还要特别注意考虑球的长短和旋转两个因素（表5-14、表5-15）。因为在其他技术中，其技术名称的本身一般就表明了击球的长短和旋转性质。如搓是长球，而与搓相似的摆则是短球；拉和攻是上旋球，而削和搓就是下旋球。

表5-14 发球落点效果统计表

| | 好 | | 中 | | 差 | | 使用率（%） | |
|---|---|---|---|---|---|---|---|---|
| | 长 | 短 | 长 | 短 | 长 | 短 | 长 | 短 |
| 正手 | | | | | | | | |
| 反手 | | | | | | | | |
| 侧身 | | | | | | | | |

表5-15 发球旋转效果统计表

| | 好 | | | 中 | | | 差 | | | 使用率（%） | | |
|---|---|---|---|---|---|---|---|---|---|---|---|---|
| | 正手 | 反手 | 侧身 | 正手 | 反手 | 侧身 | 正手 | 反手 | 侧身 | 正手 | 反手 | 侧身 |
| 上旋 | | | | | | | | | | | | |
| 下旋 | | | | | | | | | | | | |
| 侧旋 | | | | | | | | | | | | |
| 不转 | | | | | | | | | | | | |

## （六）一板球多维度统计图

对以上各个指标要在一板球上都体现出来，实现一板球的全方位诊断，实践中一般运用的是多维度统计图（图5-18）。

◇被观察运动员

| | 1 2 3<br>4 5 6 | |
|---|---|---|
| 4 正手摆△ | | |
| 3 反手拉☆ | | 6 侧身挑 X |

图 5-18　一板球多维度统计图

图中记录的结果分别表示以下含义：

4正手摆△指的是，对方先回本方正手位短球，本方用正手摆回击到对方反手位短球，其效果为一般。

3反手拉☆指的是，对方先回本方反手位长球，本方用反手拉斜线到对方的反手位，其效果为好。

6侧身挑X指的是，对方先回本方反手位短球，本方侧身用正手挑直线到对方正手位，其效果为差。

使用这种统计图可以对影响一板击球效果的主要指标进行综合分析，使观察事物的角度更为全面，更适合于高水平运动员进行技战术运用效果的综合分析。

## （七）训练效果统计表

对技战术训练效果的统计，比较特殊的统计表是关于每一个球回合数的统计。回合与有效上台时间成正比。也就是说，一般情况下，每一个球练习的回合越多，如果击球质量基本保持不变的话，那么计划总时间中的上台时间就越多，说明训练的效果也就比较好，在保证计划要求的击球质量的前提下，每一个球回合数是诊断技战术训练效果的基本条件（表5-16）。

表 5-16 训练回合效果统计表

| 回合 | 质量 | | | 得（%） | 失（%） |
| --- | --- | --- | --- | --- | --- |
| | 好 | 中 | 差 | | |
| 1 | | | | | |
| 2 | | | | | |
| 3 | | | | | |
| 4 | | | | | |
| 5 | | | | | |
| | | | | | |

对技战术训练效果的统计，除了运用回合数统计表外，前面列举的多数用于比赛统计的表格也可以用在训练中，来统计技战术训练效果。如分段效果统计表、环节效果统计表、发球效果统计表等。当然，用于训练的回合效果统计表，在特定情况下，也可以用于比赛的统计。

## （八）评价标准

①原始数据以Microsoft Excel的格式输入，并建立数据库。
②计算得分率、使用率作为评价参数。
③用离差法结合专家经验判断建立诊断标准（表5-17）。
④把运动员的实际表现与标准进行对照并结合专家经验对运动员技战术训练水平进行诊断。

表 5-17 评价标准

| 得分率 | 发球抢攻 | 接发球 | 相持 |
| --- | --- | --- | --- |
| 优秀 | >65% | >50% | >55% |
| 良好 | >60% | 40% | 50% |
| 及格 | >55% | 35% | 40% |
| 使用率 | 30%±5 | 30%±5 | 40%±5 |

## 五、实验法

### （一）同牌号不同厚度海绵胶皮拍对拉球旋转影响的实验方法

#### 1. 实验目的

比较不同厚度海绵胶皮拍对拉球旋转的影响。

#### 2. 实验时间

1992年11月20日—12月20日：调试仪器设备。
1992年12月21日—12月28日：预备实验和正式实验。

#### 3. 实验地点

国家乒乓球集训队训练馆。
国家体委科研所球类室。

#### 4. 仪器设备及材料

（1）PD-1型乒乓球动态测转仪
该机可进行动态测量，实时显示，即时打印。测量范围为20~200转/秒，不确定度<3%。

（2）PJ-1型乒乓球发球机
供球旋转：60转/秒下旋转。
供球频率：46个/分。
供球落点：左半台定点长球。

（3）PPH-1型乒乓球回跳测试仪
本仪器采用Z-80微机控制和计算。可任选测量次数，实时显示，即时打印。

回跳高度范围：100~300毫米。
回跳高度分辨率：1毫米。
标准偏差分析率：0.1毫米。

### （4）底板

上海生产的"红双喜PF4-032"底板，实验时把不同厚度的海绵胶皮贴在同一块球拍上进行拉球旋转定量测试。

### （5）海绵胶皮

天津长城综合制品开发有限公司生产的"黄金路"海绵胶皮。反胶型号为899和901，正胶为F933。

### （6）乒乓球

广州乒乓球厂特制的带有色标的乒乓球（简称黑白球）。

上海乒乓球厂生产的"红双喜"乒乓球。

## 5. 实验质量控制

①实验者用不同厚度的海绵胶皮拍正手拉弧圈球，每种拉6组，每组50次，共计300个球，取其平均转速，由此得到各种厚度的海绵胶皮拍拉球的转速。

②把乒乓球固定在垂直于海绵305毫米高度的位置，海绵下面为一块标准钢板，置于一玻璃箱底部，使球自由落下与钢板上的海棉相碰，测出球反弹高度，每块海绵测10次，取其平均数（$M$），表示此块海棉的弹力性能。

## 6. 数据处理

对全部实验数据进行统计学处理，选定差异显著性标准 $\alpha=0.05$。

## 7. 实验结果

①海绵厚度为2.1毫米的反胶球拍（A）拉球平均转速为107.4转/秒，厚度为1.3毫米的反胶球拍（B）拉球平均转速为99.2转/秒，A大于B，二者有显著性差异（$P<0.01$）。

②海绵厚度为2.1毫米的正胶球拍（A）拉球平均转速为91.1转/秒，厚度为1.5毫米的正胶球拍（B）拉球平均转速为86.2转/秒，A大于B，二者有显著性差异（$P<0.01$）。

## （二）中国乒乓球队发球旋转的实验方法

### 1. 实验目的

了解国家乒乓球男女队、国家青年男女队发球旋转强度以及不同胶皮、不同发球方式等对发球旋转强度的影响。

### 2. 实验设计

①采用运动员现场发球、现场测定的方法，获得国家男女队、国家青年男女队发球转速的原始数据。

②根据发球的分类原则，本实验共测试16项发球技术的转速。（为分析方便，把带有侧旋的发球定为侧旋类，把下旋和不转发球定为转与不转类。）

### 3. 仪器设备

① PD-1型乒乓球发射机（下简称发球机）。

② PD-1型乒乓球动态测转仪（下简称测转仪）。

③乒乓球：采用广州乒乓球厂特制的带有色标的乒乓球（简称黑白球）。测试时，为了信号显示清楚，在球台上盖一块比台面稍大的黑布。

### 4. 实验时间和对象

正式实验于1989年9月20日至1990年1月20日在国家乒乓球集训队进行，本实验共有85个对象，分别为：国家乒乓球男队30人、国家乒乓球女队19、国家青年男队20人、国家青年女队16人。测试对象的基本情况如表5-18所示。

表5-18 测试对象基本情况及人次

| | 横拍反胶 | 横拍正胶 | 直拍反胶 | 持拍手 | | 正手发球 | 反手发球 | 站位 | | 站立发球 | 下蹲发球 | 直拍正胶 |
|---|---|---|---|---|---|---|---|---|---|---|---|---|
| | | | | 右 | 左 | | | 左 | 右 | | | |
| 国家男队 | 18 | 0 | 8 | 22 | 8 | 29 | 6 | 20 | 10 | 29 | 1 | 5 |
| 国家女队 | 13 | 0 | 2 | 14 | 5 | 15 | 7 | 13 | 6 | 19 | 1 | 2 |
| 青年男队 | 9 | 1 | 7 | 16 | 3 | 19 | 3 | 16 | 3 | 19 | 1 | 2 |
| 青年女队 | 9 | 0 | 4 | 13 | 2 | 12 | 3 | 13 | 2 | 15 | 0 | 2 |

### 5. 实验质量控制

考虑到比赛中队员发球不同旋转、不同落点的配合运用，要求每个运动员根据自己的特长发球，至少选择一类发球中的四项发球技术作为本人的测试内容。每项技术重复50次（过网有效），取其平均数。每人总共至少发200个球，长球100个，短球100个。根据乒乓球教科书对落点的规定，本实验要求运动员在测试时，长球发至距端线30厘米以内的区域，短球发至距球网40厘米以内区域。为保证所测转速的准确性，充分利用测转仪在视区内的最佳辨认效果，无论长球或短球都发至以球台中线为标准，左右方向各距中线15厘米的球台中间区域内（图5-19）。

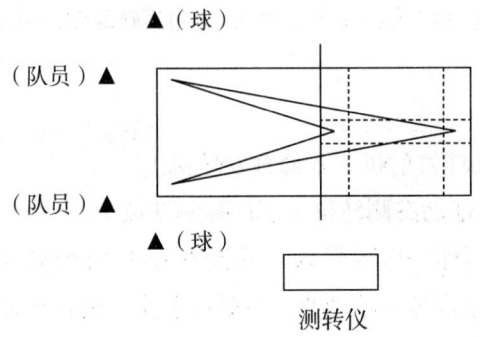

图 5-19  发球旋转测试方法示意

### 6. 实验结果

①国家男队与女队发球旋转强度无显著差异（$P>0.05$）。

②下蹲发球的旋转强度高于站立式，此结果首次得以证实。

③反胶发球转速高于正胶，但二者差异的大小与发球旋转性质有关：发侧下旋球时，差异有显著性；发侧上旋球时，二者没有呈现出显著性差异。

④传统经验认为，长球主要在速度上比短球快。本文实验结果表明，长球不但速度快，旋转也明显强于短球（$P<0.05$）。这主要是由于发两种球时用力不同引起的。

⑤侧上旋球的转速高于侧下旋和下旋。

## （三）发球机模拟欧洲优秀男运动员发球旋转的机械实验

### 1. 实验目的

在现有条件下，间接了解欧洲男运动员的发球旋转情况，以便进行中外优秀运动员的横向比较。

### 2. 实验方法

**（1）发球机出球点位置**

根据运动员实际发球情况，确定了发射头发球的位置（与球台端线垂直时）：①发射头俯角与水平面约为12°；②发射头中心高于台面18厘米；③发射头距台端线15厘米；④发射头距台边线5厘米。

实验时，将发射头绕矢状轴旋转约32°，即可发出侧上、下旋球。发中间区域长球时，将发射头平转约10.5°；发中间区域短球时，将发射头平转约14°。

**（2）要求发至落点范围**

基本与人发球时的落点相同（图5-20）。

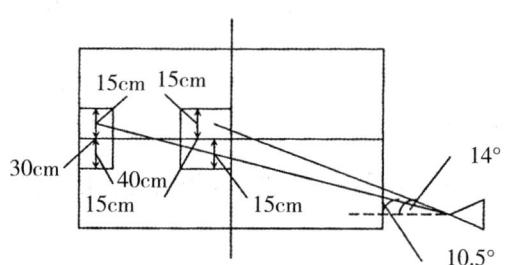

说明：（1）□要求发至落点范围；
　　　（2）△发射头。

图5-20　实验要求发至落点范围示意图

### 3. 实验质量控制

**（1）调试发球**

大量调试发球机发出的不同旋转的球，让运动员进行接发球，根据运动员的手感反馈信息（认为接近欧洲男运动员的发球转速），确定两种相同落点，不同旋转的发球，并记录发球机上下轮的微机代码、电机代码、电机电压以及轮子转速（表5-19）。

表 5-19　发球机模拟欧洲优秀运动员发球转速数据表

| | 转速<br>（转/秒） | 上　轮 | | | 下　轮 | | |
|---|---|---|---|---|---|---|---|
| | | 微机<br>代码 | 电机电压<br>（伏特） | 轮子转速<br>（转/秒） | 微机<br>代码 | 电机电压<br>（伏特） | 轮子转速<br>（转/秒） |
| 侧上长 | 79.37 | A2 | 17.45 | 4267 | 56 | 4.06 | 983 |
| 侧下长 | 65.68 | 56 | 2.76 | 628 | 92 | 15.08 | 3730 |

（2）测量转速

用"乒乓球动态侧转仪"测量以上两种发球的转速，每种发球测50次，取其平均转速，由此得到接近欧洲优秀男运动员的发球转速。

4. 实验结果（表 5-20）

表 5-20　中国男队与欧洲男队（机械模拟）发球转速比较表

| | 欧洲队 | 中国队 |
|---|---|---|
| 侧上旋上球 | 79.37 | 63.17 |
| 侧下旋长球 | 65.68 | 58.79 |

# （四）40 mm乒乓球（大球）的测速测转实验方法

## 1. 实验目的

比较不同直径和重量的乒乓球对击球速度和旋转的影响。

## 2. 实验时间

1996年10月11日—17日。

## 3. 实验地点

国家乒乓球集训队训练馆。

### 4. 实验设备

**（1）PD-1型乒乓球动态测转仪**

该机可进行动态测量，实时显示，即时打印。测量范围为20~200转/秒，误差<3%。

**（2）Motion Analysis System Peak 5 录像分析系统**

拍摄频率：120幅/秒；

拍摄位置：击球运动员的正侧面；

拍摄距离：1米；

分析方法：平面分析。

**（3）乒乓球**

上海乒乓球厂生产的"红双喜"橘黄色乒乓球和广州乒乓球厂特制的带有色标的乒乓球（简称黑白球）。其基本指标如表5-21所示。

表5-21 测量用乒乓球基本指标

| 种类 | 品牌 | 产地 | 直径（mm） | 重量（g） |
| --- | --- | --- | --- | --- |
| A | 双鱼 | 广州 | 38 | 2.15 |
| B | 红双喜 | 上海 | 40 | 2.79 |
| C | 红双喜 | 上海 | 40 | 2.49 |

### 5. 受试者

①张超：女，18岁，右手直拍反胶，北京队运动员；

②李苒：女，14岁，右手横拍反胶，北京队运动员；

③吴彬：男，23岁，右手直拍反胶，国家二队运动员。

### 6. 实验质量控制

为保证击球力量的前后一致，在正式实验前对每名受试者均进行了培训和预备实验。

### 7. 实验方法

①受试者用正手发力攻和正手攻球对三种不同直径和重量的乒乓球各

打10次，对打出球的平动速度进行实际拍摄，取其平均速度，由此得到各种球击球后的平均运行速度。

②受试者用正手弧圈球对三种球各拉3组，每组50次，共计150个球，取其均数，由此得到各种球的转速。

### 8. 数据处理

采用不相关小样本平均数差异显著性检验，对全部实验数据进行统计学处理。选定差异显著性标准 $\alpha=0.05$。

### 9. 实验结果

①直径为40毫米的乒乓球（B和C）正手发力攻的速度分别为17米/秒和15.4米/秒。直径为38毫米的乒乓球（A）正手发力攻的速度是17.8米/秒，B和C小于A，C和A有显著性差异（$P<0.05$），B和A没有显著性差异（$P>0.05$）。正手攻球结果与此相同。

②直径为40毫米的乒乓球（B和C）拉球的旋转为116.5转/秒。直径为38毫米的乒乓球（A）拉球的转速是133.5转/秒，B和C小于A，存在显著性差异（$P<0.05$）。

③直径40毫米、重量2.65～2.80克、弹力24.5毫米球的旋转和速度大于直径相同、重量2.40～2.53克、弹力23.8毫米的球。

④不同击球力量对三种球之间的速度减少率的影响不同，正手发力攻的减少率大于正手攻球。

⑤球的重量和弹力对击球的速度和旋转的影响程度不同，对速度的影响大于旋转。

## （五）无遮挡发球的实验方法

### 1. 实验目的

描述新规则对现有发球方式的影响和新发球的改进效果。

### 2. 实验时间

2001年10月31日。

### 3. 实验地点

国家乒乓球集训队训练馆。

### 4. 实验对象（表5-22）

表5-22 实验对象一览表

| 姓名 | 性别 | 执拍手 | 握拍方式 | 打法 |
|---|---|---|---|---|
| 孔令辉 | 男 | 右 | 横 | 弧圈+快攻 |
| 刘国梁 | 男 | 右 | 直 | 快攻 |
| 马 琳 | 男 | 右 | 直 | 弧圈+快攻 |
| 刘国正 | 男 | 右 | 横 | 弧圈+快攻 |
| 王励勤 | 男 | 右 | 横 | 弧圈+快攻 |
| 王 楠 | 女 | 左 | 横 | 弧圈+快攻 |
| 李 菊 | 女 | 右 | 横 | 快攻+弧圈 |
| 杨 影 | 女 | 右 | 直 | 正胶快攻 |
| 张怡宁 | 女 | 右 | 横 | 快攻+弧圈 |
| 张莹莹 | 女 | 左 | 直 | 快攻 |
| 白 杨 | 女 | 左 | 横 | 快攻 |
| 牛剑锋 | 女 | 右 | 横 | 弧圈+快攻 |

### 5. 实验内容（表5-23）

表5-23 实验内容

|  | $n$ | 侧身 | 正手 | 反手 | 下蹲 | 高抛 | 低抛 | 侧旋 | 下旋 |
|---|---|---|---|---|---|---|---|---|---|
| 男 | 5 | 5 | 1 | 2 |  | 4 | 5 | 5 | 3 |
| 女 | 7 | 6 | 1 | 3 | 1 | 4 | 7 | 7 | 4 |
| 合计 | 12 | 11 | 2 | 5 | 1 | 8 | 12 | 12 | 7 |

### 6. 仪器设备

采用5台常速摄像机从5个角度拍摄运动员发球的全过程。根据新规则对合法发球的描述，确定每台机子的机位。

### 7. 实验方法

每个运动员根据自己在比赛中使用的发球种类，每种发球发10个，从中选择5个符合实验要求的球，作为本实验的样本。

### 8. 分析处理

把选定的发球分类，分别从5个角度把每个球编辑成常速、慢速和击球点位置定位，供分析研究用。

### 9. 评价标准

清楚≥4个角度；

模糊=3个角度；

看不见<3个角度。

### 10. 实验结果

①从不同发球的站位来看，反手发球受到影响最小，5个进行反手发球的人，100%都符合清楚的标准；其次是正手位发球，总体上还是可以的；受到影响最大的是侧身发球，有73%的人的发球击球点是根本看不见的，这也是我们要进行重点改进的发球位置。同时也应意识到，以正手发球为主的运动员，也应具备反手发球的能力。比赛中一是可以增加发球的变化，二是比较保险，做到有备无患。

②相比之下，高抛发球击球点的清楚度要好于低抛，在8个人中只有一人是什么都看不见的。占多数的是模糊的（50%）。看来，适当增加抛球的高度有利于击球点的清晰化。

③由于以下旋为主的转不转发球，一般情况下，身体的前倾角度没有发侧上、下旋那么大，收腹幅度相对较小，抛球高度也稍高一点，所以看上去要稍好一些，击球点根本看不见的概率要小得多（29%：73%）。

④本实验专门对比赛中运用下蹲发球的同一个运动员的站立发球和下蹲发球进行了比较，结果表明，对于新规则的适应程度，下蹲发球远远好于站立发球。这提示我们，在目前很少有下蹲发球的情况下，适当推广和提倡这种发球来适应新形势是非常必要的。

## （六）直拍反面进攻技术的实验方法

### 1. 实验内容

运用的是个案实验及定性研究。各测试反面击球及正面击球的四个动作，比较关节运动幅度、球拍倾角及最大球速。

### 2. 数据采集

用两台EPL高速摄影机以100格/秒的拍摄频率同步拍摄两种击球的动作，用CP-2000型图片解析仪对两台摄影机拍摄的电影图片进行数字化处理，在HP-3000型计算机上对原始数据进行平滑处理和三维计算分析。

### 3. 分析计算

（1）动作过程
由球拍中心点开始前移到球速出现最大值为动作过程。

（2）关节运动幅度
①肩关节角：同侧髋关节中心和肩关节中心的连线与上臂的夹角为肩关节角度（图5-21）。

②肘关节角度：同侧上臂与前臂的夹角为肘关节角度（图5-22）。

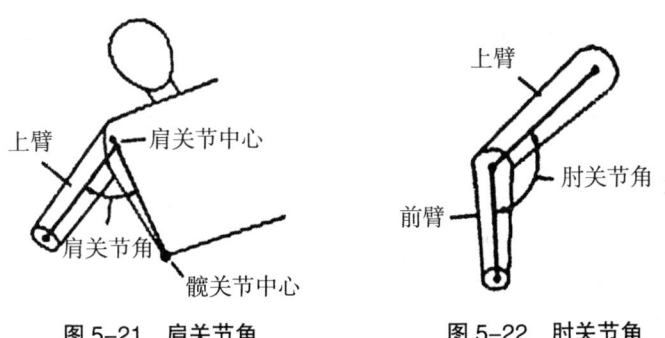

图5-21 肩关节角　　　图5-22 肘关节角

③腕关节角度：在球拍上建立三维直角坐标系，计算前臂在这一坐标系中与各坐标轴的夹角变化来说明腕关节的运动幅度。令球拍击球面的横轴为$X'$，纵轴为$Y'$；并令前臂与$\vec{X'}$的夹角为$\alpha$，与$\vec{Y'}$的夹角为$\beta$，与$\vec{Z'}$的夹角

为 $\gamma$（图5-23）。

④球拍的倾角：矢量$Z'$为球拍击球面的法矢量，$Z'$与绝对坐标系的$Z$轴之间有夹角$\phi$（图5-24）。令球拍与水平面的夹角为$\theta$，则$\theta=180°-\phi$。

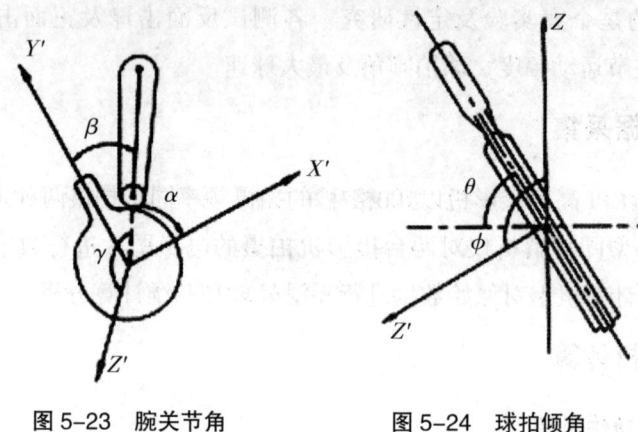

图 5-23　腕关节角　　　　图 5-24　球拍倾角

### 4. 实验结果（表5-24）

表5-24　击球动作手关节角度及其效果对照表

| 动作编号 | 动作名称 | 肩关节角度差（度） | 肘关节角度差（度） | 腕关节角度差 | | | 击球时球拍倾角（度） | 最大球速（米/秒） |
|---|---|---|---|---|---|---|---|---|
| | | | | $\alpha$ | $\beta$ | $\gamma$ | | |
| 1 | 反手推挡（反面） | 28.10 | 10.75 | 0.42 | 18.36 | 21.10 | 68.00 | 9.46 |
| 2 | 反手快拨（反面） | 35.12 | 23.81 | 0.65 | 31.75 | 36.20 | 65.80 | 14.35 |
| 3 | 反手快拉（反面） | 44.80 | 15.20 | 0.63 | 36.41 | 41.50 | 51.10 | 15.69 |
| 4 | 反手拉球（反面） | 43.74 | 21.80 | 0.36 | 47.52 | 30.10 | 60.80 | 16.70 |
| 5 | 反手推挡（正面） | 35.76 | 35.56 | 0.61 | 7.30 | 6.1 | 71.90 | 12.00 |
| 6 | 反手加力推（正面） | 22.90 | 21.75 | 0.71 | 10.90 | 12.40 | 72.5 | 10.52 |
| 7 | 反手挤推（正面） | 47.46 | 73.28 | 1.06 | 8.90 | 16.4 | 68.10 | 12.99 |
| 8 | 反手拉球（正面） | 17.24 | 23.20 | 0.69 | 30.10 | 19.10 | 70.50 | 15.71 |

图书在版编目(CIP)数据

《中国青少年体育运动项目训练教学系列大纲》教法指导书.乒乓球／国家体育总局青少年体育司，国家体育总局乒乓球羽毛球运动管理中心编.－北京：人民体育出版社，2018

ISBN 978-7-5009-5281-7

Ⅰ.①中… Ⅱ.①国…②国… Ⅲ.①青少年-乒乓球运动-运动训练-教学研究 Ⅳ.①G808.17

中国版本图书馆CIP数据核字（2017）第280117号

\*

人民体育出版社出版发行
三河紫恒印装有限公司印刷
新 华 书 店 经 销

\*

787×1092　16开本　16印张　285千字
2018年11月第1版　2018年11月第1次印刷
印数：1—5,000册

\*

ISBN 978-7-5009-5281-7
定价：55.00元

社址：北京市东城区体育馆路8号（天坛公园东门）
电话：67151482（发行部）　　邮编：100061
传真：67151483　　　　　　　邮购：67118491
网址：www.sportspublish.cn
（购买本社图书，如遇有缺损页可与发行部联系）